Joachim Güntner

Lieber geschieden als tot

AF197476

Joachim Güntner

LIEBER GESCHIEDEN ALS TOT

Roman

EDITION
Noack
Block

ISBN 978-3-86813-171-0
E-Book (PDF) ISBN 978-3-86813-897-9
E-Book (EPUB) ISBN 978-3-86813-896-2

Herstellung durch Edition Noack & Block
in der Frank & Timme GmbH,
Wittelsbacherstraße 27a, 10707 Berlin.
Gedruckt auf säurefreiem, alterungsbeständigem Papier.

www.noack-block.de

Personen

Georg Ruh	ehemaliger Staatsanwalt
Linda Ruh	seine Frau, Justiziarin
Louis Ruh	der Sohn, Student
Anna	Freundin des Sohnes
Friedrich Wagner	Familienanwalt, Georgs Freund
Daniela Wagner	seine Frau
Carmen Ungemein	lebt in Scheidung
Carsten Ungemein	Bauunternehmer, ihr Noch-Ehemann
Stefan Berg	Physiotherapeut, Liebhaber von Carmen Ungemein
Kurt und Margaret Berg	seine Eltern
Ruth Dömitz	Freundin von Carmen Ungemein
Monika Plietsch	Freundin von Linda Ruh
Lorena Trolle	Schwester von Carmen Ungemein
Kristiane Boettiger	Freundin von Carsten Ungemein
Jürgen Peters	Hauptkommissar der Kriminalpolizei
Volker Schwarz	Kriminalkommissar, sein engster Mitarbeiter
Bernd Grütters	Kriminalhauptmeister, Ermittler
Lena Yelken	Kriminalmeisterin
Dr. Sylvia Breschke	Leiterin der Pathologie

Jan Kluge	Strafverteidiger
Frau Samson	Sekretärin von Friedrich Wagner
Frau Andres	Sekretärin von Carsten Ungemein
Dennis, Viktor	U-Häftlinge
Roland Körtz	Frauenmörder, genannt »Die Bestie des Ruhrgebiets«
Frau Woźniak	Putzfrau bei Carmen Ungemein
Herr Schubert	Nachtportier im Hotel Ludwig
Jessica al-Madanī	Mandantin der Kanzlei Wagner
René	Masseur
Arthur	Kneipenwirt
Leopold	ein Stammgast

1

Auch fünf Monate nach ihrer Festnahme beschäftigte die »Bestie des Ruhrgebiets« noch immer die Medien. Nur stiftete der Serienmörder mittlerweile keine Schlagzeilen mehr, sondern reizte die Kommentatoren zu philosophischen Betrachtungen. Georg las: »... so bleibt doch die Einsicht, dass jeder Mensch zum Schlimmsten fähig ist. Die Kriminalgeschichte kennt viele Verbrechen, die niemand dem Täter zugetraut hätte: Scheinbar vorbildliche Familienväter metzeln ihre Frauen und Kinder nieder. Jugendliche, die sich nie etwas hatten zuschulden kommen lassen, nehmen teil an einer Gruppenvergewaltigung und lassen das verletzte Opfer hilflos liegen. Nette Nachbarn werden zu Amokläufern. So tragisch all das ist, so müssen wir doch einsehen, dass manche Blutbäder unfassbar bleiben. Darum sind sie auch nicht zu verhindern.«

Georg legte die Zeitschrift beiseite. Er gähnte, ohne müde zu sein. Das war nicht Langeweile, sondern Abwehr. Die Psyche sprach mit diesem Gähnen. Georg mochte solche Artikel nicht. Bei Pauschalurteilen setzte er instinktiv ein Fragezeichen. Immer diese Gemeinplätze: »Unfassbar« sei die Tat und unvorhersehbar. Darum sei sie auch »nicht zu verhindern«. Das Wort »tragisch« mochte Georg erst recht nicht hören.

Tragisch war Ödipus, der unwissentlich seinen Vater erschlug und mit seiner Mutter schlief. Tragisch hieß einst: schuldlos schuldig werden. Tragisch sind Konflikte, die auch bei einer Auflösung unlösbar bleiben. Zum Beispiel jemanden zu opfern, um andere zu retten. Heute aber fand ein jeder tragisch, was eigentlich bloß schrecklich, traurig oder furchtbar war. Und dann diese abstruse Zentralbehauptung. Anders nämlich als der Autor dieses Artikels hier meinte, waren keineswegs alle Menschen zum Schlimmsten fähig; mancher blieb selbst unter Zwang standhaft.

Das wirkliche Problem bestand doch im Umgekehrten: zu leiden und zu erdulden, was einem Böses geschieht, Tag für Tag, gar von Menschen aus nächster Nähe, ohne sich zu wehren. So viele Gequälte gibt es, die partout nicht hinsehen wollen auf das Üble. Die erkranken und selbst noch dort verdrängen, wo es gesünder wäre, dem Quälgeist mit dem Schlimmsten zu antworten. Vielleicht hatte ja die »Bestie des Ruhrgebiets« genau dies getan: angemessen geantwortet. Und falls nicht, so wusste doch Georg einen Kandidaten für diese Rolle ...

»Kommst du endlich?«

Georg riss sich vom Schreibtisch los. Über Mörder und Nichtmörder würde er noch reichlich nachdenken können. In Sachen »Bestie« war morgen Prozessauftakt. Das Drängen seiner Frau aber war akut. Linda hatte schon zum zweiten Mal gerufen. Das Essen stand auf dem Tisch, und Louis war seit zehn Minuten da. Mutter und Sohn, wie immer ein Herz und eine Seele, plauderten so vergnügt miteinander, dass für Georg nur eine kurze Begrüßung abfiel.

»Hi Papa.«

»Hallo Sohn. Schön, dass du uns mal wieder besuchst.«

Louis nickte. Seine Eltern hatten nur dieses eine Kind, sein Auszug war ein Drama gewesen, denn Linda fühlte sich im Stich gelassen. Louis studierte und wohnte mit seiner Freundin zusammen. Nun saß der Zweiundzwanzigjährige neben seiner Mutter, strahlte sie an, erzählte Neuigkeiten und ließ es zu, dass sie, legte er die Gabel beiseite, seine Hand hielt.

»Geht's dir besser, Papa?«

Georg schrak auf. Wirklich, er war angesprochen worden. Noch bevor er antworten konnte, übernahm Linda das Ruder.

»Du kennst doch deinen Vater, Louis. Der pflegt seine Leiden und achtet darauf, dass keines verschwindet. Damit hat er so viel zu tun, dass man ihn extra zweimal bitten muss, damit er zum Essen kommt, bevor es kalt ist.«

Biestig zu sein beherrschte seine Frau gut. Für Linda war Georgs Erkrankung ein Ärgernis. Sie vermochte sich auch nach zwei Jahren nicht an den schwarzen Hund zu gewöhnen, der an der Seele ihres Mannes fraß. So dünnhäutig war Georg geworden, so niedergedrückt und ichbezogen in seinen angeblichen Qualen. Das nervte. Linda brauchte Aufmerksamkeit. Sie ertrug den Wandel nicht, der sich an Georg vollzog. Es machte sie sauer. Er sollte gefälligst nicht so einen Wind um sein Seelenleben machen. Und wenn sie eine Mahlzeit kochte, hatte er zügig anzutanzen. Ließ er sich Zeit, so war das Missachtung ihrer Arbeit.

Verdammt noch mal, das war es. Linda hätte gut und gerne ein paar Tränen drücken können, dachte sie über ihre Lage nach. Zum Glück blieb Louis in der Spur, die ihm die Mutter gezogen hatte.

»Schmeckt köstlich, deine Soße, Mama. Schon wegen der Bio-Kapern, viel besser als beim Italiener. Und das Kalbfleisch: auf den Punkt gegart.« Louis kaute genussvoll. Linda sonnte sich im Behagen ihres Sohnes, der mit halbvollem Mund weitersprach. »Papa, wo steckst du schon wieder? Ich dachte immer, Staatsanwälte gucken streng, nicht abwesend.«

Seltsam, dachte Georg, wie laut die Küchenuhr tickt. Verrückt, dass ich das hier und jetzt überhaupt wahrnehme. Da drüben auf dem Bord, die schöne bunte Pfeffermühle, die hatte er als junger Mann für Linda – nun ja: geklaut. Jurastudenten, auch angehende Staatsanwälte, waren keineswegs gesetzestreuer als andere Leute, im Gegenteil. Ein Kellner hatte ihm einmal von den vielen Bällen und gastronomischen Großveranstaltungen erzählt, bei denen er schon serviert hatte. Die meisten Zechpreller hätten er und seine

Kollegen bei einem Juristen-Ball erlebt. Georg hatte dies dem Kellner sofort geglaubt.

Am Küchentisch war es warm, er schwitzte und ertappte sich dabei, wie seine Gedanken weiter abwanderten. Wartete sein Sohn noch auf eine Reaktion? Ach was, Louis hatte sich längst wieder Linda zugewandt. Vor seiner Erkrankung hatte Georg immer mit familienväterlicher Teilnahme auf das Turteln der beiden geblickt: Wie gut sich doch seine Lieben verstanden! Es hatte ihn mit Freude und Stolz erfüllt. Nun kroch ihm beim Anblick des innigen Mutter-Sohn-Gespanns etwas zutiefst Unangenehmes in die Brust. Neid vielleicht. Nein, kein Neid, diese Phase war vorüber. Die Pein, sich von den beiden ausgeschlossen zu fühlen, hatte Anflügen von Groll Platz gemacht. Aus dem defensiven Weh und Ach, das unter dem Einfluss der Depression in ein abgrundtiefes schwarzes Loch führen konnte, war etwas Aggressives geworden.

Einen schiefen Blick hielt ihm seine Frau vor. Georg hingegen fand nicht schief, wie er sah, sondern was er sah. Jetzt diese Tischszene zum Beispiel. Lindas Dekolleté hatte die fleckige Röte angenommen, die bei Erregung für sie typisch war. Kokett warf sie die Haare in den Nacken, die Finger ihrer Rechten waren mit denen von Louis verschränkt. War diese Art Händchenhalten neu oder hatte Georg den intimen Charakter früher übersehen?

Eine heiße Welle des Widerwillens durchlief ihn.

2

*K*ein Rouge. Einen Hauch Puder auf die Wangenknochen. Für die Lippen ein gedecktes Rot, die Konturen mit dem Stift nachziehen. Wimperntusche nur sparsam auftragen. Keinen Lidschatten. Carmen fand Lidschatten vor dem Abend unmöglich. Den Termin bei Rechtsanwalt Wagner hatte sie um zwei. Ob es lohnte, vorher noch Stefan im Bistro an der Oper zu treffen? Von dort bis zur Kanzlei Friedrich Wagners waren es zu Fuß nicht einmal fünf Minuten.

Carmen spürte ihr Verlangen, den jungen Mann zu sehen, und sei es bloß auf ein Glas Wein. Vorsichtshalber, damit sie nicht beschwipst beim Anwalt aufkreuzte, könnte sie auch eine Kleinigkeit essen. Sie trat vom Spiegel zurück, überprüfte zufrieden ihr Makeup. Dezent, aber nicht brav. Dazu das knielange Wollkleid, das war sexy genug, um den leicht entflammbaren Stefan anzutörnen, und doch hinreichend seriös für die Besprechung bei Anwalt Wagner. Ihre schwarze Mähne würde sie zusammenbinden.

Stefan hatte Zeit für sie. Im Bistro verschlang er sie mit Blicken, gockelte wie ein Gigolo unter ihrem Lächeln und wurde anzüglich, wenn er nicht gerade von seiner Passion für Tennis sprach. Er sagte wirklich »Passion«, obwohl oder vielleicht gerade weil sein Wortschatz eher begrenzt war – was Carmen, die außerhalb von Fitness-Centern mit Sport wenig anfing, insgeheim belustigte. Was war er doch für ein Depp! Aber er war schlank und groß gewachsen, in jeder Hinsicht gut ausgestattet, hatte markante Gesichtszüge und unter seinem Designerhemd die wohlgeformteste Brust, an der Carmen je gelegen hatte. Sein Schweiß roch immer frisch, er bewegte sich geschmeidig und kam im Bett hübsch in Fahrt. Das war mehr, als die meisten Männer boten.

Carmen nahm es mit ihren Affären nicht so genau, wenn die erotische Basis stimmte. Anders Carsten, ihr baldiger Ex-Mann. Der nahm Carmens Affären peinlich ernst, und die letzten beiden Liebhaber, die sie ihm nicht verheimlichen konnte, hatten ihn dazu gebracht, mit Scheidung zu drohen. Dann hatte er es sich anders überlegt und verlangte einen Ehevertrag, der Gütertrennung vorsah. Wie nur konnte jemand so empfindlich sein, der so fest im Sattel saß! Carsten Ungemein, der erfolgreiche Bauunternehmer. Der Weitsichtige, der selbst in Zeiten, als sogar Sozialdemokraten die Privatisierung öffentlicher Dienste und Aufgaben vorantrieben, im sozialen Wohnungsbau engagiert blieb. Die wachsende Wohnungsnot in den Ballungsgebieten gab ihm später recht, Stadtpolitiker schmückten sich mit ihm, und so war Carmens Gatte eine richtige Lokalgröße geworden.

Das moderne dreigeschossige Stadthaus in der Stiftstraße 36, das er nach dem Geschmack seiner Frau als Ehe-Domizil hatte errichten lassen und das er gern vorzeigte, würde er bald nur noch von außen sehen. Sein Pech. Einem Ehevertrag hatte sich Carmen verweigert, ihrerseits die Initiative ergriffen und die Scheidung eingereicht. Das hatte er nun davon. Da beide lange genug verheiratet waren, stand Carmen von allem während der Ehe geschaffenen Vermögens die Hälfte zu. Die Hälfte der Geldanlagen, die Hälfte der Altersvorsorge, die Hälfte des Grundbesitzes, die Hälfte der Baufirma. Das Stadthaus verlangte Carmen ganz, ohne Abstriche, ohne Zugeständnisse ihrerseits. Die Architektur gefiel ihr, die Adresse gefiel ihr, sie wollte nach der Scheidung dort wohnen bleiben. Basta. Sollte doch Anwalt Wagner zeigen, was er draufhatte.

Stefan zögerte den Abschied hinaus, drängte auf ein neues Date: »Was ist mit heute Abend?«

Carmen passte das gar nicht, aber sie versuchte, in ihre Ablehnung etwas Schmachtendes zu mischen. »Tut mir leid, Süßer, ich will's doch auch, nur heute geht es wirklich nicht.« Sie meinte Traurigkeit in seinen Augen zu sehen. Der Typ würde doch wohl nicht das Betteln anfangen? Was dann kam, überraschte sie allerdings.

»Ach, Carmen, hab Erbarmen, erhör mein Fleh'n, bevor wir geh'n.«

Das konnte nicht sein. Ihr tennisfixierter Betthase sprach in Reimen. Ein Minnesänger war in sein kleines Hirn gefahren und lenkte nun seine Zunge in poetische Gefilde.

Quatsch. Dreimal Quatsch. Der Kerl nahm sie bloß auf den Arm.

»Willst du mich verarschen?«

Stefan wirkte erschrocken. Hilflos hob er eine Hand. Blickte sie stumm an. Er hatte sie also nicht foppen wollen. Carmen kriegte sich wieder ein. Für Ironie langte es bei Stefan nicht. Sie griff ihm ins Haar, kraulte ihn kurz und schenkte ihm ein Lächeln.

»Tut mir leid, du. Hab' das wohl eben in den falschen Hals bekommen. Und damit du siehst, dass deine Carmen Erbarmen hat: Freitagabend gegen elf, nach der Oper, gehört uns die ganze Nacht.«

Sie wartete Stefans Reaktion nicht ab, strich ihm zum Abschied über die Wange und ging. Das Intermezzo hatte sie sicher sechs oder sieben Minuten gekostet. Sie würde sich verspäten. Wagners Sekretärin, freundlich, aber überkorrekt, würde ihr das sanft zu verstehen geben. Die Dame am Empfang der Kanzlei passte ausgezeichnet zum Firmenschild: gediegen, vertrauenerweckend, schnörkellos. »Friedrich Wagner. Fachanwalt für Familienrecht« stand auf dem Schild. Für den Weg in den 1. Stock nahm Carmen die Treppe. Breite Stufen, schmiedeeiserne Geländer, buchenfarbene Handläufe. Ein Sonnenstrahl schnitt einen hellen Lichtstreifen durch die Luft. Darin flimmerte der Staub. Es roch nach Holz und stillgestellter Zeit. In einer Nische stand eine kaum handgroße

Schnitzfigur mit ausdrucksstarkem Gepräge, durchaus faszinierend und klein genug, um in Carmens Handtasche zu passen. Sie hatte es schon versucht, aber die Verankerung saß zu fest. Vielleicht ein andermal.

»Ah, Frau Ungemein, guten Tag.« Der Blick der Sekretärin wanderte zur Uhr an der Wand, dann zu Carmen zurück. »Nehmen Sie doch bitte noch einen Moment Platz. Herr Wagner ist gleich für Sie da.« Der Empfang war wie erwartet. Carmen stellte sich vor, dass Friedrich Wagner schon nach ihr gefragt hatte, sie aber trotzdem nicht sofort an die Reihe kam. Eine kleine erzieherische Maßnahme, welche die Sekretärin ohne Wissen ihres Chefs vollzog. Wenig später trat er auf sie zu, geleitete sie persönlich in sein Zimmer, bot ihr einen Stuhl an, setzte sich auf seine Seite des Schreibtischs, fragte nach ihren Wünschen, orderte über die Sprechanlage Kaffee und Wasser, plauderte.

Carmen gefiel die Behandlung. Da Wagner nicht nach der Gebührenordnung für Anwälte, sondern nach eigenen Stundensätzen abrechnete, verstand sich seine Zuvorkommenheit allerdings von selbst. Ein mittelgroßer mittelschlanker Mann mittleren Alters, den seine Freunde »Freddy« riefen und der es mochte, wenn ihn die gegnerische Prozesspartei für mittelmäßig hielt.

»Seit wann kennen wir uns, Frau Ungemein?«

»Heute bin ich das vierte Mal hier. Seit bald einem Jahr, würde ich sagen.«

»Hat sich in jüngster Zeit etwas an dem Verhältnis zwischen Ihnen und Ihrem Mann verändert, zahlt er weiter für Ihren Lebensunterhalt?«

»Das Verhältnis zu meinem Noch-Ehemann, meinen Sie wahrscheinlich. Ja, er zahlt weiter, immer noch dieselbe Summe, und nennt das Haushaltsgeld, obwohl wir endgültig getrennt leben, so ein Unsinn.«

»Solange er seinen Auszug nur als Trennung auf Probe deklariert, wird er seine Zahlungen nicht als Trennungsunterhalt bezeichnen«, meinte Wagner. »Noch weigert er sich anzuerkennen, dass Sie und er dauerhaft getrennt leben und die Ehe gescheitert ist.«

»Das macht er doch nur«, ereiferte sich Carmen, »weil er weiß, dass bei der Höhe seines Unternehmensgewinns ohne weiteres ein paar tausend Euro mehr für mich drin sein könnten, wenn er Trennungsunterhalt zahlen müsste. Er wohnt auch immer noch im Hotel. Ein nettes Sümmchen, was er dafür hinblättert. Doch ein Carsten Ungemein glaubt natürlich, das stünde ihm zu. Und eine Freundin hat er auch. Angeblich nur eine Vertraute, die ihn auffängt, weil mein Verhalten ihn zu sehr schmerzt. Lächerlich.«

Wagner beruhigte sie. »Bei den Zahlungen lässt sich vielleicht noch etwas machen. Gut ist, dass er Ihrem Scheidungsantrag nicht widersprochen hat.«

»Er hat ihm aber auch nicht zugestimmt«, sagte Carmen ärgerlich.

»Das muss er nicht, Sie können trotzdem geschieden werden. Sie haben mir ausreichende Gründe genannt für die Zerrüttung Ihrer Ehe, Frau Ungemein. Unser Hauptinteresse muss dem Zugewinnausgleich gelten und der Aufteilung der ehelichen Vermögenswerte.«

Er erläuterte ihr, nicht zum ersten Mal, das Verfahren. Beide Seiten hatten Aufstellungen ihres Vermögens zu liefern. Die Belege dafür mussten auf zwei Stichtage bezogen sein: den Tag der Heirat und den Tag, als der von Carmen bei Gericht gestellte Scheidungsantrag bei Carsten zugestellt worden war. Es ging darum, dass jede Partei ihr Anfangs- und ihr Endvermögen darlegte. Die Frage war: Was hatte die Ehe den Eheleuten gebracht, was hatten sie jeweils schon vorher besessen, und um wieviel geldwertes Vermögen war jeder in der Zeit von der Hochzeit bis zum rechtsgültig vorliegenden Scheidungsantrag reicher geworden? Daraus ergab sich der gemeinschaftliche eheliche Zugewinn, und der wurde am Ende zwischen den ehemaligen Partnern geteilt.

»Herr Wagner«, hakte Carmen nach, »haben Sie nicht auch schon einmal von drei Stichtagen gesprochen? Wieso nennen Sie jetzt nur zwei?«

»Alles eine Frage des Misstrauens«, erwiderte Friedrich Wagner. »Bevor es zur Scheidung kommt, leben Paare in der Regel schon eine Weile getrennt, und nun könnte es ja sein, werte Frau Ungemein, dass Sie ihren Mann verdächtigen, er habe während der Trennungsphase Gelder beiseitegebracht, damit sein Vermögen zuletzt bei der Scheidung geringer ist und er nicht so viel abgeben muss. Das nennt sich ›Verdacht auf illoyale Vermögensminderung‹. Um dem nachzugehen, wird ein dritter Stichtag beigezogen, für den der Stand des Vermögens belegt werden muss: der Trennungszeitpunkt. Diese Nachweispflicht würde natürlich für beide Parteien gelten.«

»Trotzdem eine interessante Option«, lachte Carmen. »Carsten käme schön ins Schwitzen, würden wir ihn verdächtigen, er tröste sich seit der Trennung von mir mit Edelhuren, Champagner und anderem Luxus und verprasse Geld, wovon mir die Hälfte zusteht.«

»Ob das illoyales Handeln oder legitime Bedarfserfüllung wäre, müsste man prüfen. Stellen Sie sich die Sache nicht zu einfach vor, Frau Ungemein.«

»Ach Wagner, als ob Sie Angst vor komplizierten Prüfungen hätten.«

Carmen ließ ihren Worten einen langen Blick folgen. Die Bemerkung, dass der Anwalt doch gut an einer langwierigen Scheidung verdiente, verbot sie ihrem losen Mundwerk.

Wagner überging die vertrauliche Anrede. »Jedenfalls müssen auch wir unsere Ansprüche belegen, und sollte es zu keiner gütlichen Einigung mit der Gegenseite kommen, muss unsere Position im Streit vor Gericht bestehen können.«

»Was soll an meinen Forderungen falsch sein?« Carmen machte eine Kopfbewegung, als würfe sie die Haare nach hinten, aber da sie die schwarze Pracht zusammengebunden hatte, blieb der erprobte Effekt dieser Gebärde aus. Statt rassig wirkte sie einfach nur wütend. »Carsten hat Geld wie Heu, und ich habe ihm meine besten Jahre geschenkt. Es ist nur fair, wenn ich jetzt endlich mal an mich denke.« Ihre Stimme wurde weich. »Das verstehen Sie doch, Herr Wagner?«

Der Anwalt nickte stumm. »Bitte stellen sie zusammen, was Ihnen zu Ihrem eigenen Vermögen und zu dem Ihres Gatten einfällt. Bankguthaben, Lebensversicherungen, Grundstücke, Häuser, Autos, Geschäftsanteile, Kunstbesitz, Mobiliar und so weiter. Wir benötigen stichtagsbezogene Belege zu Ihren Konten.«

Carmen ließ das Seufzen einer Erschöpften hören.

»Ich weiß, Frau Ungemein, eine Scheidung ist anstrengend. Ich würde Ihre Mitarbeit nicht strapazieren, wenn ich es nicht müsste. Sie kennen nun einmal Ihre ehelichen Verhältnisse am besten. Eine Forderung nach Erhöhung seiner monatlichen Zuwendungen wird noch diese Woche rausgehen. In Ihrer letzten Nachricht an mich ...« Wagner blätterte in den Akten, griff zum Telefon, drückte eine Taste. »Entschuldige, Schorsch, könntest Du mir den Ordner U1 zur Familiensache Ungemein bringen? Der müsste noch bei dir liegen. Frau Ungemein ist gerade hier.«

Der Mann, der kurz darauf anklopfte und eintrat, war größer, auch schlanker als Friedrich Wagner und leger gekleidet. Sein dunkles Haar durchsetzten graue Fäden. Carmen schätzte ihn auf um die fünfzig. Um Mund und Augen lag ein Zug, den sie sich nicht erklären konnte. Er nickte Carmen ein flüchtiges »Guten Tag« zu und reichte Wagner einen Ordner.

»Danke dir, Schorsch, und nun lass dich bekanntmachen. Frau Ungemein, dies ist Georg Ruh, ein glänzender Analytiker und Systematiker, der mir hilft, Struktur in schwierige Fälle zu bringen. Ich glaube, manche kennt er am Ende besser als ich.« Wagner wirkte für einen Moment amüsiert. »Georg, ich möchte dir Frau

Ungemein vorstellen. Es ist doch immer gut, sich von Mandanten dieser Kanzlei nicht nur aus den Akten, sondern auch persönlich ein Bild zu machen.«

Carmen sog die Luft zwischen den Zähnen ein. Für Untertöne hatte sie ein Ohr. Hatte Wagner gerade diesen Herrn Ruh erst gelobt und dann zurechtgewiesen? Oder ging die Spitze gegen sie? Was war mit dem Bild, das man sich von ihr machen sollte? Aber die Gesichter der beiden Männer wirkten gelassen, sachlich, neutral. Friedrich Wagner hatte sich dem Ordner zugewandt und suchte darin; Georg Ruh schien sich noch nicht entschieden zu haben, ob er gehen oder bleiben sollte. Carmen nahm die linke Schulter leicht zurück, drehte sich ins Halbprofil und hob das Kinn ein wenig an. Ruhs Blick wanderte über sie hin, zog weiter, als ihre Augen sich trafen, heftete sich an Wagner.

»Brauchst du mich noch?«

»Nein, Schorsch, ich wollte nur … Aber hier ist sie ja.« Der Anwalt sah zu seiner Mandantin hinüber. »Ihre E-Mail vom 10. des Monats. Sie erwähnen darin drei Positionen, die zu Ihrem gewohnten Lebensstandard gehören und die wir bislang nicht geltend gemacht haben. Die Kuren in Abano Terme, ›vierteljährlich‹, steht hier – die gab's schon, als Ihre Ehe noch intakt war?«

»Carsten hat Anti-Aging-Anwendungen stets begrüßt, er wollte eine vorzeigbare Frau. Anfangs ist er sogar ein paar Mal mitgefahren nach Italien.«

»Sehr gut, dann war das eheprägend. Und ›Führung eines ästhetischen Salons‹, was soll das sein?«

»Alle zwei Monate lade ich lokale Prominenz und kluge Köpfe zu einem schöngeistigen Treffen in unser Haus ein. Wir sprechen über Kunst, Architektur, Futurologie, hören kleine Vorträge über Musik und Literatur. Fürs leibliche Wohl ist natürlich auch gesorgt. Mir lag daran, dass der Name Ungemein einen kulturellen Anstrich erhält. Baulöwen werden so schnell für Banausen gehalten.«

»Sie haben das also für die Reputation Ihres Mannes getan.«

»Das stand am Anfang. Heute ist der Salon für meine gesellschaftliche Stellung unabdingbar.«

»Ich werde diesen Anspruch entsprechend vortragen. Was kostet so ein Abend?«

»Neun-, in Ausnahmefällen vielleicht auch mal elftausend Euro. Das Catering mit Live-Cooking, die Kellner, exquisite Getränke, Vortragshonorare … Da kommt schon einiges zusammen.«

»Dachte ich mir.« Wagner machte sich eine Notiz. »Bleibt das Reitpferd. Ihre monatlichen Belastungen wegen des Vierbeiners können« – er zögerte bei der Wahl seiner Worte – »so hoch vermutlich nicht sein?«

»Herr Wagner, ich bitte Sie!« In ihrer Erregung löste Carmen die für Georg Ruh gedachte Halbprofil-Ansicht auf und streckte den Rücken durch. »Banat ist nicht irgendein Reitpferd. Dieser Vollblut-Araber stammt in reiner Linie von Insh Allah ab, einem Deckhengst des jordanischen Nationalgestüts. So einen Rappen stellen Sie nicht irgendwo auf der Koppel bei einem Bauern ab. Er gehört in die Obhut eines Gestüts, und ich bezahle extra einen ausgebildeten Pferdewirt dafür, dass er Banat füttert, pflegt, seine Box eins a in Schuss hält und für täglichen Auslauf sorgt. Reiten freilich darf nur ich ihn, schon wegen der Versicherung.«

In Friedrich Wagners Stimme schwang keinerlei Ironie mit, als er antwortete: »Danke für die Aufklärung, Frau Ungemein. Meine Kenntnisse zur Haltung von Rassepferden sind offenkundig unterentwickelt. Georg, sehen wir uns morgen?«

Der Angesprochene nahm dies als Anlass, nach der Türklinke zu greifen. »Nicht vor elf, Friedrich, wie du weißt. Ich bin aber heute lange hier, sollte noch etwas sein.« Er nickte Carmen zu, äußerte ein einfaches »Auf Wiedersehen« und trat aus der Tür.

»Ziemlich zugeknöpft, Ihr Mitarbeiter.«

»Finden Sie?« Wagner spielte den Ball zurück. Er verspürte wenig Neigung, Ruh zum Gesprächsgegenstand zu machen. »Wir sind, glaube ich, für heute durch mit den drängendsten Fragen. Ich schicke Ihnen bis übermorgen unsere Forderung an Ihren Ehemann, Sie kontrollieren bitte deren Richtigkeit und übermitteln meiner Sekretärin die Belege zu Ihren Kuren, dem Kultursalon und zu Banats Pflege. Dann kann es in die nächste Runde gehen. Das Gesetz lässt Spielräume, die wir ausschöpfen werden. Seien Sie zuversichtlich.« Wagner war wieder ganz der aufmunternde, liebenswürdige Anwalt. »Darf ich Sie zum Aufzug bringen?«

»Lieber zur Treppe. Ich mag Ihr Stiegenhaus.«

»Kann ich gut verstehen. Originalzustand 1905. Und dann kennen Sie ja sicher unseren Ivo schon?«

Carmen ahnte, wen er meinte, hielt es aber für angebracht, ihr Interesse hinter Unwissenheit zu verbergen.

»Tut mir leid, ein Ivo hat sich mir noch nicht vorgestellt.«

Wagner grinste. »Das wird er auch nicht tun. Der heilige Ivo ist der Schutzpatron der Rechtsanwälte und Richter, mit vollem Namen Ivo Hélory, Mitte des 13. Jahrhunderts in der Bretagne geboren. Er hat Kirchenrecht und römisches Recht studiert, war Priester, Berater beim Bischof, Armenanwalt, Pfarrherr. Heiliggesprochen 1347, ziemlich genau hundert Jahre nach seiner Geburt, von Papst Clemens VI. in Avignon. Trotz seiner Herkunft aus dem bretonischen Adel ein Mann mit Herz für das niedere Volk. Es heißt, Ivo habe mit dem Bettelorden sympathisiert und asketisch gelebt. Vorbildlich, nicht wahr? Und wie passend, dass dieses Muster an Bescheidenheit nun ausgerechnet im Treppenhaus meiner Kanzlei steht. Die Holzfigur dort in der Nische werden Sie sicher bemerkt haben. Grüßen Sie ihn von mir. Ich bevorzuge seit langem den Aufzug, und er könnte glauben, ich würde ihn meiden.«

3

Dass Georg gesagt hatte, er bleibe an diesem Abend länger, brachte Friedrich Wagner dazu, noch einen Blick ins Büro seines Freundes zu werfen, bevor er die Kanzlei verließ. Die beiden standen auf vertrautem Fuß miteinander, seit sie sich im Grundstudium Jura kennengelernt hatten; sie mochten sich auf diese instinktive, umfassende Art, die alles am jeweils anderen gelten lässt: wie er spricht, wie er schweigt, wie er zürnt und wie er lächelt, wie er einen ansieht und wie er sich bewegt. Sie teilten ihre Vorlieben für bestimmte Filme, Bücher und Musikstücke, und wenn sie in ihrem Geschmack einmal uneins waren, feierten sie diese Uneinigkeit als eine Bereicherung, die ja doch nur bekräftigen konnte, wie speziell und kostbar jeder dem anderen war.

Ihre Freundschaft hatte, besonders in ihren Zwanzigern, große Hochphasen erlebt – ausgedehnte Überlandfahrten bei geöffnetem Fenster, aufgedrehter Musikanlage und innig verbundenem Schweigen; stundenlange Gespräche beim Tee; Skiferien; nächtliches Vagabundieren durch Szenekneipen und Schrebergärten; Waldspaziergänge; beseeltes Warten auf den Sonnenaufgang. Die berufliche Spezialisierung auf unterschiedliche Rechtsgebiete änderte an ihrer Vertrautheit nichts. Erst die Frauen, die sie heirateten, die Kinder, die sie zeugten, und die Karriere, die sie machten, erwiesen sich für ihre Freundschaft als Zeiträuber. Manchmal sahen sie sich monatelang nicht oder ihre Treffen blieben flüchtig. Die Herzensergießungen ihrer Jugend versickerten und fanden keine Nachfolger. Das alte Hingezogensein zueinander blieb, aber es strömte nicht mehr, da sich die scheinbare Abgeklärtheit des Alters sowie die täglichen Routinen, Verpflichtungen und Erschöpfungen wie Krusten um die einst pulsierende Emotion gelegt hatten.

Georgs Gemütserkrankung schwemmte die Verhärtungen fort. Nicht zu bändigende Empfindungen stiegen in ihm auf, dunkel und tränenreich, er wurde porös und leicht zu verletzen, die Welt um ihn herum bekam tragische Züge. Seine Belastbarkeit sank drastisch, was seine Arbeitsfähigkeit herabsetzte und ungekannte Existenzängste wachrief. In solchen Situationen müssen wir jemanden haben, der zuhört, Verständnis und Geduld zeigt und, sofern er es vermag, für Entlastung des Leidenden sorgt. Georgs Ehefrau fiel für diese Rolle aus. Blieb Friedrich. Im Grunde kam sowieso niemand anderer infrage. Die Freunde sahen sich wieder oft. Friedrich bot Georg Unterschlupf, wenn dieser nicht allein sein konnte, versuchte ihn aufzubauen und beließ es endlich nicht bloß bei hilfreichen Worten, sondern holte ihn in seine Kanzlei.

Die Arbeit dort beanspruchte Scharfsinn und Urteilsfähigkeit, das schon, aber der Termindruck war gering. Georg konnte seine bewährten Gaben ausspielen, wenn er Akten studierte, getürkten Angaben in Scheidungsverfahren nachging, unstimmige Argumentationen aufdeckte oder brillante Zusammenfassungen zu unübersichtlichen Fällen schrieb. Er saß in einem kleinen Zimmer, arbeitete nicht mehr vorn an der Front, sondern von der zweiten Reihe aus. Früher hatte er mehr Einfluss gehabt, mehr Geld, seine Aufgabe war anspruchsvoller gewesen, seine Reputation hoch, sein Stolz schien solide fundiert zu sein.

Lauter Zucker fürs Ego, welches nun mit Kost geringerer Süße vorliebnehmen musste. Georg haderte mit seinen Verlusten, er war wütend auf seine Krankheit, aber er lernte, wenngleich quälend langsam, seine Situation zu akzeptieren. Freddy hatte den Druck, der auf ihm lastete, reduziert, und weniger Stress hieß: weniger

Depression und Angst. Es hatte also sein Gutes, dieses kleine Zimmer in einer Kanzlei für Familienrecht.

Friedrich klopfte. Als von drinnen Georgs »Herein!« erscholl, streckte er den Kopf durch die Tür.

»Mach Schluss, Schorsch. Es geht auf zehn Uhr. Was reden die Seelenklempner immer von Achtsamkeit? Du solltest hier besser nicht bis Mitternacht hocken. Geh lieber mit mir auf ein Bier in den Krösus rüber. Damit tust du dir den größeren Gefallen. Mir übrigens auch. Ich trinke nicht gern allein.«

»Du weißt, Freddy, dass ich vom Alkohol vorerst besser die Finger lasse.«

»Keine faulen Ausreden jetzt. Du redest, als sei alkoholfreies Bier noch nicht erfunden, obwohl du zu gern eine Flasche aufmachst, wenn der Feierabend naht. Nun komm schon.«

Sie gingen in den Krösus, ein Mittelding zwischen Bar und Lounge, dessen Einrichtung vor zwanzig Jahren ein bekannter Designer entworfen hatte. Freddy und Georg mochten die vielen Spiegel und die hellen Ledersessel noch immer nicht, aber der Krösus lag nahe bei der Kanzlei, und meist fanden sie trotz der lauten Gäste ein halbwegs ruhiges Plätzchen.

»Was kann ich Ihnen bringen?« Die Bedienung, eine junge dünne Frau, war an ihren Tisch getreten.

»Für mich ein großes Pils, für diesen Herrn hier dasselbe in Alkoholfrei.«

Die Dünne zog mit der Bestellung ab.

»Hoffentlich kann sie zwei Bier auch tragen.«

»Spotte nicht, Georg, sie muss einem leid tun.«

»Das tut sie mir durchaus, zugleich aber machen mich all die Magersüchtigen wütend. Einmal essgestört, immer essgestört. Du wirst den Mist nie wieder richtig los. Das Mädel könnte so fröhlich und hübsch sein, stattdessen gucken überall der Gram und die Knochen durch. Falsches Körper-Idol, falsches Selbstbild. Könnte sie nicht anfangen, klüger mit sich umzugehen?«

Freddy beugte sich vor. »Du bist wieder einmal auf die falsche Weise streng, Schorsch. Niemand beherrscht all die ungesunden Einflüsse, denen er ausgesetzt ist. Sieh dich selbst an.«

»Ich mag es nicht, Menschen völlig aus der Eigenverantwortung zu entlassen«, erwiderte Georg. »Willst du behaupten, kein Magersüchtiger habe seinem Schicksal entgehen können? Alles Opfer? Auch ich habe irgendwo Anteil daran, wie schlecht es mir geht. Durch eigenes Handeln oder meine psychische Konstitution, die mit manchen Schlägen schwerer zurechtkommt, als dies andere schaffen. Ein richtiger Kerl sollte nicht so abstürzen wie ich. Nicht einmal mit einer Frau wie Linda an seiner Seite. Eben noch ein guter Typ, plötzlich ein Weichei. Manchmal denke ich …«

Georg hielt inne, denn die Bedienung brachte das Bier. Auf dem großen Flachbildschirm, der hauptsächlich im Raum hing, um bei Fußball-Übertragungen des Bezahlfernsehens mehr Gäste in den Krösus zu locken, sprach ein Reporter vor dem Landgericht in ein Mikrofon. Jemand drehte den Ton lauter. Es ging um »die Bestie«. Ein Vorbericht zum Prozessauftakt am nächsten Tag. Georg brauchte diesen Ausblick nicht. Er wusste, was kam. Wenn er morgen früh aufstand, würde am Gericht bereits der Belagerungszustand herrschen. Am Bordstein, Stoßstange an Stoßstange, die Übertragungswagen von Hörfunk und Fernsehen. Drinnen auf den Fluren Journalisten auf der Jagd nach fachkundigen Statements. Fotografen und Kameraleute brachten sich in Stellung. Drangvolle Enge durch Besucher, die einen freien Platz im Zuschauerraum zu ergattern hofften. Die Verhandlungen gegen die »Bestie des Ruhrgebiets« waren bis auf weiteres öffentlich, daher der über den Presserummel hinausreichende Auftrieb, doch der Zutritt war begrenzt. Leibesvisitationen und Taschenkontrollen am Eingang zum großen Sitzungssaal. Polizisten mit Funkgeräten. Verhaltene Stimmen. Eine nervöse Neugier, als gäbe es noch Sensationen zu erwarten.

Dabei war das Tatgeschehen im Wesentlichen bekannt. Die Bestie hatte sieben Menschen getötet, zerstückelt und die Leichenteile auf Mülltonnen verteilt. Die Beweislast war erdrückend. Allein die Beziehung zwischen Opfern und Täter und damit auch die Beweggründe des Mörders harrten der Aufklärung. »Der kommt wohl kaum wieder in Freiheit.« Das war Freddys Stimme. Der Freund sprach weiter. »Der Staatsanwalt hat leichtes Spiel. Eigentlich solltest du morgen dort stehen und die Anklage erheben. Zwei Jahre zurück, und du stündest dort auch. Der gefürchtete Georg Ruh. Scharfsinnig, eloquent, rigoros. Auf dem besten Wege, über kurz oder lang Oberstaatsanwalt zu werden.« Georg schwieg. Friedrich hatte recht. Als Staatsanwalt war er einer gewesen, dessen Stern stieg und stieg. Und dann der jähe Absturz. Ohne es wahrzunehmen, hatte er sich mit den Jahren verhärtet. In der Arbeit war er überaus gründlich, penibel, verlässlich. Das hatte, was die Qualität seines Schaffens betraf, seine guten Seiten. Er setzte hohe Maßstäbe – am konsequentesten allerdings setzte er sie gegen sich selber durch. Perfektionismus ist ungesund. Georg achtete nicht auf seine Bedürfnisse. Was in ihm nach Zärtlichkeit und Leidenschaft verlangte, hatte schrumpfen müssen.

An Linda, die lieber redete als schmuste, hatte ihn ihre herausfordernde Art gereizt, und als Louis auf die Welt kam, war es für eine Trennung von seiner Frau zu spät. Eine geraume Zeitlang trug ihn der heranwachsende Sohn über das von Linda frustrierte Verlangen nach Nähe hinweg. Wenn Georg den Säugling auf den Armen gewiegt und seinen Duft geatmet, später das Kleinkind kilometerweit auf Schultern getragen oder beim Rangeln seine Wärme gespürt hatte, war er glücklich gewesen. Das nahm natürlich ab, je größer der Junge wurde. Und dann, mit der Pubertät, ergriff Linda ganz von ihrem Sohn Besitz. Louis wurde ihr liebster Begleiter und Gesprächspartner, wobei sie ihn selbst dann noch bevorzugte, als er erste Freundinnen hatte. Georg hingegen rückte endgültig ins zweite Glied, Linda wurde ihm ferner und ferner. Er leugnete vor sich diese Wahrheit, drückte weg, was er vermisste, und idealisierte die Restbestände seiner Ehe, obwohl sein Unbewusstes bei der Unterdrückung seiner Sehnsüchte schon längst nicht mehr mitmachte.

»Wo hängst du fest?« Das war wieder Freddy.

»Am Alten, wie immer, wenn meine Gedanken auf Abwege geraten. Am Alten und wie es verschwinden konnte. Ich dachte gerade, wann das wohl angefangen hat, dieses Gefühl, man stecke im falschen Leben.«

»Hattest du das denn? Auf mich hast du gewirkt, als seist du mit deiner Lebensbahn zufrieden. Dass Linda nie mein Fall war, wusstest du. Irgendwann haben wir aufgehört, über diese Frau und ihren Einfluss auf dich zu streiten. Es drohte unsere Freundschaft zu belasten. Trotzdem glaubte ich stets, du seist mit dir im Reinen. Mit der Frau einig, auf die Arbeit stolz und über deinen Sohn selig.«

Georg zog die Mundwinkel nach unten und stieß Luft durch die Nase. »Was man sich alles einreden kann. Ich habe von mir dasselbe geglaubt wie du. Weil ich es wollte. Ein Staatsanwalt sieht ständig, wie kaputt und verlogen menschliche Beziehungen sein können. Etwas in mir hat sich wohl gesträubt, diesen scharfen Blick auch auf mich und mein tägliches Dasein zu richten. Aber eines Tages platzt die Blase. Das Gefühl eines riesigen Verlustes ergreift dich, dabei hast du bloß deine Illusionen verloren.«

»Sei nicht sarkastisch.«

»Ich versuche nur, richtig hinzugucken. Wenn du wüsstest, wie viel Kraft das kostet. Seit ich es versuche, sehe ich überall Menschen, die wegdrücken. Sie laden sich im Job Belastungen auf, die an die Substanz gehen, fragt man sie aber danach, antworten sie mit großer wegwischender Geste: ›Alles gut.‹ Sie reden sich Liebesbeziehungen ein mit jemandem, der gar nicht liebesfähig ist. Sie deckeln ihre Bedürfnisse, um dem Partner gefällig zu sein. Sie pflegen eine Vorstellung davon, wie eine Person oder Lebenssituation sein sollte, sie feiern ihre Lage und wollen partout nicht wissen, in welchem Schlamassel sie sich eingerichtet haben.«

»Aber zahlt man nicht immer einen Preis? Und bei den Fällen, von denen du sprichst, zahlen die Betroffenen den Preis vermutlich gern, weil nach ihrem Gefühl der Gewinn die Kosten übersteigt. Irgendetwas reizt sie, die Lasten zu tragen. Sie bekommen etwas geboten. Oder sie stecken fest, weil sie Angst vor Veränderung haben.«

»Da widerspreche ich dir gar nicht. So ein Reiz, ob positiv oder negativ, ein Mehrwert oder eine Angstvermeidung, gibt den Ausschlag fürs Festhalten. Mir geht es um das Weggucken. Begehren und Angst machen gleichermaßen blind. Wir wollen diesen tollen Job oder jene tolle Frau, und es ist uns nicht so wichtig, dass der Chef als Tyrann verschrien ist und sich die Frau als überaus besitzergreifend entpuppt. Womöglich begrüßen wir die Inbesitznahme sogar ...«

»Jetzt meinst du dich und Linda.«

»Auch. Jedoch nicht nur. Ich könnte ebenso Carsten Ungemein und seine gierige Carmen nehmen. Worauf ich beim Wegdrücken eigener Probleme hinauswill, ist das Ungesunde. Wegen einer Arbeitsstelle oder einer Ehe Aufgaben und Pflichten zu schultern – das gehört dazu. Aber Lasten nicht nur zu tragen, sondern dabei schlucken zu müssen, macht auf Dauer krank. Lass dich nicht einengen und lass es dir nicht gefallen, wenn du verletzt wirst. Steh zu deinen Überzeugungen und Neigungen. Deine Alarmglocken sollten läuten, wenn dich jemand nicht als die Person gelten lässt, die du bist. Guck hin, wenn jemand Spiele mit dir treibt.«

»Gut gebrüllt, Schorsch. Trotzdem finde ich dein Verlangen nach präziser Aufmerksamkeit schwierig. Immer genau hinzugucken – wie soll das gehen? Wir stecken ständig in Situationen, wo es kein Entweder-oder gibt, sondern mit denen wir uns arrangieren müssen. Dann kneifen wir schon deswegen die Augen zu, weil Klarsicht frustrierend wäre.«

»Das ist jetzt nicht dein Ernst, Freddy. Klingt für mich wie eine Rechtfertigung des Selbstbetrugs. Nicht nur, dass man Kompromisse schließt. Du hältst es zudem für notwendig, dass man vor dem Ausmaß, den Kosten und möglichen Folgen der Kompromisse den Blick abwendet.«

Georg nahm einen Schluck, ihm fiel etwas ein, er sprach weiter. »Deine Rede vom Augenzukneifen ist übrigens keine Metapher, sondern ein richtiges Bild. Ich hatte immer die schönsten Erinnerungen an meine Flitterwochen mit Linda und die Jahre als junge Familie. Als ich aber einmal einer Kollegin Fotos aus dieser Zeit zeige, was sagt die da? ›Georg, du siehst angestrengt aus, nicht frei. Und deine Augen: enge Schlitze.‹ Bevor ich diesen Hinweis bekam, hatte ich gar nicht registriert, was für ein Gesicht ich mache. Bis heute weigert sich meine verklärte Erinnerung, dass ich sie umbaue und das Familienglück bezweifle. Doch die Fotos zeigen kein Glück, sondern einen bemühten Mann, der nicht einmal frei aus der Wäsche gucken kann.«

»Du hattest halt Verantwortung übernommen. Die macht das Leben nicht leichter, und das sieht man auf den Fotos. Heute möchtest du die Vergangenheit schlechtreden, weil die Gegenwart so schmerzlich für dich ist.«

»Werde nicht banal, Freddy. Außerdem muss es richtig heißen: Eine Beziehung, die in der Gegenwart derart krankmachend ist, kann in der Vergangenheit nicht heilsam gewesen sein.«

»Ich bin ja dafür, dass du die Vergangenheit und besonders deine Frau kritisch anguckst. Mir fällt es nur schwer, das Wegschauen so rigoros zu verdammen. Vorhin hast du meine Mandantin und deren Mann erwähnt. Ich stelle mir vor, dass sich Carsten Ungemein bei den Eskapaden seines lockeren Weibchens bis zu einer gewissen Grenze sogar gut gefühlt hat. Dass er meinte, er müsse bei jemandem wie Carmen ein großzügiger Mann sein, und dass dies seinem männlichen Selbstbild entsprach. Er war stolz darauf, ihr die Extravaganzen zu gönnen und es nicht so genau wissen zu wollen. Vielleicht war das seine Vorstellung davon, ein Held in der Liebe zu sein. Vielleicht fand er es erstrebenswert, wie ein Fels in der Brandung zu stehen, der seiner Frau beides bietet: absolute Sicherheit bei größtmöglicher Freiheit. Großzügigkeit ist doch etwas sehr Schönes.«

»Ja, wenn der Großzügige weiß, was er tut. Sonst ist er nicht großzügig, sondern ein Ignorant, der Dinge gestattet, die ihm oder Dritten unbekömmlich sind. Oder er scheut den Konflikt, der entstehen könnte, zöge er eine Grenze.«

Friedrich hob sein Glas, die beiden Männer prosteten sich zu. Das Wichtigste war gesagt. Georg hatte das letzte Wort gehabt, was aber nicht bedeutete, dass Friedrich ihm völlig zustimmte. Ums Rechthaben ging es sowieso nicht zwischen ihnen. Sie hätten nun austrinken und aufbrechen können, aber Georg musste noch etwas loswerden.

»Hast du eigentlich keine Skrupel, die Interessen von Carmen Ungemein zu vertreten?«

Friedrichs Nasenflügel weiteten sich. »Für einen Juristen stellst du eine reichlich merkwürdige Frage. In unserem Rechtssystem hat jeder Anspruch auf einen Anwalt, der seine Interessen wahrnimmt.«

»Frau Ungemeins Interesse schmeckt nach Habgier. Oder sehe ich das falsch?«

»Es ist gleichgültig, ob du das falsch oder richtig siehst. Ich halte mich an die gesetzlichen Vorschriften, ich wahre meine Unabhängigkeit, und ich werde Frau Ungemein vor Irrwegen schützen, wenn sie Besitzansprüche durchkämpfen will, die keine Chance haben, einer gerichtlichen Prüfung standzuhalten. Sie ist meine Mandantin, und ich bin ihr Berater. Es ist nicht meine Aufgabe, mich bei ihr für ihren Mann einzusetzen.«

»Du bist parteiisch, Freddy.«

»Natürlich nehmen Anwälte Partei für ihre Mandanten. Sag mal, Schorsch, was ist denn mit dir los, dass wir hier die Selbstverständlichkeiten meines Berufsstandes diskutieren müssen? Du kennst die Akte Ungemein seit langem, hast nie ein böses Wort über die

29

Ansprüche der Ehefrau verloren, aber nun, da du die Dame kennengelernt hast – und das auch nur flüchtig –, erwacht in dir der Moralapostel. Hat dir diese Frau einen Stachel versetzt? Komm mir nicht mit dem Streben nach Unparteilichkeit. Die ist Pflicht eines Richters. Ich bin keiner. Und sieh dich an. Als Staatsanwalt warst du stets die Stimme der Anklage.«

»Du vergisst all die Fälle, bei denen es erst gar nicht zu einer Anklage kommt. Und warum? Weil eben diese Staatsanwaltschaft, die du für voreingenommen hältst, den Stand der Ermittlungen geprüft und entschieden hat, keine Anklage zu erheben.«

»Das müssen dann wohl die aussichtslosen Fälle sein.« Freddy grinste nach diesem Einwand. Georg schüttelte den Kopf.

»Wir sind zu einer neutralen Prüfung der Indizien und Fakten verpflichtet. Es ist doch nicht so, dass wir uns auf eine Beschuldigung stürzen und sogleich bestrebt sind, den Beschuldigten hinter Gitter zu bringen. Und selbst dann, wenn wir Anklage erhoben haben und jemand vor Gericht steht, bleiben wir zur Objektivität verpflichtet. Die Strafprozessordnung gebietet, dass der Staatsanwalt nicht nur danach schaut, was den Angeklagten belastet, sondern ebenso, was ihn entlastet.«

»Ja, Schorsch, auf dem Papier nimmt sich das alles prima aus. Da könnte man tatsächlich dem Märchen glauben, das ein deutscher Generalstaatsanwalt im Jahre 1900 in die Welt gesetzt hat, als er verkündete, die Staatsanwaltschaft sei die objektivste Behörde überhaupt.«

»Ist sie auch«, brummte Georg.

»Wenn dem so wäre, wären Verteidiger überflüssig. Was haben wir im Studium darüber Witze gemacht. Ihr Staatsanwälte seid alle Untergebene, und euer oberster Dienstherr ist der Justizminister. Bei heiklen großen Fällen, also bei den politisch oder wirtschaftlich brisanten, kriegt ihr Weisungen aus der Politik. Du wolltest immer ein gradliniger Jurist und ein unabhängiger Kopf sein. Das ist dir, soweit ich sehe, auch gelungen. Aber du hast dir doch nie über die Rahmenbedingungen Illusionen gemacht. Es ist das erste Mal, dass du deine Behörde schöner malst, als sie ist. Du glaubst ja selber nicht, was du sagst. Woher kommt nur mein Eindruck, dass du mich gerade in eine kleine Spiegelfechterei verwickelst?«

»Daher, dass du recht hast.«

Aber das dachte Georg nur und sagte es nicht laut. Natürlich wusste er, wie der Hase läuft in der Juristerei. Das ganze Geplänkel über Unparteilichkeit hätte er sich sparen können. Er hatte Freddy nach Skrupeln wegen Carmen Ungemein gefragt. Das hatte am Anfang gestanden. Irgendetwas wurmte Georg. War es die Rolle, die der Freund als Anwalt dieser Carmen spielte – oder war es nicht vielmehr die Frau? Sie hatte etwas Provozierendes an sich. Georg verbot sich, den unguten Empfindungen nachzugehen, die Carmens Art in ihm weckte. Er blickte Friedrich an.

»Entschuldige bitte, Freddy, ich weiß auch nicht, was mich gerade geritten hat. Was meinst du, nehmen wir noch ein Bier oder ruft das Bett?«

Sie tranken noch eins, der Müdigkeit zum Trotz. Auf dem Bildschirm schob sich der FC Liverpool gerade durch einen Auswärtssieg bei Norwich City an die Tabellenspitze. Freddy lobte die spielerische Klasse der Premier League. Georg entspannte sich. Mit etwas mehr Gleichmut betrachtet, sah die dünne Kellnerin nicht mehr ganz so abgezehrt aus. Bei den wenigen verbliebenen Gästen hielt sich die Lautstärke, die im Krösus schnell unangenehm werden konnte, in Grenzen. Georg entspannte sich noch mehr. Freddy saß an seiner Seite, lächelnd, gelassen, verlässlich. Für Momente war die Welt in Ordnung.

4

Wer die Abendnachrichten verpasst hatte, konnte es am nächsten Morgen in der Presse lesen: Die Bestie hatte sich gleich zum Prozessauftakt in allen Anklagepunkten schuldig bekannt. Mittlerweile hielt kein Berichterstatter mehr den Namen des Mörders zurück. Roland Körtz hieß der Mann. Dreizehn Jahre lang hatte er in den Finanzämtern von Köln, Essen und Oberhausen als Betriebsprüfer gearbeitet. Das Bestialische war ihm nicht anzusehen. Eine schmale, beinahe schmächtige Statur, regelmäßige Gesichtszüge, blasse Haut, ein scharf gestutzter Schnurrbart, schüttere Haare hoch über einer glatten Stirn. Das Auffälligste an ihm war die sinnliche, immer leicht feucht wirkende Unterlippe. Die blaugrauen Augen blickten prüfend, jedoch ohne Drängen, so als könne sich der Prüfende ohnehin alle Fragen selbst beantworten. Gegenüber Richter und Staatsanwalt trat der Angeklagte höflich auf, auch nutzte er nie sein Aussageverweigerungsrecht. Blieb er Auskünfte schuldig, dann offenbar nur aus Unkenntnis, nicht aus Sturheit. Sein Gleichmut war bisweilen schockierend. Am schlimmsten wurde es, als ihn der Vorsitzende Richter nach dem Motiv für seine Taten fragte. Roland Körtz antwortete, als wolle man etwas Überflüssiges von ihm wissen.

»Ein Motiv, Euer Ehren? Wieso denn ein Motiv?«

Für Momente schien der ganze Sitzungssaal in Fassungslosigkeit zu erstarren. Da tötete jemand sieben Menschen und hatte nicht einmal Beweggründe dafür. Monströs war das, monströser noch als die Mordtaten selbst. Den Opfern, allesamt Frauen, hatte er die

Kehle durchgeschnitten, das linke Ohr abgetrennt, ihnen in den Mund gesteckt und das Ganze fotografiert. Körtz bedauerte, die Toten später auch noch zerstückelt zu haben. Dies sei jedoch für das Verschwindenlassen – er sprach von »Entsorgung« – der Leichen unumgänglich gewesen.

Und warum das linke Ohr, nicht das rechte, hakte der Staatsanwalt nach. Er gab die Hoffnung nicht auf, doch noch ein Motiv zu fassen zu bekommen. Ob Körtz damit ein Ritual praktiziert habe? Der Mörder verneinte. Es sei bloß ein Sinnbild gewesen. »Ich habe ihnen postum eine Lehre erteilt. Diese dummen Frauen. Manche waren Eigentümerinnen, andere bloß die Sekretärinnen des Betriebs, abgestellt zu meiner Betreuung. Aber allen stand bei meinem Besuch die Furcht in den Augen, ich wolle ihnen am Zeug flicken. Ein vorauseilendes schlechtes Gewissen, es muss nicht einmal berechtigt sein, macht devot. Wie erleichtert sie waren, wenn sich der Herr vom Finanzamt nicht als der gefürchtete knochenharte und gänzlich humorlose Betriebsprüfer erwies. Ihre Furcht wich, und je länger ich sanft über den Büchern saß, desto mehr ließen sie kleine weibliche Reize spielen. Sagte ich etwas Nettes, dann sprach ich zu ihrem linken Ohr, das sie mir nur zu gern zuwandten.«

Der Staatsanwalt unterbrach die Schilderung. »Kommen Sie zum Punkt, Angeklagter.«

Körtz deutete eine Verbeugung an. »Das linke Ohr wird von der rechten Hirnhälfte kontrolliert. Die reagiert stärker auf emotionale Reize wie Lob oder nette Worte, Herr Staatsanwalt. Freundlichkeiten, ins linke Ohr gesprochen, bleiben besser haften. Das rechte Ohr hört lauter, deutlicher, und die dazugehörige Gehirnhälfte sortiert das Gehörte in Wichtiges und Unwichtiges.«

Er sah in die Runde, nickte dem Staatsanwalt verbindlich zu, bevor er fortfuhr:

»Hätten die Damen mehr mit rechts gehört, hätten sie nüchterner bleiben können, und wir hätten eine rein sachliche Betriebsprüfung gehabt. Zu diesem Zweck hätte man ihnen allerdings mit ihrem allzu willigen linken Ohr den flirtenden Mund stopfen müssen. Dazu jedoch kam ich, wie Sie wissen, erst nach ihrem Ableben.«

Aus den Zuschauerreihen drang empörtes Tuscheln. Eine Stimme rief:»Du arrogantes Schwein!« Der Richter mahnte zur Ordnung. Der Staatsanwalt setzte die Vernehmung fort.

»Warum die Fotos?«

»Um das Sinnbild festzuhalten. Für die Beseitigung der Frauen musste ich mein Werk ja umgehend zerstören. Der Anblick lohnte aber die Dokumentation.«

Erneut Unruhe im Saal. Dann wieder der Staatsanwalt.

»Sie haben die Betriebsprüfung zur Kontaktanbahnung genutzt. Das ist bei allen Opfern dasselbe Muster. Aber nur mit dreien hatten Sie Sex.«

»Pardon, da ist es wohl mit mir durchgegangen.« Körtz hob entschuldigend die Arme. »Ja, drei habe ich ordentlich rangenommen, bevor ...« Er stockte kurz. »Aber nur a tergo.«

»Reden Sie deutsch mit uns, Herr Körtz.«

»Na ja, nur von hinten. Doggystyle. Ich wollte mir dabei nicht ins Gesicht sehen lassen, und ich wollte auch deren Gesicht nicht sehen. Das passt nicht. Ich hatte doch keine Beziehung mit denen.«

Der Staatsanwalt stellte fürs Erste keine weiteren Fragen mehr. Die Verteidigung schwieg. Das Gericht vertagte sich. Die Journalisten strebten an die Schreibtische.

5

Wenn sie wollte, war Linda eine aufmerksame Beobachterin des Zeitgeschehens. Neugierig verfolgte sie die Nachrichten. Zu einem guten Frühstück gehörte die Tageszeitung unbedingt dazu. Bereitete sie Mahlzeiten vor, lief das Radio. Sie hörte Wortbeiträge, selten Musik. Linda redete gern, und noch lieber urteilte sie. Meinungen bildete sie sich rasch. Irgendwo hatte sie aufgeschnappt, es sei eine Bürgerpflicht, sich fortlaufend zu informieren, denn sonst sei eine Demokratie nicht lebensfähig. Ihren Medienkonsum nahm sie als Existenzberechtigung. Sie fühlte sich als nützliches Mitglied der Gesellschaft, wenn sie bücherlesend im Bett lag. Allerdings schlug sie kaum Kapital aus ihren vielfältigen Lektüren. »Ich weiß, ich mache zu wenig aus mir«, gestand sie immer mal wieder ihrem Sohn. Louis widersprach stets zuverlässig, nannte sie eine tolle Mama. Linda legte es auf seine Komplimente an, zürnte ihm jedoch auch.

»Findest du nicht, dass Louis meine Lage zu leicht nimmt?«, begrüßte sie ihren Mann, als der die Küche betrat, um sich um sein Frühstück zu kümmern. Georg brachte als Antwort nur ein lahmes »Ach wieso denn« zustande. Er öffnete den Kühlschrank, nahm Milch und Obst für sein Müsli heraus. Linda sah ihm gekränkt zu.

»Dich interessiert gar nicht, wie's mir geht, du kennst sowieso nur noch dich. Und jetzt fängt dein Sohn auch noch so an. Seit Louis mit dieser Anna zusammenwohnt, ist alles so anders. Er fragt mich gar nicht, wie ich damit fertig werde, eine allein gelassene Mutter in den besten Jahren zu sein, ökonomisch abhängig von

einem Absteiger, der in der Firma seines Jugendfreundes untergekrochen ist und nur noch zum Schlafen nach Hause kommt.«
Georg blieb stumm. Schuldgefühle lähmten ihn. Es war ein Rückfall in ein sehr altes Muster, von dem er geglaubt hatte, er sei darüber hinaus. Bezichtigte ihn jemand Nahestehendes, egoistisch zu handeln, fühlte er sich schlecht. Lindas Wortwahl – »Absteiger«, »untergekrochen« – war blanke Demütigung. Doch statt mit Wut reagierte er mit Scham.

Linda hatte in jüngster Zeit schon manchmal einen neuen Georg erlebt, einen, der sie schroff in die Schranken wies. An diesem Morgen spürte sie, dass er sich unter ihren Zungenschlägen wehrlos wegduckte. Anscheinend hatte er einen depressiven Schub. Die Tageszeit spielte eine Rolle. Gemütskranken ging es morgens oft schlecht und abends bedeutend besser. Linda hatte das Auf und Ab aus »morgendlichem Pessimum« und »abendlichem Optimum«, von dem die Ärzte sprachen, immer wieder an ihrem Mann beobachten können. Nun sah sie zu, wie Georg stumm die Kaffeemaschine ansteuerte und einen doppelten Espresso herausließ.

»Ist spät geworden gestern Abend, was?« Linda setzte eine minimale Pause, dann legte sie nach: »Du wolltest doch nicht mehr trinken.« Sie schlug die Beine übereinander, strich sich einen Krümel von der Bluse, sah auf die Uhr. Als langjährige geschätzte Justiziarin konnte sie ihre Gleitzeit mehr oder weniger selbst bestimmen. Niemand bei Kraff würde ihr Unpünktlichkeit vorwerfen. Jedenfalls solange nicht, wie dem Stahlkonzern kein drängender juristischer Konflikt ins Haus stand. Die Zeit, Georgs Antwort abzuwarten, hatte sie allemal.

»Ich trinke nicht, und ich bin auch nicht nur noch zum Schlafen zuhause.«

Aha, er verteidigte sich. Doch so leicht würde er nicht davonkommen. »Tu bloß nicht so, als könne irgendjemand in diesem Haushalt auf deine Anwesenheit bauen. Schon als Louis noch klein war, hast du mir nicht die nötige Entlastung verschafft. Du begabst dich auf den Weg, ein Star-Staatsanwalt zu werden, was hingegen blieb von meinen beruflichen Visionen? Ein Halbtagsjob hinter Büromauern, nicht genug, um unabhängig von dir zu sein. Was, wenn du dich ewig weiter krank wähnst und Freddy dich fallenlässt?«

»Freddy lässt mich nicht fallen, und Kraff bezahlt dich doch gut.«

Georg kam aus der Defensive nicht heraus. Seine Frau behauptete, und er stellte richtig. Ein unfruchtbares Vorgehen. Linda schnaubte zur Antwort. Sie erhob sich. Rot gestreifte weiße Bluse, schwarze Hose, schwarze Pumps. Früher, im Schmelz der Jugend, hatte sie hübsch und schlank gewirkt. Mittlerweile trat ihr starkknochiger Typus stärker hervor. Hatte sie schon immer diese breiten Hüften gehabt? Georg ging bei ihrem Anblick auf, wie sehr er schmale Frauen mochte. Er hatte diese Vorliebe wohl lange vor sich verborgen. Oder es war ein Geschmackswechsel, eine Alterserscheinung, eine Blüte am Johannistrieb. Carmen Ungemein kam ihm in den Sinn. Auch keine schmale Frau. Eine Figur mit Kurven, üppig, aber straff. Das Tiefdruckgebiet in Georgs Gemüt hob sich erstmals an diesem Morgen durch eine fühlbare Regung: Grimm. Wahrscheinlich suchte die gierige Carmen ihren unglücklichen Carsten ebenso zu pressen und zu beherrschen wie Linda ihn. Man sollte …

»Ich gehe jetzt.« Linda zog im Flur die Jacke über. »Bist du zum Abendbrot daheim?«

»Warte besser nicht auf mich«, gab Georg zur Antwort. »In der Kanzlei stapeln sich die Akten.«

»Das machen sie doch immer, und trotzdem bist du morgens selten vor elf Uhr dort. Der frühe Vogel fängt den Wurm, mein Lieber, nicht der späte. Na, du wirst wissen, was du tust.«

Die Wohnungstür fiel ins Schloss. Georg hörte Lindas Absätze auf den Stufen. Die Bauherren hatten versäumt, bei der Kernsanierung der ehemaligen Mietskaserne einen Fahrstuhl einzubauen.

Trotzdem war die junge Familie Ruh seinerzeit gern in die Rote Reihe 2 eingezogen. Durchbrüche hatten großzügige Zimmer entstehen lassen. Vor allem die obere Etage, für die sie sich entschieden hatten, war lichtdurchflutet, und der kleine Louis bekam ein Spiel- und Kinderzimmer, wie es das unter dieser Adresse noch nie gegeben hatte. Für die Ohren der Geschichtskenner hatte die Rote Reihe bis heute einen Klang von Enge und zwielichtigem Milieu. Georg fand es stets reizvoll, eine solche Privatanschrift zu haben. Rot war die Farbe des kämpferischen Proletariats, des schlichten Backsteins, der Prostitution und des Blutes. Die moderne Gegenwart der Straße war banal, doch die alten wüsten Assoziationen bestanden fort. Und er, der Herr Staatsanwalt, residierte mittendrin.

Lindas Morgenlektüre hatte die Zeitung zerpflückt zurückgelassen. Georg schob die Teile wieder zusammen. Auf der Titelseite beschäftigten sich ein Kommentar und ein betont sachlicher Bericht mit dem Auftritt von Roland Körtz vor der Strafkammer. Im Lokalteil folgte eine atmosphärisch dichte Reportage. Die Kälte des Mörders und die Fassungslosigkeit, die sich vom Publikum bis auf die Richterbank erstreckt hatte, nahmen breiten Raum ein. Eine der beiden Fragen, die zuvor noch offen gewesen waren, hatte die Anhörung geklärt: die nach der Beziehung zwischen dem Täter und den Opfern. Diese Beziehung war in allen Fällen nur flüchtig gewesen.

Die zweite Frage, die nach dem Motiv, hatte sich ins Nirgendwo verzogen. Sie schwebte zwar in den Köpfen noch herum, aber nach Art eines Nebelgeistes, von dem nichts blieb, haschte man nach ihm. »Ein Motiv, Euer Ehren? Wieso denn ein Motiv?« Diese Worte des Mörders öffneten einen Abgrund. Sie rissen ein Loch in das normale Weltverständnis, das besagte: Nichts, was geschieht, geschieht ohne Grund. Alles hat eine Ursache, und wenn das in der physikalischen Welt gilt, dann auch in der psychischen.

Roland Körtz hingegen ließ für sich keine Gründe gelten. Er verachtete seine Opfer; als Motiv allerdings war Verachtung viel zu schwach. Er hatte weder aus Habgier noch im Blutrausch gehandelt. Er war kein Frauenhasser, die sexuelle Befriedigung war nur ein Nebenprodukt, nicht das Ziel, und er musste keine Rache üben, denn seine Opfer hatten ihn nie gekränkt. Er hatte auch keinen Mutterkomplex zu verarbeiten oder einen gewalttätigen Vater besessen. Der psychiatrische Gutachter nannte ihn voll schuldfähig. Körtz kannte den Unterschied zwischen Gut und Böse. Na klar wusste er, dass er sich strafbar machte. Georg bekam beim Lesen den Eindruck, vor einem Rätsel zu stehen, das keines war. Ein Rätsel machten aus Roland Körtz allein die Betrachter. In ihnen wühlte das allzu menschliche Bedürfnis nach Sinn. »Warum nur hat er das getan, warum nur?« Man sollte die Frage weglassen. Dieser Mörder war, wie er war. Um ihn lebenslänglich hinter Gitter zu bringen, reichten seine Handlungen völlig aus.

An seinen Arbeitsplatz würde er es nicht bis elf schaffen, das verriet Georg ein Blick auf die Uhr. Er schrieb Freddy eine SMS, »komme heute spät«. Wenn die Kanzlei ihn dringend benötigte, würde der Freund ihn das wissen lassen. Solange dies nicht passierte, konnte Georg seinen trüben Empfindungen nachhängen, woraus nichts Gutes folgte. An schweren Tagen wie diesen musste er aufpassen, dass er nicht mit der Langwierigkeit seiner Krankheit, der Einbuße an Tatkraft, Freude und Selbstbewusstsein haderte, bis die Negativität ihn gänzlich ausfüllte.

Das war der grässlichste aller Zustände, schlimmer noch als die fliegenden Ängste. In der Negativität war er unerreichbar für äußeren Zuspruch. Der Gedanke, sich umbringen zu müssen, erschien als unumstößliche Wahrheit. Aber was heißt hier »erschien«. Der Gedanke steckte in jeder Faser seines Fühlens, er war körperlich und in seiner Intensität vergleichbar einem Wutzustand, der uns völlig beherrscht. Nichts, was Georg dann in den Sinn kam, trug eine helle Farbe. Nichts wies einen Ausweg ins Freie. Er war wie eingeschnürt. Die Negativität war das Nonplusultra eines depressiven Schubs – die Gedrücktheit riesig, die Wellen aus Elendsgefühlen desolat, die schwarzen Löcher Abstürze in ungeahnten Schrecken. Aber man stürzte nicht in den Wahnsinn, man schnappte nicht über. Die Negativität umklammerte den Kranken und hielt ihn wie eingefroren im Diesseits. Das verschonte Georg immerhin von den kaum weniger grässlichen Empfindungen der Ich-Auflösung. Was kein Trost war.

Und dann, wenn die Qual unerträglich wurde, kam die Wut. Wahrscheinlich war sie den ganzen Anfall über schon dagewesen, nur gedeckelt. Keine hell lodernde Wut. Etwas Dumpfes. Kein befreiender Ausbruch. Negative Energie, die sich staute. Negativität und Wut glichen sich nicht nur in ihrer Intensität, sondern hatten aufs Engste miteinander zu tun. Die Wut strebte danach, dem unerträglichen Druck mit Gegendruck zu antworten. Georg spannte die Kiefer an, stieß den Atem stöhnend durch die Nase. Er hätte platzen mögen, aber das ging nicht, denn der Gegner, dem seine Gegenwehr galt, saß in ihm selbst. Das Ich als Käfig. Es war zum Aus-der-Haut-Fahren, doch es führte kein Weg hinaus, allenfalls in die eigene Haut hinein. Schließlich schlug er sich, gab sich Ohrfeigen oder flache klatschende Hiebe auf den Arm. Hätte er doch seine Wut auf jemand anderen richten können, das wäre gesünder gewesen, als sie auf sich umzulenken. Die Autoaggression kam aus der Ohnmacht, sich zu befreien. Mit Selbstverletzungen versuchte Georg seine schlechten Gefühle zu regulieren, gelangte aber nicht an deren Quelle. Die Gedanken ein einziges Kreisen aus »heil wirst du nie mehr« und »selber schuld«. Seine Selbstbestrafung setzte die Selbstanklage fort. Hilflosigkeit übermannte Friedrich Wagner, fand er seinen Freund in diesem blockierten Zustand. »Hör auf«, fuhr er den sich schlagenden Georg an, »Schluss damit!« Friedrich konnte den Anblick nicht ertragen.

Halb zwölf schon. Es half nichts, am Küchentisch hocken zu bleiben. Georg räumte das Geschirr in die Spülmaschine. Die letzte übermächtige Negativitätsattacke lag schon ein Weilchen zurück. Eine Garantie, dass sie für immer ausblieb, war das nicht. Selbst schwere Einbrüche im Befinden schienen trotz fortschreitender Besserung weiterhin möglich. Georg wischte den Tisch feucht ab, spülte den Lappen unter laufendem heißen Wasser aus, damit er nicht so schnell stank. Im Küchenbord, neben der Zuckerdose, stand ein Flakon, kaum benutzt. Lindas Parfüm. Sie hatte bestimmt nicht vorgehabt, es dort stehen zu lassen. Ob sie es im Büro brauchen würde? Georg steckte das Fläschchen in die Hosentasche. Zehn Minuten später verließ auch er die Wohnung, holte sein Fahrrad aus dem Keller, fixierte die Hosenbeine über den Knöcheln mit Klettbändern. Die Windjacke – es war trocken und warm – schnallte er auf den Gepäckträger. An der nächsten überdachten Bushaltestelle hielt er kurz an, schob die Hand in die Hosentasche. Der Fahrkartenautomat, obendrauf, war ein guter Platz. Es würde sich schon eine Mitnehmerin finden. Georg überlegte. Wollte er den Opernplatz umfahren, ohne in eine der zahlreichen umliegenden Baustellen zu geraten, müsste er die übernächste Abbiegung nach links nehmen. Er ermahnte sich zur Aufmerksamkeit im Straßenverkehr und trat in die Pedale.

6

*S*ie nahm ihn nicht für voll. Stefan hatte dies schon wiederholt gespürt, den Eindruck aber stets erfolgreich abgewehrt. Seit dem letzten Treffen mit Carmen schaffte er das nicht mehr. Zu tief saß die Kränkung. Diese Frau genoss den Sex mit ihm, zweifellos, doch wie sie nach dem Bistrobesuch mit ihm umgesprungen war – er war doch nicht blöd. Natürlich hatte er ihre Herablassung gespürt. Sie respektierte weder seine Gefühle noch seinen Verstand. Er war wohl das für sie, was eigentlich Männer über von ihnen benutzte und zugleich belächelte Frauen sagten: ein Dummchen.

Bei dem Gedanken bekam Stefan Lust, Carmen zu schlagen. Diese eingebildete Kuh. Warum machte er nicht einfach Schluss mit ihr? Komisch, dass sich diese Frage nicht stellte. Dergleichen zu denken fühlte sich an wie ausgeschlossen. Es war, als sei er machtlos und als gebühre nur ihr das Recht zu entscheiden, wie es zwischen ihnen beiden lief.

Bei genauerem Nachdenken musste sich Stefan eingestehen, dass sein Verhältnis mit Carmen die ganze Zeit einer Hierarchie unterstand. Die Dominanz lag klar bei ihr. Ob sie sich trafen, hing von ihrer Lust und ihrem Kalender ab. Carmen bestimmte Ort, Zeitpunkt und Dauer. Anfangs hatte er sie noch zu sich nach Hause einladen können. Er verstand lange nicht, wieso Carmen schon recht bald darauf beharrt hatte, das Liebesnest in ein Hotelzimmer zu verlegen. Es hatte ihm Spaß gemacht, sie in seinen eigenen vier Wänden bei sich zu haben. Dort konnte er nicht nur besonders entspannt mit ihr schlafen, sondern sie auch nach allen Regeln der

Kunst verwöhnen. Er servierte ihr kleine Leckereien, Cocktails und Früchte, ließ Badewasser ein und spielte ihr seine Lieblingssongs vor, während sie bei Kerzenlicht in der Wanne lag.

Indem Carmen seine Gaben genoss, genoss sie auch ihn. Fühlte sie sich in seiner Wohnung wohl, dann auch mit ihm als Person. Seine private Umgebung anzunehmen hieß, ihn anzunehmen. Das begriff Stefan jetzt.

Und nun verstand er auch den Schmerz, den ihm der Ortswechsel bereitet hatte, ohne dass er dies hatte zugeben wollen. Lieber bezahlte Carmen ein teures Hotelzimmer und all die kostspieligen Extras, als dass sie sich weiter mit ihm in einem intimen Raum traf, wie es seine Wohnung war. Sie wollte keine große Nähe. Sie vermochte ihn nicht zu akzeptieren, es sei denn als Spielzeug. Und war das nicht verständlich? Welche Themen hatte er ihrem Geist bieten können? Sie führte einen schöngeistigen Salon und ging in die Oper. Er hingegen begeisterte sich für Tennis und liebte Singer-Songwriter. Sein Groll auf Carmen war unberechtigt, denn er selbst war der Grund für ihr spöttisches Verhalten.

Diese Überlegung beruhigte Stefan. Er musste sich nicht trennen von seiner mächtigen Geliebten, die er umso mehr begehrte, je mehr sie ihn leiden ließ. Er brauchte ihr nur kulturell Paroli zu bieten, dann wären sie sich nah. Jetzt war es Freitagnachmittag, halb fünf. Bis die Oper aus war und sie sich trafen, hatte er Zeit, sich kundig zu machen. Er ging online. Nach wenigen Minuten wusste er, was auf dem Programm stand. Den Titel »La Traviata« hatte er schon einmal gehört. Dass ein gewisser Giuseppe Verdi die Musik komponiert hatte, war ihm neu. Der Oper lag eine literarische Vorlage zugrunde, der Roman »Die Kameliendame« von Alexandre Dumas. Nein, nicht von dem Autor, der »Die drei Musketiere« und »Der Graf von Monte Christo« geschrieben hatte. Sondern vom Sohn, der genauso hieß wie der Vater und bis zur »Kameliendame« in dessen Schatten gestanden hatte. Stefan schrieb diese Informationen auf einen Zettel. Auch das Jahr der

Uraufführung: 1853 in Venedig. Solche Formalien vergaß er rasch; er würde sich den Zettel wieder und wieder angucken müssen. Anders die Handlung. Die fand er einprägsam: Alfredo, ein junger attraktiver Mann, empfindsam und ehrlich, verliebt sich in die Kurtisane Violetta, die zuerst mit seinen Gefühlen nichts anfangen kann, sie dann aber erwidert. Sie werden ein Paar, jedoch zwängt sich Alfredos Vater dazwischen, weil er um den guten Ruf des Sohnes fürchtet, wenn dieser mit einer Dame zusammenlebt, die sich zuvor als Geliebte adliger Herren oder betuchter Bürger aushalten ließ. Violetta gibt dem Drängen des Vaters nach und opfert ihre Liebe, auch weil sie mittlerweile weiß, dass sie an Tuberkulose sterben wird. Die Beziehung hat ja sowieso keine Zukunft. Sie trennt sich von ihrem Liebsten, ohne ihn einzuweihen, und nimmt ihre Kurtisanen-Existenz wieder auf. Alfredo versteht die Welt nicht mehr, leidet und zürnt. Als er schließlich doch in den Großmut seiner Herzensdame eingeweiht wird und sich beide in die Arme sinken, ist es zu spät. Ein letzter schwerer Hustenanfall streckt die lungenkranke Violetta nieder.

Großes Drama und, für damals jedenfalls, eine unsittliche Story! Stefan war angetan. Wenn es dermaßen emotional zuging auf der Opernbühne, dann war ja die sogenannte Hochkultur nichts Anstrengendes, sondern mitreißend. Er meinte die Parallelen zu seinem eigenen Liebesleben zu sehen. Alfredo war sein Mann. Und Violetta führte wie Carmen einen Salon. Die Kunst war ein Spiegel des Lebens, darum ging es. Beschwingt schritt Stefan ins Bad. Er hatte verstanden.

Bestimmt rechnete Carmen damit, dass er wie gewöhnlich im Café Lucca auf sie warten würde. Das Café war ihr innerstädtischer Treffpunkt. Diesmal aber würde er sie überraschen. Es war viel galanter, sie direkt an der Oper abzuholen. Außerdem hatte es zu regnen begonnen. Einen aufmerksamen Liebhaber mit Schirm in der Hand würde Carmen gewiss begrüßen. Als Stefan das Opernhaus erreichte, herrschte Betrieb im Foyer. Augenscheinlich war die

Vorstellung schon aus. An den Garderoben hatten sich Schlangen gebildet. Stefan drängte sich zwischen entgegenkommenden Besuchern durch eine der Eingangstüren nach innen. Jetzt Carmen bloß nicht verpassen.

Sein suchender Blick fand sie nahe der Treppe hinauf zum 1. Rang. Lachend sprach sie mit ihrer weiblichen Begleitung, wohl einer Freundin. Ein kurzer Moment der Erleichterung, dass an ihrer Seite kein Mann war. Stefan machte zwei Schritt auf die beiden Frauen zu, zweifelte jäh, ob er erwünscht sei. Abrupt hielt er inne. Einen Wimpernschlag später holte ihn ein Rempler mit Macht von den Beinen. Ein kräftiger Herr mittleren Alters war seitlich in ihn hineingelaufen. Die Wucht des Aufpralls hätte Stefan wohl ohnehin stürzen lassen, mit seinen regenfeuchten glatten Schuhsohlen fand er erst recht keinen Halt.

»Alles in Ordnung?«

Der Rempler und eine sympathische, vielleicht eine Spur zu grell geschminkte Blondine beugten sich über ihn. Die beiden waren die Fürsorge in Person, halfen Stefan auf, dem die Unterstützung peinlich war, und redeten entschuldigend auf ihn ein. Stefan hatte anderes erwartet, eher ein anklagendes »Sie können doch nicht loslaufen und gleich wieder stehenbleiben«. So war das doch heute. Rannte oder fuhr man jemanden um, dann lautete der erste Satz an den Gestürzten nicht »Haben Sie sich wehgetan?«, sondern »Das war aber nicht meine Schuld«.

Dieser Herr hier jedoch war zauberhaft. Unendlich höflich. Er strich Schmutz, den es nicht gab, von Stefans Jackett. Er bückte sich nach dem Schirm und prüfte dessen Funktionsfähigkeit, bevor er ihn Stefan reichte. Er tat noch untröstlich, als Stefan bereits fortstrebte, um Carmen abzufangen. »Warten Sie, mein Herr. Hier, nehmen Sie wenigstens meine Karte und melden Sie sich, sollten Sie doch stärker Schaden genommen haben. Oft merkt man das erst später.« Stefan dankte, steckte die Visitenkarte unbesehen ein und eilte mit einem Gruß gegen die nette

Blonde nach draußen, denn drinnen vermochte er Carmen nicht mehr zu erblicken.

Der Regen machte eine Pause. Viele der fortstrebenden Opernbesucher drohten bereits aus Stefans Gesichtskreis zu entschwinden; sie hatten es eilig, vor dem nächsten Guss im Trockenen zu sein. Straßenlaternen und Leuchtreklamen spiegelten sich auf dem nassen Asphalt. Um jemanden an seiner Silhouette oder seinen Bewegungen klar zu erkennen, war es zu dunkel oder die Person war schon zu weit entfernt. Das Studium der Rückenansichten davonstöckelnder Damen, die als Carmen in Frage kamen, entmutigte Stefan. Er hatte sie verfehlt, würde ins Café Lucca rennen müssen, wahrscheinlich nach ihr eintreffen und genötigt sein, seine Verspätung wortreich zu entschuldigen, wollte er die restliche Nacht nicht mit Carmens schlechter Laune beginnen.

Wo war sie nur so schnell abgeblieben? Seinem Gefühl nach hatte ihn der Sturz doch gar nicht so lange aufgehalten. Er drehte sich um, legte die wenigen Schritte bis zum Eingang der Oper zurück, spähte noch einmal hinein ins hell erleuchtete Foyer, wo einige Nachzügler plaudernd beisammenstanden.

»Stefan, bist du das?« Carmens Stimme traf ihn von links. Sie war noch immer mit ihrer Begleitung zusammen. Die beiden standen nur wenige Schritte entfernt im Schlagschatten der Fassade, während ihn das durch die Glastüren fallende Licht vollständig erfasste.

»Hallo Carmen, ja, ich dachte, ich hol' dich besser ab.« Er hob zur Begründung den Schirm. »War auch schon drinnen, aber da haben wir uns verpasst.«

Meine Güte, was tat er da. Sie hatten einander noch gar nicht richtig begrüßt, da erklärte er sich bereits. Stefan trat zu den beiden Frauen, die ihn, wie es schien, amüsiert musterten. »Hallo nochmal.« Aus seinem Versuch, Carmen zur Begrüßung zu küssen, machte sie mit einer geschickten Bewegung des Kopfes ein

Wangen-Bussi. Nicht gleich enttäuscht sein, ermahnte er sich und tat souverän:»Möchtest du mich nicht vorstellen?«

»Wenn du schon mal da bist, na sicher. Ruth, das ist Stefan; Stefan, das ist Ruth.«

»Sehr erfreut.« Er reichte der Frau die Hand, die sie mit der Andeutung eines Lächelns nahm.

Und wie nun weiter? Dass Carmen nur die Vornamen genannt hatte, vereinfachte die Lage keineswegs. Es konnte, musste aber nicht als Aufforderung verstanden werden, sogleich zum Du überzugehen. Was wusste Ruth über ihn? War sie in sein Verhältnis zu Carmen eingeweiht? Setzte Ruth voraus, dass Carmen ihm von ihr erzählt hatte? Waren die beiden Frauen eng befreundet? Stefan hätte es gern gewusst, fürchtete aber ein Fettnäpfchen und fragte stattdessen:»Sind Sie oft in der Oper, Ruth?«

Carmen gluckste bei diesen Worten, als sei er selbst für Smalltalk zu dämlich – vielleicht bildete sich Stefan das aber auch nur ein. Ruth jedenfalls reagierte freundlich.

»Ich mag Verdi ganz gern, Stefan, Puccini auch, Donizetti und Bellini ebenfalls, woran Sie meine Vorliebe für den Belcanto erkennen. Bei Wagner wird mir schwummerig. Die ganze Operngeherei hat natürlich mit Mozart angefangen. Aber heute sind mir die italienischen Komponisten näher.« Ruth überlegte kurz, schien von sich selbst überrascht.»Komisch, so klar habe ich das bisher gar nicht getrennt. Aber jetzt, da Sie mich fragen. Ja, die italienische Oper. Pathos, Drama, Schmelz – die ganze Gefühlsskala rauf und runter. Ergreifende Arien, grandioser Gesang, schöne Stimmen. Man geht am Ende hinaus und ist durchgerüttelt. Interessante Erfahrung.«

Sie hatte ihn genauso angeredet wie er sie, hatte ihn beim Vornamen genannt und trotzdem gesiezt. Das also hatte er schon mal richtig gemacht. Kein plumpes Duzen. Die erste Klippe war umschifft. Und Ruths mitteilsame Antwort signalisierte ja wohl ebenfalls, dass sie ihn als ihresgleichen akzeptierte. Stefan bekam Oberwasser. Er probierte seine nachmittags erworbenen Verdi-Kenntnisse aus. »1853 waren die Venezianer wahrscheinlich noch auf andere Weise durchgerüttelt. ›La Traviata‹ hat bei der Uraufführung viele schockiert.«

Ruth stimmte ihm angeregt zu: Er habe recht, die Grenzen des Zumutbaren seien im 19. Jahrhundert enger gesteckt gewesen als heute. Warum nur zog Carmen die Nase kraus? Sie hatte es plötzlich eilig, sich von Ruth zu verabschieden. »Wir sehen uns die Tage, ja? Ruf mich an.« Stefan fühlte sich an der Hand gefasst und ins Schlepptau genommen. »Tschüss, Ruth.« Diese Worte und ein Abschiedslächeln über die Schulter, und weg waren sie. Carmen steuerte den nächsten Taxistand an. Der Fahrer des ersten Wagens in der Reihe sah sie kommen, machte aber keine Anstalten, auszusteigen oder ihnen von innen die Türen zu öffnen.

»Wir nehmen den zweiten.« Carmen schob Stefan weiter, und er öffnete ihr beim nächsten Fahrzeug hinten den Schlag. Der Fahrer protestierte: »Bitte, Sie müssen beim Kollegen vor mir einsteigen.« »Nein, das müssen wir nicht.« Carmen rutschte unbeeindruckt auf die Sitzbank im Fond, Stefan gesellte sich zu ihr. »Der Kunde hat freie Wahl. Sie hingegen haben eine Beförderungspflicht. Wir möchten lieber mit Ihnen fahren. Ins Grand Hotel Ludwig, bitte.«

Vor ihnen war der Fahrer des ersten Taxis nun doch ausgestiegen. Er gestikulierte wütend. Carmen lachte. »Erst kriegt er den Hintern nicht hoch, nun fühlt er sich betrogen. Manche Leute glauben wirklich, sie müssten Prämien für ihr schlechtes Benehmen bekommen. Ja, guck nur blöd.« Sie winkte dem Wütenden zu, als ihr Taxi ausscherte und an ihm vorbeizog. Dabei griff sie Stefan triumphierend in den Schritt.

Das Hotelzimmer war dasselbe wie beim letzten Mal. Der Mann an der Rezeption hatte das Paar wie Stammgäste begrüßt, die Anmeldeformalitäten auf ein Minimum beschränkt und Stefan den Zimmerschlüssel gereicht. Nichts an ihm verriet, dass ihm klar sein musste, dass diese beiden Gäste das exquisite Ludwig als Stundenhotel nutzten. Gut geschultem Personal ging Diskretion in Fleisch und Blut über. Und warum sollten Leute mit Geld für ihre Schäferstündchen billige Absteigen wählen? Sex-Treffen im Grand Hotel kamen sicher häufiger vor, als Stefan meinte, der sich in seiner Rolle unwohl fühlte. Buchung und Rechnung liefen über Carmen; Stefan durfte sich damit begnügen, das Taxi zu bezahlen und dem Zimmerservice Trinkgelder zu geben.

Endlich. Im Fahrstuhl endlich ließ sich Carmen von ihm küssen. Ihre Zungenspitzen spielten miteinander, dann wurden ihre Münder gieriger. Der Lift stoppte mit einem kleinen hellen Läuten. Auf dem Flur blieben ihre Köpfe und Hände verhakt, und durch die Zimmertür stolperten sie mehr, als dass sie gingen. Stefan streifte Jacke und Schuhe ab, ließ sich von Carmen sein Hemd über den Kopf ziehen, schob ihr Kleid hoch, packte sie an den Pobacken und setzte sie sich auf die Hüften. Carmen stieß ihm die Zunge in den Schlund, rieb ihren Unterleib an seiner Erektion. Seine Finger tasteten zu ihrer Scham, fühlten Spitzenbesatz und zwei Druckknöpfe. Offenbar trug sie einen Body, knöpfbar im Schritt. Er nestelte an dem Verschluss herum, ignorierte Carmens »Warte, mein Kleid …« und trug sie zum Bett hinüber. Der Anblick des verschlungenen Paares im großen Spiegel über dem Kopfende gefiel ihm: Ein gutaussehender Mann mit nacktem trainiertem Oberkörper, halb verdeckt von einer Frau, die seine Hüften mit den Beinen umklammerte und über deren Rücken eine schwarze lockige Mähne wallte. Er beugte sich übers Bett, ließ Carmen auf die Matratze sinken, schob sie in die Mitte und versenkte seinen Kopf zwischen ihren Schenkeln. Widerworte hörte er keine mehr.

Später lagen sie nackt und verschwitzt auf den Laken, tranken Weißwein und aßen Fingerfood aus der nächtlichen Hotelküche. Stefan hatte, bevor der Zimmerservice anklopfte, die ums Bett verstreuten Klamotten aufgesammelt und ordentlich gefaltet beiseitegelegt. Er genierte sich, Carmen lachte ihn aus. Sie bedeckte auch ihre Blöße nicht, als Stefan im Bademantel den Kellner hereinließ, diesem einen Zehner zusteckte, die Küchenlieferung quittierte und den vom Kellner entkorkten Wein verkostete, obwohl es ihm lieber gewesen wäre, die Flasche selbst zu öffnen, um nicht so lange fremden Augen ausgesetzt zu sein. Endlich ging der Mann, Carmen aber lästerte: »Einen Zehner, Stefan, hast du ihm wirklich einen Zehner gegeben? Nachts um zwei in einem Luxushotel?« Was das nur wieder sollte. Wollte sie einen Geizhals aus ihm machen? Oder einen stillosen Proleten? Er versuchte es mit einem Witz: »Du weißt, Carmen, von Geburt bin ich Schwabe. Ordentlich zu wirtschaften, ist unsere Natur.« Sie wirkte überrascht, dass er gelassen blieb. In Stefan, der dies registrierte, regte sich Stolz. Aber auch die Wut des immer wieder Verspotteten meldete sich in seiner Kehle. Er goss Wein ein, reichte ihr ein Glas, stieß mit ihr an, probierte. »Schön kalt.«

Ein klasse Zimmer, das musste er zugeben. Warme Beleuchtung, eine nicht zu plüschige, aber auch nicht sterile Möblierung, und auf der Wand gegenüber dem Fenster die Reproduktion eines verschwommenen Gemäldes von einem Motorboot in voller Fahrt mit vier jungen Leuten an Bord, die Wohlstand und Lebensfreude ausstrahlten. Die Frau vorn im Boot hielt die Arme jubelnd ausgebreitet. »Sag mal«, Stefan wendete sich von der Rücken- in die Seitenlage, »sag mal, Carmen, warum hast du uns eigentlich so überstürzt von Ruth verabschiedet?«

»Das war nicht überstürzt. Ich dachte, du wolltest ein Date mit mir und nicht mit meiner Freundin, und die Zeit liefe dir davon. Doch wo wir schon mal dabei sind: Seit wann bist du Verdi-Kenner?«

Fast hätte Stefan geantwortet, »das traust du mir wohl nicht zu, was?«, doch dann dachte er an Alfredo und Violetta. Seine Begeisterung kehrte zurück. »Ich kenne mich mit Opern nicht aus«, begann er, »aber das Drama der Gefühle in ›La Traviata‹ versteht auch ein Tennisfan. Alfredos Leidenschaft und frischer Mut und wie er Widerhall findet in Violettas eigentlich schon taubem Herzen, das Liebe bis dahin nur als Geschäftsbeziehung kennt – das berührt mich.« Mit jedem Wort, das Stefan sprach, wuchs seine Eloquenz. Noch nie hatte er sich so gewählt ausgedrückt. Freudig nahm er wahr, wie ihm Formulierungen zuflogen. Berauscht sprach er weiter:

»Die Stimme der gesellschaftlichen Doppelmoral, die Alfredos Vater gegen die Verbindung der beiden erhebt, die entsagungsvolle und sterbenskranke Violetta, die ihre Liebe opfert, und dann ihr Tod gerade in dem Moment, als die geopferte Liebe doch noch triumphiert – so traurig und zugleich großartig ist das. Auch ohne von dieser Oper mehr zu kennen als die Handlung, habe ich verstanden, worum es geht, und ich weiß jetzt auch, was dich an Opern anzieht: Du siehst das menschliche Dasein in seinen Höhen und Tiefen in dieser Bühnenkunst gespiegelt. Wie gut ich das nachfühlen kann.« Zärtlich, von Innigkeit erfüllt, neigte sich Stefan Carmen zu, um ihr über das Haar zu streichen.

Ein Gelächter ließ ihn zurückprallen. Carmen prustete los, richtete sich halb im Bett auf, lachte und lachte und lachte Tränen, musste atemlos aufhören und bekam, kaum hatte sie Luft geholt und sich die Augen gewischt, den nächsten Lachanfall. Stefan erstarrte unter diesem Ausbruch. Dann hörte er sie reden. Nur Satzfetzen erreichten sein Bewusstsein. »… noch nie etwas von kulturellen Events gehört? Man muss sich sehen lassen dort, wenn man auf sich hält … Spiegel des Lebens, naiver geht's wohl nicht … Hat man Glück, bekommt man ein unterhaltsames Spektakel serviert und eine Chance zur Kontaktpflege obendrein … Außerdem war Ruth echt mal wieder dran, dass wir uns treffen.« Carmen fasste sich, ihre Stimme klang deutlicher, und aus Stefan wich die Erstarrung, als sie sagte: »Kleiner Stefan, könnte es sein, dass du dir uns beide Verdi-mäßig zusammenträumst? Ich deine Violetta und du der herzige Alfredo?«

Sie musste schon wieder lachen. Stefan blieb sprachlos. Aber er wusste jetzt: Der Banause war sie, nicht er. Er *fühlte* die Oper, die sie bloß konsumierte. Sie war flach und zynisch, und sie hatte keinen Grund für ihren Dünkel. Oft genug hatte sie ihn damit verletzt. Schluss jetzt. Er ohrfeigte sie, sie schlug zurück, sie schrien sich an, rangen miteinander, sie biss ihn in die Hand, er riss sie an den Haaren. Das Zimmertelefon läutete, der Nachtportier war dran. Ob alles in Ordnung sei? Nachbarn hätten sich wegen nächtlicher Ruhestörung beschwert. Stefan beruhigte ihn, legte den Hörer auf. Keuchend stand er Carmen gegenüber.

7

Der Himmel weinte. Lasst ihn weinen, dachte Georg. Er mochte den Regen, wenn das Wetter ruhig und warm war, wenn kein Sturm oder Wind die Gerüche fortblies, die von feuchtem Erdreich und Asphalt aufstiegen. Die Kastanien im Hof schienen zu atmen, und die klare und doch würzige Luft befreite seine Brust. Mittlerweile fuhr Georg so gern mit dem Rad in die Kanzlei, dass ihn die Gefahr, trotz Cape unterwegs nass zu werden, nicht davon abhielt. Im Büroschrank hingen neben seiner alten Anwaltsrobe ein Anzug und zwei Hemden, selbst Hose und Wäsche konnte er bei Bedarf wechseln. Kam er an warmen Tagen verschwitzt an, führte ihn sein erster Gang in die Dusche. Friedrich Wagner war weise genug gewesen, beim Umbau der Altbauwohnung in ein Büro das Badezimmer zu erhalten. Freddy verstand sich nun einmal auf menschliche Bedürfnisse – als Freund wie auch als Anwalt und Chef.

Um halb zwei nahm der Regen eine Auszeit. Georg tat es ihm gleich. Sein Frühstücks-Müsli ging zur Neige, und es war sicherer, dass er sich um Nachschub kümmerte, als darauf zu vertrauen, dass Linda den Einkauf erledigte. Der Supermarkt zwei Straßen weiter führte eine Auswahl an Körnermischungen und Trockenfrüchten. Georg meldete sich kurz bei der Sekretärin ab und trat vor das Haus. Er nahm das Fahrrad, obwohl die Strecke es kaum lohnte, und kam gerade in Schwung, als jemand vom Bürgersteig her seinen Namen rief.

Georg bremste, wandte den Kopf. Sein Blick traf auf ein breites Lächeln, das er erwiderte.

»Herr Peters, ich grüße Sie!« Georg schob das Rad von der Fahrbahn und streckte die freie Hand aus. »Der Herr Hauptkommissar persönlich, lange nicht gesehen.«

Jürgen Peters ergriff die dargebotene Rechte und schüttelte sie herzlich. »Wie geht es Ihnen, Herr Ruh, das halbe Kommissariat vermisst Sie, von meiner Wenigkeit ganz zu schweigen.«

Georg lachte. »Gut, dass es nur die Hälfte Ihrer Kollegen ist, wären es alle, hätte ich in meiner Zeit als Staatsanwalt wohl etwas falsch gemacht.«

»Das klingt komisch«, meinte Peters, »wie Sie von Ihrer Zeit sprechen. Als handle es sich um etwas Abgeschlossenes. Kommen Sie nicht mehr auf Ihren Posten zurück? Wer so agil mit dem Rad unterwegs ist, wird doch auch genug Puste für Anklageerhebungen besitzen.«

»Ich fürchte, das sind zwei verschiedene Dinge«, setzte Georg an, doch Peters ließ sich nicht beirren.

»Ich war immer froh, wenn wir an einem schwierigen Fall saßen und Sie die Ermittlungen leiteten. Ihre Anweisungen hatten Hand und Fuß, und Sie waren Einwänden zugänglich, wenn meine Beamten fanden, wir würden falsche Spuren verfolgen. Und dann Ihre Plädoyers vor Gericht – schon beeindruckend, nach allem, was man hört. Neulich noch schwärmte ein junger Kollege, wie das wohl wäre, verträten Sie gegen ›die Bestie‹ die Anklage.«

»Danke für Ihre freundlichen Worte, lieber Herr Peters, ich bekomme glatt Lust, sentimental zu werden. Aber dem jungen Kollegen müssen Sie sagen, dass im Fall Körtz selbst ein Anfänger kaum etwas falsch machen kann. So geständig, wie der Angeklagte ist, hat es jeder Staatsanwalt leicht.«

Jürgen Peters nickte, er wirkte bekümmert. »Keine Chance, dass Sie zurückkehren?«

»Es sieht nicht danach aus, wenn ich ehrlich bin, auch wenn es mir nicht passt.« Georg ermahnte sich, sein Innenleben zu hüten. Er mochte Peters, schätzte dessen Art und Arbeit, aber der Kommissar musste von seiner Erkrankung nichts wissen. »Vielleicht werde ich beruflich die Seiten wechseln.«

»Und unter die Räuber gehen?« Der Kommissar hatte seine gute Laune wiedergefunden. »Ich sehe schon die Schlagzeilen vor mir, wenn Sie gefasst werden: ›Ex-Staatsanwalt Georg Ruh, einst ein strahlender Stern am Juristen-Himmel, der Freund der Gerechten und Stachel im Hintern des Bösen, wandelt nun auf den Pfaden der Unterwelt.‹«

Auch Georg musste grinsen. »Ich hatte eigentlich mehr daran gedacht, vom Staatsanwalt zum Rechtsanwalt zu werden. Noch sind das allerdings ungelegte Eier.«

»Na dann. Wie gesagt, ich werde Sie vermissen. Und die Vorstellung, dass Sie womöglich irgendwann als Strafverteidiger eines Ganoven die Beweise zerpflücken, die wir in mühsamer kriminalpolizeilicher Arbeit zusammengetragen haben, behagt mir gar nicht.«

»Bei Ganoven, die Sie geschnappt haben, werde ich eine Ausnahme machen und die Beweise gelten lassen«, witzelte Georg zurück.

Sie gaben sich die Hand. Beide mussten weiter. Georg erledigte seine Besorgungen und nahm vom Bäcker eine Brotzeit mit in die Kanzlei. Die Sekretärin schüttelte bei seinem Hereinkommen den Kopf. »Keine Anrufe«, hieß das. Auf Georgs Schreibtisch wartete nur die Akte eines Scheidungsfalls, die er für Friedrich Wagner aufbereiten sollte. Nichts, was sonderlich eilte, und erst recht nichts, womit er Jürgen Peters in die Quere kommen konnte. Andererseits lagen Familienrecht und Strafrecht zuweilen dichter beieinander als vermutet.

Er dachte noch einmal an die Begegnung. Die abschließenden Worte des Kommissars hatten einen wunden Punkt berührt. Zwar war ihm nur so herausgerutscht, dass er sich als Rechtsanwalt niederlassen könnte. Richtig darüber nachgedacht hatte er bisher nie. Vorher musste er gesunden. Aber es war eine Option, und wenn er sie zöge, müsste er umdenken. Ein Rechtsanwalt hat Mandanten, ein Staatsanwalt nicht. Ein Rechtsanwalt darf, ja sollte Partei sein, ein Staatsanwalt nicht. Selbst Freddy, der im Krösus über die angebliche Unparteilichkeit der Staatsanwaltschaft gespottet hatte, würde zugeben, dass zwischen den beiden Berufen ein gravierender Unterschied bestand. Georg hatte sich immer als jemanden betrachtet, dem Fairness über alles galt. Als Interessenvertreter eines Mandanten würde ihm das schwerer werden. Und wenn schon. Er schüttelte den Gedanken ab. Warum sich jetzt bereits mit Skrupeln belasten. Dafür war immer noch Zeit, sollte er tatsächlich einen Seitenwechsel vornehmen.

Es regnete wieder. Langfädig fiel das Wasser vom Himmel herab, beinahe lotrecht, so windstill war es. Die Scheiben blieben trocken. Als Georg die Fensterflügel öffnete, drang ein leises gleichmäßiges Rauschen herein. Er lehnte sich in seinem Bürostuhl zurück, biss in sein Salamibrötchen, sog versonnen die frische Luft ein und betrachtete sein Zimmer. Es war, von der Teeküche abgesehen, das kleinste und mit seiner Nordwestlage dunkelste der Kanzlei. Auch das gemütlichste, was an dem kleinen Diwan liegen mochte, auf dem sich Georg ab und an ein Schläfchen gönnte.

Zweimal hatte er auf den schmalen Polstern sogar genächtigt. Die Erinnerung daran war eine unrühmliche. Er war betrunken gewesen und hatte sich nicht nach Hause getraut, weil er Lindas scharfe Zunge fürchtete. Diese Erklärung, die er sich am folgenden Morgen gab, stimmte allerdings nicht ganz. Trotz der Promille im Blut hatte er auf seine innere Stimme gehört, die ihn vor einer Konfrontation mit Linda warnte. Und zwar nicht allein aus Angst vor ihr, das auch, mehr noch aber aus Angst vor sich selbst. Ein fieses Wort von ihr, und er hätte für nichts garantieren können. Der Whisky, der in seinen Adern kreiste, hatte ihn in eine kalte klare Aggression versetzt.

Zu viel Whisky tat das immer bei ihm. Es war wie ein spezieller Aggregatzustand. Seine Zunge mochte bereits leicht lallen, sein

Denken fühlte sich immer noch ungetrübt an. Weißwein belebte, Rotwein besänftigte ihn, und Bier machte ihn träge. Whisky hingegen ließ ihn messerscharf werden. Und wehe, Wut ergriff ihn dann. Diese ungeahnte Rücksichtslosigkeit, die ihn erschreckte und die er zugleich genoss. Nicht einmal Freddy mochte er sich in diesem Zustand als Gast zumuten. Nein, es war wirklich besser gewesen, jene zwei Nächte im Büro zu kampieren.

Mit einer Handbewegung verscheuchte Georg eine Fliege von seinem Schreibtisch. Seine Hoffnung, sie würde den Weg durchs offene Fenster hinaus ins Freie nehmen, verwarf er gleich wieder. Raus in den Regen? Stubenfliegen hießen nicht umsonst Stubenfliegen. Sie mochten es warm und geschützt. Und dieses Exemplar war zudem empfänglich für Salamibrötchen. Schon wieder kam es im Landeanflug daher, schon wieder wedelte Georg es weg. Aber besaß nicht jede Kreatur ein Recht auf Existenz und Nahrung? Sein Sohn war mit zwölf vorübergehend in eine Phase geraten, die im Familienkreis seine »buddhistische« hieß. Halb amüsiert, halb gerührt hatte Georg seinerzeit verfolgt, wie Louis Schnecken vom Fahrradweg ins Gras setzte, damit sie nicht überfahren wurden, wie er Spinnen und Käfer behutsam nach draußen trug, wenn sie sich in sein Zimmer verlaufen hatten. Eine Mausefalle, die der Hausmeister unter der Kellertreppe aufgestellt hatte, ließ er zuschnappen, entfernte den Köder und legte ihn an einer für Mäuse ungefährlichen Stelle aus. Sicherlich hätte der zwölfjährige Louis, säße er an Georgs Stelle, jedes Salamibrötchen hochherzig mit der Fliege geteilt, die nunmehr über dem Schreibtisch seines Vaters kreiste.

Fliegen waren im Grunde doch harmlos. Diese kleinen Füßchen, was machte es schon, wenn sie über eine Wurstscheibe trippelten. Und die mikroskopische Menge, die eine Fliege fraß, fiel nun wirklich nicht ins Gewicht. Georg beschloss zu vergessen, was er über die Vorlieben des Insekts für Schweiß, Kot und Eiter und seine Rolle als Überträger von Typhus, Cholera und anderen Infektionen wusste, und stattdessen eine buddhistische Viertelstunde einzulegen. Fliegen waren Mitgeschöpfe. Ihnen mit freundlichem Gleichmut zu begegnen, tat der Seele gut.

Er war noch dabei, diesen Gedanken zu vertiefen, als das Telefon auf seinem Schreibtisch summte. Auf dem Display erkannte er Lindas Nummer. Georg nahm ab. Sie trug ihm Einkäufe für ein gemeinsames Abendbrot auf. Waldorfsalat und Roastbeef – das habe er doch früher so gern gegessen. Es sei an der Zeit, häusliche Mahlzeiten wieder öfter gemeinsam einzunehmen.

Als Georg auswich, verfiel sie in einen anklagenden Ton. Ob er nicht merke, wie sie sich um ihn bemühe? Louis habe ihr das auch schon bestätigt. »Der Junge kriegt unseren Alltag doch gar nicht mit«, wollte Georg einwenden, aber da hatte Linda schon eine schärfere Gangart eingelegt. Nun war er wieder der Versager, der im Schlupfloch hockte, das ihm Friedrich Wagner bot. Georg, mundtot gemacht, hörte mit wachsender Erstarrung zu. Himmel und Hölle, Typhus und Cholera, was für ein Miststück. Sie rang ihm das Zugeständnis ab, wenigstens bis 22 Uhr zuhause zu sein. Auf seinem Brötchen saß die Fliege. Er erwischte sie mit einem harten Schlag, besah angeekelt das zerquetschte Insekt auf der ruinierten Salami, sprach ein »Bis nachher also« ins Telefon und legte auf.

Das Gespräch ging ihm nach. Er verstand Linda nicht, fand ihr Verhalten widersprüchlich. War er zuhause, schoss sie Giftpfeile auf ihn ab. Blieb er weg, war ihr das auch nicht recht. Jetzt stand ihr der Sinn auf einmal nach mehr gemeinsamen Mahlzeiten. Sie kochte gut und führte es gern vor, aber das konnte nun wahrlich nicht der Grund dafür sein, seine Nähe zu suchen. Ging es denn überhaupt um Nähe? Es mochte sein, dass Linda ihn noch binden wollte. Er hatte jedoch nicht den Eindruck, sie täte dies, damit beide wieder liebevoll füreinander empfänden. Ihr stank ihre Lage: ihr Alter, der Auszug des Sohns, der anstrengend gewordene Ehemann. Wahrscheinlich brauchte sie einen Blitzableiter für ihre Unzufriedenheit. Und um ihren Ärger an Georg auszulassen, musste er greifbar sein. Er sollte spuren. Daher das ganze Getue wegen des Abendbrots heute.

Du denkst böse von ihr, schoss es ihm durch den Kopf. Ist das gerecht? Du gibst doch so viel auf deine Fairness. Hat Linda nicht auch nette Seiten? Es ging Georg gleich schlechter, wenn er an Lindas Bosheit zweifelte. Gelegentlich passierte das immer noch. Hatte er sich Klarsicht auf seine Frau erkämpft, meldete sich dieser Kobold in seinem Kopf und rief: So schlimm ist sie doch gar nicht! Dann verschwamm die Klarsicht, Georg begann mit sich und der Welt zu hadern und bekam als Quittung einen depressiven Schub.

»Sie hängen wohl noch an Ihrer Frau und sind nicht der Typ, der sich brüsk trennen kann«, hatte eine Therapeutin zu ihm gesagt, und der Kobold hatte zustimmend genickt und dafür gesorgt, dass Georg ganz elegisch zumute wurde. Für Momente hatte er Linda sogar herbeigewünscht. Anderntags ging es ihm dafür doppelt trübe. Die Therapeutin hatte ihm Abhängigkeit von seiner Frau eingeredet, und weil sie dabei an seine durch die Krankheit gesteigerte Konfliktscheu appellierte, war ihre Suggestion erfolgreich gewesen. Für fünf Minuten Einflüsterung bezahlte er mit zwei schweren Tagen. Fatal, wie unbedacht manche Psychodoktoren ihre Diagnosen vom Stapel ließen. Als Georg dies aufging, konsultierte er die Dame nicht wieder.

Er nahm sich die Akte vor. Las eine Weile aufrecht sitzend, den Bleistift für Notizen in der Hand. Ein Sorgerechts-Fall. Der Kläger, ein Manager, wollte zwei Tage die Woche mit seiner fünfjährigen Tochter verbringen, die von ihm getrennt lebende Mutter des Kindes verweigerte das. Zusammengefasst lief die Argumentation der Gegenseite darauf hinaus, dass der beruflich überlastete Mann noch nie richtig Zeit für das Mädchen gehabt habe und seine Forderung ohnehin illusorisch sei.

Um einen Vorschlag zur Güte zu finden, der vor allem dem Kind guttut, müssen wir die Umstände genauer kennen, dachte Georg.

Er streifte die Schuhe ab, legte die Füße auf den Tisch, lehnte sich zurück und nahm den Ordner auf den Schoß. In dieser bequemen Haltung kam sein Kopf leichter auf friedfertige Lösungen, und eine solche galt es nun für Friedrich Wagner auszuarbeiten, damit dieser sie dann dem Mandanten schmackhaft machte. Es klopfte, die Tür ging auf. Georg nahm seine bestrumpften Füße vom Tisch.

»Das müssen Sie nicht, Herr Ruh, ich hole nur schnell die Akte Gall«, sprach mild die Sekretärin. Es war Frau Samson, dieselbe, die es verstand, unpünktliche Klienten mit einem gestrengen Blick auf die Uhr zu rügen. Georg dankte lächelnd und legte die Beine wieder hoch. Es tat gut, in der Entspannung zu bleiben, aber so richtig wohl fühlte er sich nicht dabei. Die Füße auf dem Tisch in Gegenwart einer Mitarbeiterin behielten auch dann noch etwas Unhöfliches, wenn die Mitarbeiterin es billigte. Erst recht würde er so nicht mit ihr reden können. Er nahm die Beine nun doch wieder herunter und bot ihr einen Platz an. Auf ihr fragendes Lächeln hin schilderte Georg den Sorgerechts-Fall. Ihn interessiere ihre Einschätzung. Welche Chancen sie spontan den Forderungen des Mandanten einräume, wollte er wissen.

Daraufhin sie: Wer denn den Vorsitz habe? Richterin Puschinka, entgegnete Georg. Frau Samsons Antwort kam schnell und unverblümt. In diesem Fall sei es wohl besser, wenn die Kanzlei Wagner die väterlichen Forderungen ihres Mandanten sehr gemäßigt vortrage, als zarte Wünsche sozusagen. Die Puschinka sei nicht für männerfreundliche Urteile bekannt. Vielleicht könne man sie ja mit einem bescheidenen Auftreten etwas gnädiger stimmen.

Georg nickte zustimmend. »Danke für den Rat. So machen wir's.« Er hätte seinem Dank noch das Kompliment anfügen können, wie gut es sei, eine Sekretärin mit Urteilskraft in der Kanzlei zu wissen. Doch obgleich dies der Gedanke war, der ihn in diesem Moment bewegte, sprach er ihn nicht aus. Frau Samson kannte ihren Wert. Sie ins Vertrauen zu ziehen, war Hochschätzung genug. Georg würde nicht den Fehler begehen, die Sympathie, die sie für seine hochgelegten Füße aufgebracht hatte, durch Schmus zu ruinieren. Dass er damit genau richtig lag, stellte sich fünf Minuten später heraus, als Frau Samson erneut an seine Tür klopfte, diesmal mit einer frischen Tasse Kaffee für ihn in der Hand. Üblich war das nicht. Getränke servierten die Sekretärinnen der Kanzlei normalerweise nur, wenn zugleich Mandanten oder Gäste zu bedienen waren. Waren die Anwälte allein im Zimmer und hatten Kaffeedurst, mussten sie sich ihr Gebräu schon selbst holen. Friedrich Wagner, der als Chef davon keine Ausnahme machte, wollte das so.

Frau Samson arbeitete schon seit langem in der Kanzlei. Ihre Mischung aus Freundlichkeit und Strenge, gepaart mit Organisationstalent und Souveränität in Stresssituationen, hatte sie rasch für Freddy unentbehrlich gemacht. Sprach jemand von seiner »Sekretärin«, so korrigierte er die Benennung: »Meine Assistentin.« Bisweilen, vor allem wenn er sie im Freundeskreis rühmte, wurde »meine Samson« daraus. »Ohne meine Samson wäre ich heute ohne Robe aufs Gericht gelaufen.« Oder: »Das Ehepaar Krüger hat anderthalb Stunden auf mich warten müssen, obwohl es Termin hatte, aber meine Samson hat Verärgerung erst gar nicht aufkommen lassen.«

Solche Huldigungen produzierte Freddy gern. Trotzdem ließ sich keiner der beiden vor den Augen Dritter zu Vertraulichkeiten hinreißen. Formelle Anrede mit »Herr« und »Frau«, wechselseitiges Siezen, neutraler Ton. Frau Samson kannte alle Mandanten mit Namen, behielt Fälle und deren Ausgang jahrelang im Gedächtnis und war so etwas wie die ordnende weibliche Hand der Kanzlei geworden. Für Georg schien sie in den wenigen Monaten, die er dabei war, eine Neigung entwickelt zu haben. Ihm war deutlich, dass sie ihn mochte, nur war er sich über den Charakter ihres Wohlwollens nicht gänzlich sicher. Es fühlte sich manchmal fürsorglich, manchmal kameradschaftlich an. Freddy hatte gesagt, sie sei glücklich verheiratet. Georg fand, das merke man und sie alle in der Kanzlei würden davon profitieren.

Als Georg endlich seine Notizen zum Sorgerechts-Fall beiseitelegte, zeigte die Uhr kurz vor acht. Zwei Stunden hatte er noch bis zum Nachtessen mit Linda. Es schellte im Flur. Um diese Zeit? Frau Samson hatte die Klingel auf laut gestellt, also war der Empfang nicht mehr besetzt. Er drückte den Summer. Die Türen der anderen Büros standen offen, als warteten sie auf die Putzfrau. Niemand mehr da außer ihm. Georg hörte Absätze auf der Treppe, dann schellte es erneut. Er öffnete.

»Guten Abend, Herr Ruh. Darf ich reinkommen?«

Georg fühlte sich überfahren, nickte bloß. Carmen Ungemein. Sie sah anders aus als beim letzten Mal. Noch herausfordernder. Die Haare. Sie trug sie offen. Er zog die Tür ganz auf.

»Kommen Sie. Was führt Sie her?«

»Die Kanzlei liegt auf meinem Weg, und da Herr Wagner noch Unterlagen zum Zugewinn von mir braucht, dachte ich, ich bring sie kurz vorbei. Die Postämter haben schon geschlossen.«

»Kein Wunder, Sie sind spät dran, Frau Ungemein.« Georg spürte den ihm schon bekannten Unwillen gegen diese Frau. Sie aber lachte.

»Herr Ruh, Sie werden doch mit einer abendlichen Botin nicht grundlos streng verfahren? Herr Wagner ließ durchblicken, Sie seien für Nachtschichten im Büro bekannt. Wobei ›Nachtschicht‹ vielleicht meine Interpretation ist. Trotzdem, was bei Ihnen löblich ist, muss doch bei mir nicht sträflich sein. Abendstund' hat Gold im Mund.«

»Es ist die Morgenstunde …«, entgegnete Ruh, aber er kam nicht weit. Carmen lachte schon wieder.

»Dann hat die Abendstunde eben etwas anderes im Mund. Hübsche Alternativen gibt es genug, nicht wahr?« Sie schenkte ihm ein Lächeln, das wohl entwaffnend sein sollte. »Haben Sie keine Frau, die daheim auf Sie wartet?«

Na, kess war sie, ohne Zweifel. Unwillkürlich hatte Georg bei Carmens Rede auf ihren Mund blicken müssen. Schöne sinnliche

Lippen. Eine schlechte Frau, aber schöne Lippen. Georg wusste, das war kein Widerspruch, sondern eine der üblichen Launen der Natur. Sie schien seine Gedanken zu studieren. »Finden Sie es indiskret, nach einer Frau daheim gefragt zu werden? Ein Mann wie Sie sollte es nicht nötig haben, seine Abende im Büro zu verbringen. Aber was sage ich. Mein zukünftiger Ex war zuletzt auch immer seltener zuhause. Nun tut er so, als hätte er keinen Anteil an unserer zerrütteten Ehe ... Er hat auf einem Ehevertrag bestanden. Apropos, haben Sie jemals einen abgeschlossen?«

Georg wollte die Stirn krausen, um Carmens Neugier zu missbilligen, stattdessen schüttelte er lächelnd den Kopf.

»Aha«, nickte Carmen. »Und wie steht es mit Herrn Wagner? Immerhin ist er Familienrechts-Profi. Er sollte es besser wissen.«

»Er hat keinen«, sagte Georg, »und damit ist er nicht der Einzige. Wenn es um die eigene Heirat geht, sind Familienanwälte genauso romantisch oder meinetwegen naiv wie jedermann. Mag auch jede dritte Ehe in die Brüche gehen, für uns selbst glauben wir felsenfest, dass der sogenannte Bund fürs Leben tatsächlich so lange hält.«

»Man will doch auch nicht gleich beim Start das Scheitern einplanen«, meinte Carmen, »ein Ehevertrag riecht nach Misstrauen.«

»Für viele Paare ist das wohl so. Muss aber nicht sein. Ein Ehevertrag wäre nur vernünftig, und er könnte die Regel sein, gäbe es nicht diesen romantischen Gegensatz von Vernunft und Gefühl.«

»Und nun, Herr Ruh, was schlagen Sie vor, um Romantik und Eherecht zu versöhnen?«

Georg wusste nicht recht, nahm das Gespräch eine sachliche Wendung hin zu praktischen Fragen oder stellte Carmen bloß seine Schlagfertigkeit auf die Probe.

»Der Gesetzgeber könnte den Ehevertrag obligatorisch machen. Das würde das Problem von der persönlichen auf die gesetzliche Ebene verlagern, ein großer Vorzug.«

»Aber Herr Ruh«, protestierte Carmen, »das wäre Zwang, wo liegt denn da der Vorzug.«

»Ganz einfach, wenn der Vertrag eine allgemeine Pflicht wäre, dann müssten ihn alle abschließen und niemand könnte mehr sagen, Misstrauen sei im Spiel. Ich sehe aber ein, dass eine Vertragspflicht für Ehewillige nicht gut in ein liberales Rechtssystem passt, und außerdem wäre das Geschrei groß, die Notare würden sich bei einem solchen Gesetz eine goldene Nase verdienen, denn Eheverträge sind bei uns nur gültig, wenn sie notariell beurkundet werden.«

»Mit anderen Worten, Herr Ruh, Sie wissen auch keine Lösung.«

»Moment, Frau Ungemein, ich bin noch nicht fertig.« Georg begann die Plauderei Spaß zu machen. »Wie wäre es denn, wenn der Gesetzgeber eine Pflicht einführen würde, die weniger schwer wiegt als ein Ehevertrag? Ich stelle mir vor, die Partner müssten jeweils Listen anfertigen, worin ihre Besitztümer zum Zeitpunkt der Eheschließung verzeichnet sind. Diese Listen müssten sie dann wechselseitig prüfen und mit Unterschrift anerkennen und beim Standesamt hinterlegen. Falls die Ehe scheitern sollte und es zum Zugewinnausgleich käme, wären wenigstens die Anfangsvermögen beider Seiten geklärt. Oft ist gerade diese Klärung nur schwer möglich, vor allem nicht bei langen Ehen, weil kaum jemand alle Belege von früher aufhebt.«

»Oh«, meinte Carmen, »ich bin ganz froh, dass mein Noch-Ehemann bestimmt nicht alles nachweisen kann, was er schon vor unserer Heirat besessen hat. Besser noch, er könnte gar nichts nachweisen, dann wäre sein ganzes Vermögen während der Ehe erworben und zur Hälfte meins. Aber Ihre Überlegung leuchtet mir ein. Einen großen Wurf stelle ich mir allerdings anders vor.«

»Ich behaupte ja gar nicht, eine solche Verordnung sei ein großer Wurf. Sie könnte allein durch ihre Existenz das Problembewusstsein schärfen. Die allermeisten Menschen haben keine Ahnung, worauf sie sich bei einer Ehe einlassen – juristisch, meine ich. Heute beklagen doch alle, dass an den Schulen gar nicht oder viel zu wenig Wirtschaft gelehrt werde. ›Nicht für die Schule, sondern für das Leben lernen wir‹, hat im alten Rom mal ein kluger Mann gesagt. Ich plädiere deswegen nicht gleich für ein Schulfach Familienrecht, aber zumindest eine Unterrichtseinheit zur Institution Ehe sollte es geben. Als eine Vorbereitung auf das Erwachsensein, von der alle Schüler etwas haben.«

Carmen seufzte. »Sie als Familienanwalt müssen wahrscheinlich so reden.«

Georg verkniff sich die Entgegnung, dass er eigentlich Staatsanwalt sei. Carmen musste das nicht wissen. Diese kecke Person würde sicherlich fragen, wieso er denn dann für Friedrich Wagner arbeite. Georg hatte keine Lust, sich zu erklären. Er wies auf die schmale Mappe in ihrer Hand. Ob das die noch fehlenden Unterlagen seien? Carmen lächelte.

»Ja, und ich bestehe darauf, sie persönlich auf Ihrem Schreibtisch abzulegen, damit eine ordentliche Zustellung gewährt ist. Welches ist Ihr Zimmer?«

Sie roch gut. Mit einem Mal fiel Georg das auf. Er war sehr eigen, was Düfte anbelangte, und es überraschte ihn, dass er ausgerechnet diese Frau riechen mochte. Er wies auf das letzte Zimmer am Ende des Flurs. »Dorthin, bitte sehr.«

Carmen wartete nicht ab, dass er voranging. Georg bekam, ob er wollte oder nicht, Gelegenheit, ihrem schwingenden Hintern zu folgen. Wie neulich trug sie auch jetzt wieder ein enges Wollkleid. In seinem Zimmer ging sie stracks zu seinem Schreibtisch, legte die Mappe hin, drehte sich, dabei den Raum mit einem Blick erfassend, zu Georg um und musterte ihn frontal.

»Überschaubar, Ihr Büro.« Kleine Pause. »Aber gemütlich. Wo darf ich Platz nehmen?« Sie machte Anstalten, die kurze Jacke abzulegen, die sie über ihrem Kleid trug, und wandte Georg ihren Rücken auf eine Weise zu, die nur als Appell, ihr zu helfen, zu verstehen war. Den Kopf hielt sie leicht geneigt, so dass die schwarze

Lockenpracht nach vorn fiel und den dekolletierten Nacken frei-
gab. Ihr Geruch, den Georg schon im Flur wahrgenommen hatte,
stieg wie in einer Wolke auf. Er sog ihn ein, griff nach der Jacke,
streifte sie aber nur bis zu Carmens Ellenbogen herab. Sie stutzte,
als er auf halber Strecke innehielt, dann aber begriff sie und ließ
ein leises Lachen hören.

»Wollen Sie mich fesseln?«

»Wird das nötig sein?«, gab er zurück, ließ die Jacke los, die nun
auf den Boden glitt, fasste Carmen an den Schultern und drehte
sie zu sich, um sie zu küssen. Sie tauchte ab, als würde sie sich entziehen, kam aber gleich wieder hoch. Georg, seiner Sache sicher,
hatte einfach nur abgewartet, stand halb gebeugt über ihr. Carmen
säuselte »Dass das aber auch immer gleich sexuell werden muss«
und drang dann mit ihrer Zunge zwischen seine Lippen, schob
ihm das Hemd hoch und öffnete seine Gürtelschnalle. Georg stieß
sie auf den Diwan. Ein Begehren, wie er es nicht von sich kannte,
hatte sich seiner bemächtigt, hart und fordernd, besitzergreifend,
aggressiv.

Wie von Zauberhand hatte Carmen ein Kondom in den Fingern.
»Zieh dir etwas über.« Sie hatte es also darauf angelegt. Für Sekundenbruchteile kam Georg der gehörnte Carsten Ungemein in
den Sinn. Seine sexuelle Aggression stachelte das an, anstatt sie zu
dämpfen. Er nahm sie heftig, spürte, wie sie seine Rücksichtslosigkeit genoss. Die Gewalt befreite ihn. Dominant sein – wie gut das
tat. Ihr Mobiltelefon läutete, was sie ignorierte. »Mach weiter!« Er
legte ihr die Hände um den Hals. Sie stöhnte erregt. Erneut klingelte ihr Telefon. Sie schüttelte nur keuchend den Kopf. Er musste
sich bremsen, sie nicht heftiger zu würgen. Vor Gericht hatte er nie
nachvollziehen können, welches Verlangen gemeint war, sprach
man von der Mordlust des Täters. Nun wusste er es. Als er kam,
kam sie auch. Zuckungen des Fleisches, die sich wechselseitig be-
feuerten.

Carmen hatte keine Ahnung von Georgs Anwandlungen, das merkte er. Sie tat beim Anziehen ganz vertraut, hatte wohl das Würgen nur als luststeigerndes Element im sexuellen Spiel empfunden. Ohne sich von seiner Anwesenheit stören zu lassen, kontrollierte sie ihr Telefon und rief den Anrufer zurück. Ihr Ton war brüsk. »Was willst du, Stefan?« Der Angeraunzte schien etwas Besänftigendes zu sagen, denn nach einigem Hin und Her konnte Georg hören, wie die beiden ein Treffen vereinbarten, in einem Hotel, gleich den nächsten Tag, nachts von elf bis eins.

»Scheu kennst du keine, oder?«, fragte Georg.

Carmen sah ihn arglos an. »Der ist keine Konkurrenz für dich. Er betet mich an, und er hat Komplexe. Neulich sind wir aneinandergeraten, jetzt wird er wohl Abbitte leisten. Eigentlich ist er noch ein Bübchen. Gut gebaut, das ja. Aber einen Kindskopf zu umarmen, na, da weiß ich Besseres. Mit einem erwachsenen Mann wie dir fühlt es sich ganz anders an.« Sie band ihre Haare zusammen, schmeichelte ihm. »Du hast mich ganz schön rangenommen.« Dann, mit einer Drehung ins Halbprofil. »Wie schaue ich aus?«

»Wie Frau Ungemein in Friedrich Wagners Büro«, sagte Georg.

Ihr gefiel seine Antwort. »Daran erinnerst du dich also. Oder willst du bloß zum Ausdruck bringen, dass du bei unserem ersten Treffen nur eine Mandantin in mir gesehen hast, so zugeknöpft, wie du warst?«

»Möchtest du denn gern mehr sein als eine Mandantin?«, frotzelte Georg.

Carmen stutzte kurz, schien dem Ton seiner Gegenfrage nachzusinnen. »Ich höre da eine kleine Überheblichkeit heraus.« Und, da Georg auf die Uhr sah: »Was ist, hast du heute noch ein Date?«

Er verneinte. »Muss noch etwas einkaufen, das wird eng.«

Sie schnappte sich ihre Jacke. »Dann bring mich doch jetzt einfach zur Tür.« Sie hielt Georg die Jacke hin, er half ihr hinein, geleitete sie über den Flur zum Eingang, öffnete und schaltete, während sie hinaus auf das Podest trat, draußen das Treppenhauslicht für sie ein. Da ging sie ihn um Diskretion an.

»Du wirst doch« – Carmen verbesserte sich – »Sie werden doch Herrn Wagner nichts von uns erzählen? Gewiss wollen Sie vermeiden, dass er weiß, dass Sie seine Mandantin vögeln.«

Georg log lächelnd, dass ihn das nicht weiter störe.

»Mich aber stört das!«, bekam er daraufhin zu hören. »Ich will nicht, dass mich mein Scheidungsanwalt für ein Flittchen hält.« Sie legte ihm ihre Hand auf den Arm, drückte mahnend, wendete sich um und stieg die Stufen hinab. Der Heilige Ivo in seiner Nische sah sie stumm an. Unten hörte sie die Hauseingangstür zuklappen. Da war noch jemand bei diesem Mistwetter unterwegs. Hoffentlich hatte der Regen nachgelassen. Sie war ohne Schirm und der nächste Taxistand zwei Minuten entfernt.

8

S ie würden sich also wiedersehen. Er hatte ein Treffen gewollt und es bekommen. Dennoch war Stefan nicht glücklich mit dem Telefonat. Carmens Art lag ihm auf dem Magen. Er hatte sich nach dem Gespräch ein Glas Weißwein eingießen müssen und den Abend trübe vor dem Fernseher verbracht, anstatt wie geplant Musik zu hören. Nach drei Songs hatte er aufgegeben. Erst Ed Sheerans »The A Team«, dann Chris Isaaks »Wicked Game«, schließlich das Hauptstück der »Sad songs for dirty lovers« von The National, das die triste Mär verkündet, Männer dürften ihre Liebe nicht offenbaren, wenn sie weiterhin von der Frau ihres Herzens gewollt werden möchten. Matt Berninger sang:

Never look her in the eyes
Never tell the truth
If she knows your paper
You know she'll have to burn you
Never tell the one you want that you do
Save it for the deathbed
When you know you kept her wanting you

Die Musik zog Stefan einfach nur runter. Bei dieser Titelauswahl kein Wunder, soviel war ihm auch klar. Fernsehen ging, weil er auf einem Kanal einen alten Western gefunden hatte. Darin standen Männer mit Moral gegen durchschaubare Bösewichter, hingebungsvolle Frauen warteten sorgenvoll auf die Wiederkehr ihres Liebsten, und selbst die verruchte Bardame hatte ihr Herz am rechten Fleck. Die größten Helden waren nicht die mit dem schnellsten Colt, sondern die mit dem stärksten Ethos. Das war genau die Botschaft, die Stefan an diesem Abend brauchte. Bei nur einem Glas Wein war es trotzdem nicht geblieben. Entsprechend schlecht hatte er geschlafen, entsprechend aufgeweicht fühlte er sich am nächsten Morgen.

In seinem Portemonnaie fand er nur noch zwei Zehner und Hartgeld. Ihm fiel ein, dass er beim letzten Treffen mit Carmen einen Fünfziger lose in die Jackentasche gesteckt hatte. Als er danach tastete, spürte er neben dem Geldschein noch etwas Festeres und zog es mit heraus. Eine Visitenkarte. Ah, die von dem höflichen Rempler in der Oper. Er las die Aufschrift.»Carsten Ungemein. Bauen – Wohnen – Leben«. Konnte das sein? Musste wohl. Zwei Bauunternehmer dieses Namens gab es schwerlich in der Stadt. Es hatte ihn also Carmens Gatte von den Füßen geholt. Das passte. Verdient ist verdient. Ob der Mann ihm ebenso freundlich wieder auf die Beine geholfen hätte, hätte er gewusst, dass er seine Fürsorge gerade dem Liebhaber seiner Noch-Ehefrau widmete?

Ungemeins galante Umgangsformen und seine große Freundlichkeit hatte Carmen nie erwähnt. Stefan hatte sich einen Baulöwen mit ausgeprägten Ellenbogen vorgestellt, nicht ein solches Muster an Besorgnis. Aber vielleicht existierte ja in Carsten Ungemein neben dem liebenswürdigen Opernfreund noch ein knallharter Geschäftsmann. Stefan sagte sich, dass er dieses Rätsel, wenn es denn überhaupt eines war, sicher nicht lösen würde. Und da der Rempler folgenlos geblieben war, bestand auch keine Notwendigkeit, mit Ungemein Kontakt aufzunehmen. Eigentlich. Andererseits kannte Carmens Mann vielleicht die Adresse von Ruth. Die attraktive und sympathische Frau beschäftigte Stefan. Er fühlte sich von ihr auf Anhieb verstanden. Wie ernsthaft sie mit ihm gesprochen hatte. Kein Spott, kein Bildungsdünkel. Je mehr sich Stefan an das kurze Treffen erinnerte, desto mehr stieg der Wunsch in ihm auf, Ruth wiederzusehen. Nur war es wohl nicht ratsam, dazu den Weg über Carmen zu nehmen.

Als Stefan seine Wohnung verließ, hatte er die Visitenkarte dabei. Vielleicht ergab sich in der Mittagspause Gelegenheit, Carsten Ungemein anzurufen. Vorher würde es ohnehin kaum klappen. Im Stundenplan seiner Praxis standen unter seinem Namen fünf Patienten, was nicht einmal viel war für einen Vormittag. Seit sich Stefan als Physiotherapeut selbständig gemacht hatte, kam er besser mit seinem Beruf zurecht. Die Verantwortung war gestiegen, aber als Chef zweier Angestellter konnte er bestimmen, wie viele Termine er pro Tag übernahm. Mit Grauen dachte Stefan an seine Anfangszeit als abhängig Beschäftigter zurück. Physiotherapie konnte ein Knochenjob sein, oft genug musste man mit gebeugtem Rücken oder auf den Knien arbeiten, und die Bezahlung war nicht eben berauschend. Eine Zeitlang hatte er auf Fitnesstrainer umgesattelt und mit ein paar Wochenendkursen mehr verdient denn als angestellter Therapeut in einer ganzen Woche. Verspannungen und Gelenkschmerzen hatten ihn auch weniger geplagt. Nicht zu vergessen der Respekt, den ihm die Kundschaft zollte, und die hübschen Frauen, die ins Studio kamen, um ihren Body zu straffen. Doch dann hatte sich die Chance geboten, eine gut eingeführte Physiotherapie-Praxis zu günstigen Konditionen zu übernehmen, und Stefan war in seinen alten Beruf zurückgekehrt. Er arbeitete nun in die eigene Tasche, fühlte sich freier, stolzer, motivierter.

Der Anruf in der Mittagspause kostete ihn Überwindung. Er konnte schlecht sagen: »Herr Ungemein, neulich haben Sie mich in der Oper zu Boden gestoßen, passiert ist mir nichts, aber heute hätte ich gern die Adresse einer Freundin Ihrer Frau.« Vollständig würde es sich zwar nicht vermeiden lassen, mit der Tür ins Haus zu fallen, doch besser nicht am Telefon. Die Gefahr einer Abfuhr wäre größer, und stillos wäre es auch. Das Gespräch verlief dann lockerer als erwartet. Carsten Ungemein war nach einem ersten

Schreck erleichtert, dass Stefan von keinen Folgeschäden des Sturzes berichten wollte, und gab der Bitte, sich unter vier Augen zu treffen, ohne weiteres nach. Seiner Reaktion nach zu schließen glaubte er wohl, Stefan hätte Fragen zum Immobilienmarkt und würde ihn deshalb konsultieren. Sie verabredeten sich auf ein Bier nach Feierabend in den Braustuben, einer innerstädtischen Kneipe mit bürgerlicher Küche, wo Ungemein gelegentlich einkehrte, wenn er sich um sein Abendbrot selbst kümmern musste.

Der Wahl des Lokals nach zu urteilen, war der Bauunternehmer trotz seines Reichtums und seiner extravaganten Ehefrau ein bodenständiger Mann. Butzenscheiben und Sitznischen, die sich wie Abteile an der Fensterfront und der Stirnwand aneinanderreihten, gaben den Braustuben einen rustikalen Anstrich. Viel Holz, dunkelbraune Bodenfliesen, Hängelampen mit kupfernen Schirmen über den Tischen. Im Ganzen war es nicht eben das Ambiente, das Stefan bevorzugte, doch er pflegte in dieser Hinsicht keine Vorbehalte. Ihn überraschte, ein Publikum jeden Alters anzutreffen. Die meisten Gäste waren Männer, den Stammtisch hingegen hielt ein Damen-Kränzchen im Stadium fortgeschrittener Fröhlichkeit besetzt. Stefan fand seine Verabredung in einer der Sitzecken über einem Teller Bratkartoffeln mit Spiegelei und Salat. Die Portion war bereits zur Hälfte vertilgt, demnach musste Carsten Ungemein schon vor einer Weile eingetroffen sein. Stefan trat an den Tisch heran.

»Herr Ungemein? Stefan Berg.«

Der Unternehmer tupfte sich den Mund mit einer Papierserviette ab, erhob sich und reichte Stefan die Hand. »Herr Berg, nehmen Sie doch Platz. Erst einmal gesehen und doch wiedererkannt. Entschuldigen Sie bitte, dass ich Sie essend empfange. Aber mein Mittagstisch fiel heute aus. Termin beim Baudezernenten und anschließend zwei Kunden. Doch ich will nicht klagen. Wie steht es um Ihren Hunger?«

Stefan lehnte dankend ab. »Mir reicht ein Pils. Bier is och Stulle, wie der Berliner sagt.«

Ungemein lachte. »Sind Sie aus Berlin? Hören tut man es nicht. Ich würde eher auf einen Süddeutschen tippen.«

»Tippen Sie auf einen Schwaben«, erwiderte Stefan, »dann liegen Sie richtig.«

Unter diesem Geplänkel verstrichen fünf Minuten, dann kam Ungemein zur Sache, weil Stefan darauf warten ließ.

»Wollen Sie mir nicht sagen, womit ich Ihnen behilflich sein kann? Am Telefon heute klang es so, als wollten sie nicht bloß unser erstes, doch etwas ruppiges Aufeinandertreffen auf diesmal angenehmere Weise fortsetzen, sondern hätten ein besonderes Interesse.«

Es war so weit. Stefan spürte, wie ihm beklommen zumute wurde.

»Das stimmt, aber es handelt sich ... wie soll ich sagen ... um etwas Privates. Wissen Sie«, Stefan gab sich einen Ruck, »ich habe kürzlich über Ihre Frau die reizende Bekanntschaft einer Dame gemacht, von der ich nur den Vornamen weiß, Ruth, und da dachte ich, es wäre doch möglich ... ich meine ... ich dachte, ich frage vielleicht einmal Sie, ob Sie vielleicht die Dame auch kennen und mir vielleicht weiterhelfen können ...«

Dreimal das Wörtchen »vielleicht« in einem Satz. Unter dem ernsten Blick seines Gegenübers war Stefan kleinlaut geworden. Ihm dämmerte, was er da gerade gesagt, in welches Licht er sich gerückt hatte, und er schalt sich einen naiven Dummkopf.

»Woher kennen Sie meine Frau?« Ungemeins Stimme, hörbar kühler als zuvor, drang auf Auskunft.

Auf diese Frage immerhin war Stefan noch vorbereitet. »Vom Sport, aus dem Fitnessstudio.«

Ungemein nickte, als habe er etwas Ähnliches erwartet. »Wie stehen Sie zu Carmen?«

Stefan wurde ungewollt rot. »Wir sind befreundet.«

Ungemein fixierte ihn. »Befreundet also. Und zwar so sehr, dass Sie nicht einfach Carmen nach Ruths Kontaktdaten – ›Kontaktdaten‹ trifft es doch, nicht wahr? – dass Sie also nicht einfach Carmen fragen können, sondern sich an mich wenden müssen?«

Stefan blieb stumm. Carsten Ungemein betrachtete ihn eingehend, und je kläglicher Stefans Miene wurde, desto mehr wich Ungemeins erster Zorn einem wachsenden Amüsement.

»Mein Bester, Sie haben Nerven. Da fragt mich doch allem Anschein nach der Liebhaber der Frau, von der ich mich gerade scheiden lasse, nach einer zweiten Frau, mit der er ebenfalls gern anbändeln würde. Sehe ich das richtig?«

Stefan senkte den Kopf. Stille Sekunden vergingen, dann sah er auf.

»Es ist wahr, ich hatte mich in Ihre Frau verliebt, und als ich von ihr erfuhr, dass sie zwar verheiratet ist, aber in Scheidung lebt, schien mir nichts Verwerfliches dabei zu sein. Und diese Ruth – ich habe sie erst einmal gesehen, vor der Oper, am selben Abend wie Sie, Herr Ungemein. Carmen kann so verletzend sein. Manchmal behandelt sie mich wie einen Trottel, und das hat sie sogar getan, als sie mich ihrer Freundin Ruth vorstellte. Die ist auf Carmens Spott überhaupt nicht eingegangen. Sie war so klug, verständig, freundlich. Ich fühlte mich sofort verstanden und seither geht sie mir nicht mehr aus dem Kopf.«

Nun war es heraus. Ein komplettes Geständnis.

Zu Stefans Überraschung nickte Ungemein. »Ja, die beiden Damen sind schon ein Kontrastprogramm. In gewisser Weise kann ich nachfühlen, wie es Ihnen geht, Sie Casanova. Carmen beherrscht Kränkungen aus dem Effeff, und Ruth erscheint neben ihr noch mehr als die helle Seele, die sie wirklich ist. Ich mag sie sehr und kenne sie gut. Seit meinem Auszug von zuhause jedoch hat sie den Kontakt eingestellt. Mir sagte sie, sie fühle sich verpflichtet, Carmen auf diese Weise ihre Verbundenheit zu zeigen. Ob das ihr eigener Wunsch war oder nicht doch auf eine indirekte Nötigung Carmens zurückgeht, lasse ich jetzt mal dahingestellt.« Ungemein machte eine Pause, sah über den Tisch mit einem Lächeln, das

Stefan aus seiner Verlegenheit befreite. »Sie sind ein erstaunlich aufrichtiger junger Mann. Im ersten Moment hätte ich Ihnen am liebsten eins auf die Nase gegeben. Jetzt haben Sie beinahe mein Mitgefühl.«

Vom Stammtisch scholl Gelächter herüber, etwas schrill. Die Damen schienen ein sehr feuchtes Kränzchen zu pflegen. Hoffentlich blieb das Ganze im Rahmen. Stefan mochte keine Frauen, die unter Alkohol vulgär wurden. Er fragte Ungemein aus. Wie lang er Ruth schon kenne (lang, fast so lange wie Carmen), ob sie gebunden sei (nicht mehr, sie sei geschieden), wo ihre Interessen lägen, abgesehen von Opern (Tiere, sie habe einen Hund besessen, jetzt sei da wohl nur noch eine Katze) und anderes mehr. Ungemein gab Auskunft, enthielt sich aber allzu großer Offenherzigkeit.

Auch Carmen kam zur Sprache, die frühen, scheinbar glücklichen Ehejahre, dann später die Flatterhaftigkeit und der Männerkonsum dieser Frau. Das ermunterte Stefan, von der Zeit zu berichten, als er und Carmen sich noch bei ihm in der Wohnung trafen, und wie sehr es ihn irritiert hatte, als sie ihr Stelldichein ins Hotel verlegte. Ungemein lauschte dem Bericht wortlos und mit einem Zucken um den Mund. Sein Verhalten blieb freundlich, seine Stimmung war nicht recht zu erkennen. Als sich die beiden trennten, steckte ein halber Bierdeckel mit Ruths Adresse und Rufnummer in Stefans Jacke.

Draußen hatte die Dämmerung eingesetzt. Stefan sah auf die Uhr. Noch fast zweieinhalb Stunden bis zu seiner Verabredung mit Carmen im Ludwig. Das reichte für einen Abstecher nach Hause, um zu duschen und das Hemd zu wechseln. Er entschied sich, eine Strecke zu Fuß zu gehen und nur für das letzte Stück den Bus zu nehmen. So konnte er sich das Umsteigen sparen, und das Wetter lud zum Flanieren geradewegs ein. Der Abend war mild, im Grunde zu warm für Mitte April, die Luft würzig mit einer Ahnung von Süden. Der Wirt vom Café Lucca hatte Stühle und Tische vor die Tür gestellt, als habe die Freiluftsaison schon begonnen.

Stefan sah im Vorbeigehen die meisten Plätze besetzt. Kurz verweilte er in Gedanken bei der Phantasie, jetzt dort mit Ruth zu sitzen, zu trinken und zu reden. Wie sie einander zuhörten, sich verplauderten, und wie er ihr endlich gegen die Nachtkühle eine Decke von drinnen besorgte, was sie ihm zärtlich dankte. Stefan, der Frauen-Verwöhner. Ja, so sah er sich. Was sollte falsch daran sein? Falsch war nur die Frau, die das ausnutzte und ihn blamierte. Wieso bloß konnte er von dieser Carmen nicht lassen? Es fehlte ihm keineswegs an Chancen bei anderen. Auch waren viele Frauen freundlicher, mitfühlender, hingebungsvoller als sie. Aber ihn hatte ihre provokante Art gereizt, anfangs jedenfalls, und als er dann am Haken hing, mit Carmen schlief und Gefühle für sie entwickelte, war es zu spät, sie einfach fallen zu lassen. Im Gegenteil. Dass ihre brüske Art ihn leiden ließ, fixierte seine Sehnsüchte noch stärker auf sie. Stefan merkte, wie sich beim Nachdenken schon wieder zweideutige Empfindungen in ihm regten, Verlangen und Groll.

Im Bus holte er den halben Bierdeckel heraus. Carsten Ungemein hatte Ruths Adresse darauf in Druckbuchstaben gemalt, vielleicht hatte er eine unleserliche Handschrift oder wollte nicht, dass die Schrift bezeugte, dass er diese Auskunft gegeben hatte. Stefan betrachtet den Deckel wie einen kleinen Schatz. Was, wenn er ihn verlöre? Wieder und wieder prägte er sich die Rufnummer ein. Die Anschrift ließ sich leicht merken, Haydnstraße 5. Ein Blick aufs Handy – er lag gut in der Zeit und würde es schaffen, vor Carmen im Hotel zu sein. Zuhause duschte er, putzte sich die Zähne und aß einen Apfel. Spitze Bemerkungen über Männer, die zum Date mit einer Bierfahne erscheinen, hatte er sich schon einmal anhören müssen. Auf eine Wiederholung war er nicht scharf. Auf dem Weg zum Ludwig könnte er sicherheitshalber Pfefferminz lutschen. Ein prüfender Blick in den Spiegel hob seinen Stolz. Gut sah er aus. Er steckte Kondome ein, obwohl Carmen immer welche parat hielt, prüfte sein Portemonnaie auf Scheine in trinkgeldtauglicher Größe, wog die Jacke in der Hand, überlegte. Wenn er mit dem

Trinken achtgab, konnte er auch den Alfa nehmen. Er steckte die Autoschlüssel ein und verließ die Wohnung. Das Ludwig erreichte er eine Viertelstunde vor der Verabredung, Zeit genug, um sich im Foyer in einen Sessel mit gutem Blick aufs Entree zu setzen.

Als Carmen die Hotelhalle betrat, zeigte die Uhr fünf nach elf, für ihre Verhältnisse war das sehr pünktlich. Sie entdeckte ihn gleich, kam aber gar nicht erst auf ihn zu, sondern bedeutete ihm mit einer Kopfbewegung, zum Fahrstuhl vorauszugehen. Stefan war das recht. Unter den Blicken des Rezeptionisten dazustehen, wenn Carmen den Zimmerschlüssel in Empfang nahm, bereitete ihm Unbehagen. Im Aufzug waren sie miteinander allein, standen sich aber verhalten gegenüber. Stefan ermahnte sich, die Initiative zu ergreifen. Wenigstens einen Kuss auf Carmens Wange sollte er wagen können. Sie ließ es geschehen, erwiderte aber sein vorsichtiges »Hallo Carmen, schön, dich zu sehen« nur mit einem intensiven Blick in seine Augen. Dann, als der Lift stoppte:

»Du riechst nach Pfefferminz, hast du dir Mut angetrunken?«

Ging es schon wieder los, dass sie auf ihm rumhackte? Stefan versuchte, ruhig zu bleiben.

»Warum sollte ich Mut brauchen?«

»Na, um Abbitte zu leisten für unser Treffen beim letzten Mal.« Die Fahrstuhltür öffnete sich und Carmen trat hinaus, was Stefan einer spontanen Reaktion enthob. Er folgte ihr in den Flur, ließ sie das Zimmer aufschließen, noch immer schweigend, ging hinter ihr hinein, half ihr aus der Jacke. Sie sah umwerfend aus, auch wenn sie diesmal statt eines Kleids einen engen Rock und eine knappsitzende Strickjacke trug.

»Hat es dir die Sprache verschlagen?« Carmen kräuselte die Lippen.

»Durchaus nicht. Lass uns etwas trinken.« Stefan wies auf den Sektkühler und die zwei Gläser. Sie hatten ein anderes Zimmer bekommen, ein nicht ganz so schönes, weil das Ludwig fast ausgebucht war. Immerhin war eines erfreulich: Carmen hatte im Voraus etwas zu trinken aufs Zimmer bestellt. Stefan hob die Flasche aus dem Eis. Prosecco, kein Champagner. Er öffnete den Draht und fasste den Korken. »Darf ich?«

»Na sicher doch.« Carmen kam zu ihm, während er die Gläser füllte. »Gegen ein bisschen mehr Mut habe ich ja keine Einwände.« Sie stieß mit ihm an, trank, wartete, bis auch er sein Glas abgesetzt hatte, löste ihr von einer Spange gehaltenes Haar, fasste mit einer Hand Stefans Nacken, zog seinen Kopf zu ihr herab. »Und nun besorg's mir endlich.«

Irgendetwas war anders. Hinterher überlegte Stefan, was es gewesen war. Als sie sich auszogen, hatte sein Körper verlässlich reagiert. Carmen vermochte ihn scharfzumachen, unbestritten. Um den Orgasmus jedoch hatte er kämpfen müssen. Stellungswechsel und wieder Stellungswechsel wie in einem Porno-Clip, eine Kraftanstrengung, ein langwieriges Rammeln, ein Fick ohne Herz. Er fragte sich, ob sie es mitbekommen hatte.

»Wolltest Du mir heute männliche Ausdauer demonstrieren?« Carmen rollte sich in die Bauchlage, stützte das Kinn auf die Hand und blickte ihn an.

Seine Ausdauer beweisen? Wenn sie das glaubte, umso besser …

»Oder kamst du heute schwer zum Schuss? An eine andere Dame gedacht?«

Sie hatte doch etwas mitbekommen. Und es stimmte, der Gedanke an eine andere hatte sein Verlangen gebremst. Sollte er es einfach zugeben? Nie und nimmer.

»Es gibt keine andere.«

»Du warst schon mal besser im Bett, und du hast schon mal besser gelogen. Erzähl mir nichts. Ich merke es, wenn du nicht bei der Sache bist.«

Stefan bemühte sich, nicht ertappt auszusehen. »Es ist halt …«, begann er, »du bist oft so herablassend zu mir.«

Carmen wurde giftig. »Markiere hier nicht den Empfindsamen. Das kannst du dir für die Neue aufheben.« Sie hatte sich im Bett aufgesetzt. Mit ihren schmal gewordenen Augen, der ungebändigten Mähne und den nackten Brüsten kam sie Stefan vor wie eine kampfbereite Amazone. Er versuchte noch einmal, von seinen Verletzungen zu reden.

»Du willst, dass ich Abbitte leiste für die Ohrfeige, und ja, es war nicht richtig, dich zu schlagen. Doch wie kränkend du mich immer wieder behandelst, kriegst du wohl gar nicht mit. Oder es ist dir schnuppe. Und dann wunderst du dich, wenn es mir beim Sex auf die Stimmung schlägt. Männer haben auch Gefühle.«

Sie machte eine unwirsche Handbewegung. »Männer – dazu zählst du dich wohl? Dann benimm dich auch so. Ich bin nicht dafür da, dein Ego aufzubauen.« Sie stieg aus dem Bett und griff nach ihrer Wäsche. »Ach, was soll's. Lassen wir das Gerede, heute Nacht wird das nichts mehr. Zieh dich an, wenn du nicht allein hierbleiben willst.«

Stefan rollte sich aus dem Bett, schlüpfte in seine Kleidung. Er schwieg, sie schwieg, die Stimmung war frostig. Wieder hatte sie ihn gedemütigt. Nicht nur das, was sie sagte, war kränkend. Auch die Art, wie sie seine Empfindungen als unmännlich abtat, wie sie das Gespräch beendete und bestimmte, er solle sich anziehen, war hochfahrend und kalt. Beim letzten Treffen hatte er am Ende vor Wut gekocht, diesmal fühlten sich seine Emotionen an wie weggesperrt. Eine Schicht aus Betäubung lag über seiner Wut. Carmen schien nicht daran interessiert, im Streit mit ihm einzulenken. Dieser Eindruck drängte sich Stefan förmlich auf. Die Affäre mit ihm sollte leicht und locker sein. Wurde es schwierig, verlor sie die Lust. Sich Mühe zu geben, die Beziehung zu retten, war ihr lästig. Wo aber steht ein Paar, wenn die Dinge so liegen? Er spürte, wie auch in ihm die Unlust wuchs. Das war's dann wohl.

Sie verließen das Zimmer gemeinsam, fuhren gemeinsam hinunter. Sogar zur Rezeption, wo Carmen den Schlüssel abgab, ging

Stefan mit. Er fühlte den Drang, Form und Anstand zu wahren. Ein Frauen-Verwöhner dreht einer Frau nicht einfach den Rücken zu und lässt sie sausen. Als Carmen den Nachtportier bat, ihr ein Taxi zu rufen, wehrte er ab. »Nicht nötig, ich bringe die Dame.« Was das denn jetzt solle, zischte sie. Der Portier, verunsichert, hielt den Telefonhörer abwartend in der Hand. Stefan bekräftigte seine Worte. Er sei mit dem Auto da, parke in der Tiefgarage, ein Taxi sei unnötig. Carmen schnaubte unwillig, wollte dem Portier jedoch keine Szene bieten und ließ sich von Stefan zum Aufzug ins Tiefgeschoss lotsen. Sie schimpfte erst, als sich die Aufzugtüren schlossen: »Na, du hast Nerven.« Oh, dachte Stefan, irgendwie habe ich das heute schon einmal gehört.

Seine Automarke quittierte sie mit Spott. »Weder ein Alpha-Tier sein noch ein guter Romeo, aber so einen Wagen fahren.«

Stefan blieb ruhig. »Du weißt bestimmt, dass der Name ›Alfa Romeo‹ nichts dergleichen bedeutet. Willst du witzig sein?«

»Das bin ich nun mal«, gab Carmen zurück. »Und jetzt fahr schon los, damit wir diese Tragikomödie abkürzen. Stiftstraße, weißt du, wo die ist?« Stefan nickte.

Er konzentrierte sich auf die Straße. Zweimal musste er rechts ranfahren, um Löschzüge der Feuerwehr vorbeizulassen. Offenbar ein Großeinsatz. Flackernde Blaulichter und das Lärmen des Martinshorns eilten in halsbrecherischem Tempo vorüber. Ein kurzer Spuk nur. Jetzt um halb ein Uhr nachts war der Verkehr überschaubar. Gleichwohl wäre Lässigkeit am Steuer unangebracht gewesen. Er wollte keiner Polizeistreife Grund geben, ihn anzuhalten und zu kontrollieren. Das dritte Glas Prosecco hatte er zwar nicht ausgetrunken, jedoch reichte die Menge Alkohol in seinem Blut wahrscheinlich schon für ein Bußgeld.

Im Innenraum des Wagens staute sich Carmens Duft. Würde er ihr Parfum vermissen? Sie hatte auch ein paar unparfümierte Körperzonen, deren Geruch seine Nase mochte. Er blickte kurz zur Seite. Sie saß entspannt auf dem Beifahrersitz, die Augen geschlossen, den Kopf angelehnt. Ihre Giftigkeit schien verflogen, aber vielleicht täuschte das. Während er Carmens Duft atmete, ging Stefan einmal mehr auf, was für ein intimer Ort doch so ein Auto sein konnte. Ein Nest auf Rädern. Abgeschottet gegen das Draußen. Trocken, auch wenn es in Strömen goss. Man saß auf engstem Raum unter einem Dach, das Gespräch abgeschirmt gegen neugierige Ohren. Die Kabine: eine Schutzhülle für heimliche Zärtlichkeiten. Oder aber eine Falle. Entführer benutzten Autos, Vergewaltigungen und Morde geschahen auf den Sitzen, Leichen wurden in Kofferräumen gefunden. Stefan blickte noch einmal zu Carmen hinüber. Sie wirkte unverändert. Gut, dass sie nicht lesen konnte, was ihm durch den Kopf ging.

Die Lichter der Stadt glitten vorüber. Ungewohnt viele Nachtschwärmer waren noch unterwegs, ihnen schmeckte wohl die Luft zu sehr nach Frühling, um schon nach Haus zu gehen. Stefan sah verschlungene Paare, versonnene Raucher, untergehakte junge Frauen mit beschwingtem Gang, lässige Jünglinge, die in Gruppen den Gehsteig belagerten. Unter anderen Umständen hätte dies eine romantische Fahrt sein können. Die Anfänge mit Carmen kamen ihm in den Sinn, als alles noch leicht und aufregend schien. Vorbei, vorbei. Er zog den Alfa um die Kurve.

»Die nächste rechts«, hörte er Carmen sagen.

»Ist das nicht eine zu früh? Du willst doch in die Stiftstraße.«

»Ich geh den Rest zu Fuß«, erwiderte sie. »Lass mich da vorn raus.«

Die Stelle, auf die Carmen wies, war der Anfang eines gepflasterten Gehwegs, der durch einen Grünstreifen mit altem Baumbestand, einem kleinen Spielplatz und einigen Sitzbänken führte. Stefan kannte das Areal, das die Anwohner hochtrabend »Park« nannten. Es kennenzulernen, war ein Fehler gewesen. Damals überhaupt herzukommen, hatte ihn bloß gequält. Eine Weile hatte er es vermeiden können, doch gerade dann, wenn sein Selbstwertgefühl in den Keller rutschte, trieb es ihn, mehr über das Leben zu erfahren, das Carmen führte und von dem er ausgeschlossen war. Zwei-, dreimal hatte er in jüngster Zeit wieder diesem Drang nachgegeben. Angefangen hatte es vor Monaten, als seine Verliebtheit frisch in Blüte stand. Neugierig hatte er die Gegend erkundet, weil er wissen wollte, wie Carmen wohnte.

Der Ausflug hatte ihn eingeschüchtert. So ein Stadthaus wie das der Ungemeins würde er sich nie leisten können. Der Garten hinterm Haus grenzte an den sogenannten Park. Stefan hatte damals, verdeckt von Gebüsch, nah am Zaun gestanden und die Rückseite des Gebäudes beobachtet in der Hoffnung, etwas Interessantes zu erhaschen. Doch niemand hatte sich auf der Terrasse oder in den Fenstern gezeigt. Auf dem Dach hatte er die von einem roten Blinklicht gekrönte Sirene einer Alarmanlage entdeckt, an der Fassade nahe der Terrassentür hing ein Bewegungsmelder mit Scheinwerfer. Ein prominenter und vermögender Bauunternehmer musste mit Einbrechern rechnen, aber wenn es keine Sicherungsmaßnahmen zusätzlich zu denen gab, die Stefan auffielen, dann gönnte Carsten Ungemein seinem ehelichen Heim nur das Übliche an Schutz. Der Mann ließ sich nicht so leicht einschüchtern. Die Abgrenzung zum Park, ein simpler Maschendrahtzaun ohne Stacheldraht, vor den eine Reihe Zypressen gepflanzt war, würde bestimmt niemanden abschrecken, der ernsthaft vorhatte, in den Garten zu gelangen.

Stefan bremste den Wagen und ließ ihn am Bordstein ausrollen. »Ist es recht so?« Er blickte den Parkweg hinauf. Im Abstand von fünfzig Metern warfen Straßenlaternen ihren trüben Schein. »Ganz schön dusterer Spaziergang, den du dir da ausgesucht hast.«

Carmen hielt schon den Türgriff in der Hand. »Mir ist noch nie etwas passiert, keine Sorge, kleiner Stefan.« Sie öffnete die Autotür, setzte ein Bein hinaus, drehte ihm noch einmal den Kopf zu, bevor sie endgültig ausstieg. Folgte jetzt, wenn es schon zwischen ihnen zu keiner Aussprache kam, wenigstens ein Abschiedswort? Ja, es folgte, eingeleitet von dem spöttischen Lachen, das Stefan mittlerweile so zuwider war:»Wenn ich dir einen guten Rat geben darf: Werd' erwachsen.«

Stefan sah ihr nach, wie sie ohne einen weiteren Blick für ihn davonging, in den Gehweg einbog und im Dunkel unter den Bäumen nur noch als schattenhafte Silhouette zu erkennen war. Eine Trennung ohne Sang und Klang. Oder wie sollte man das nennen, was hier gerade passierte? Und natürlich gab sie bis zuletzt den Ton an. Sie, nicht er, setzte den Schlusspunkt einer Beziehung, die ihn mit beschädigtem Selbstwert zurückließ. So fühlte es sich jedenfalls an. Er ballte die Faust um das Lenkrad.

9

*E*in Draht kann ein furchtbares Werkzeug sein. Man verbindet seine Enden mit zwei kurzen Holzstäben und erhält eine Garotte, einen Draht mit zwei Griffen. Die Bauweise ist simpel, das Material leicht zu beschaffen. Die Griffe verhindern, dass der Draht in die Finger schneidet, wenn er um den Hals eines Opfers geschlungen wird. Das erlaubt dem Täter, mit aller Kraft zu ziehen. Überraschend angewandt, tötet die Garotte fast lautlos. Ein Überrumpelter findet nicht die Zeit, zur Abwehr seine Hand schützend zwischen Hals und Draht zu schieben. Die hohe Zugkraft schnürt die Luftröhre massiv ab. Niemand mit einer bis aufs Blut zugezogenen Drahtschlinge um den Hals vermag noch zu schreien. Carmen, die kecke Carmen, hätte sich nie und nimmer einen solchen Tod für sich vorgestellt. Furchtlos schritt sie durch den nächtlichen Park, gönnte sich den Umweg, der sie fünf Minuten später nach Haus bringen würde. Der Mörder erwartete sie, genau sie und keine andere. Darum stand er auch nicht lauernd hinter einem der alten Parkbäume, deren Breite ihn vorzüglich verborgen hätte. Er wartete dort, wo er sie ganz sicher abfangen konnte. Als Carmen ihren Vorgarten erreichte, war er schon da, und als sie die zwei Türschlösser aufschloss – eines davon sicherte und entsicherte die Alarmanlage – da verließ er den Schatten einer buschigen Eibe, trat hinter sie, warf ihr in einer flüssigen Bewegung die Garotte über den Kopf um den Hals und stieß sie mit dem Leib durch die halb geöffnete Tür ins Dunkel des Hauses. Mehr als ein krampfhaftes Keuchen war nicht zu vernehmen. Vielleicht hätte Carmen ihm noch wehtun können, mit einem Tritt ihres Stöckelabsatzes auf seinen Fuß etwa oder mit einem Schlag in den Unterleib. Aber wer, dem eine Schlinge um den Hals liegt, denkt schon an dergleichen. Luft! Luft! Luft! ist sein Verlangen, und das Bemühen, den Draht zu lockern, sein erster Reflex.

Bei Carmen verhielt es sich nicht anders.

10

S ex im Büro. Für Georg, der dergleichen bisher nur aus dem Kino kannte, war es das erste Mal gewesen, und mit jeder Minute, die anschließend verstrich, war sein Unbehagen gewachsen. Der Jubel der Dominanz, der ihn auf dem Diwan erfüllt hatte, wich dem Gefühl, in eine Falle getappt zu sein. Immerhin merkte Linda nichts von der anderen Frau, als Georg, Carmens Duft noch am Leibe, kurz nach 22 Uhr aus dem Büro nach Hause kam. Doch da kein Geschäft mehr geöffnet gehabt hatte, wo er Roastbeef hätte besorgen können, hatte er Sushi mitgebracht. Linda mochte Sushi, legte es ihm aber als Ignoranz aus, dass er nicht mit dem von ihr gewünschten Essen nach Hause kam: Es sei ihm ja wohl gleichgültig, was sie ihm sage.

Das Nachtmahl verlief weitgehend schweigend. Georg schlief dann schlecht, träumte, er sei auf einer von Carmens Abendgesellschaften, wo er einen Vortrag über traumatisierte Serienmörder und ihre Bedeutung für das Scheidungsrecht halten sollte. Carmen stellte ihn dem Publikum als Koryphäe auf diesem Spezialgebiet vor und versprach ein Honorar von 35 Euro, wovon sie ihm 20 gleich in die Brusttasche seines Jacketts steckte, damit er sehe, wie sie sagte, dass sie es »ehrlich mit ihm meine«. Auch Freddy war unter den Gästen und trug ein für ihn ganz ungewöhnliches süffisantes Lächeln zur Schau. Georg hegte den Verdacht, der Freund wisse vom Abenteuer mit Carmen und verspotte ihn überdies wegen des Vortragsthemas. Als er seine Rede beginnen sollte und Carmen ihn vors Mikrofon schob, wachte Georg auf. Er war schweißnass.

Der Rest der Nacht beschied ihm einen flachen, unruhigen Schlaf, so dass er früher aufstand als gewöhnlich. In der Kanzlei fühlte er sich unwohler als sonst, fand, Frau Samson betrachtete ihn seltsam distanziert, und musste sich mühsam einreden, das sei bloß sein eigener Film im Kopf, womöglich durch Schamgefühle ausgelöst, während sich die Sekretärin im Grunde normal verhalte. Selbst sein gemütliches Zimmer war ihm an diesem Tag verleidet, der Anblick des Diwans bescherte ihm Vergewaltigungsphantasien. Vormittag, Mittag, Nachmittag schleppten sich hin. Auf ein Bier abends mit Freddy hatte er keine Lust. Er wartete, bis Frau Samson Feierabend machte, ließ ein wenig Abstand verstreichen, damit sie nicht doch noch seine Abweichung von der Routine bemerkte, und ging dann ebenfalls. So zeitig kehrte er selten der Kanzlei den Rücken. Sollte er heute nachholen, was er gestern versäumt hatte, und mit Roastbeef und den Zutaten für einen Waldorfsalat zu Hause aufkreuzen? Keine ratsame Idee. Linda würde es als Zeichen von Schuld und Schwäche deuten, und sie würde deswegen kein bisschen freundlicher mit ihm umspringen. Komm aber nicht mit leeren Händen, sagte er sich, das lässt sie nur wieder zetern, ich würde mich um nichts kümmern. Also kaufte er etwas Schinken, Käse, Oliven, dazu eine Flasche von Lindas Lieblingswein und radelte heimwärts mit dem Vorsatz, gute Miene zu allem zu machen, was ihn in der Höhle seines Hausdrachens erwartete.

Wider Erwarten wirkte seine Frau erfreut, ihn zu sehen. Sie kam in die Küche, als Georg dabei war, Schinken und Käse aus dem Papier zu wickeln und auf Teller zu verteilen.

»Lädst du mich zu deinem Abendbrot ein?«

»Sehr gern«, erwiderte Georg, »außerdem ist das nicht mein, sondern unser Abendbrot. Setz dich schon mal, es fehlen noch Butter, Oliven, Tomaten, Salz und die Gläser, aber dann bin ich auch so weit.«

Er lobte sich innerlich für seinen Einkauf. Mit der Aussicht auf einen schmackhaften Imbiss an einem schon gedeckten Tisch war

Linda gleich viel aufgeräumter. Sie setzte sich. Ihre Bewegung wehte Georg Parfümduft in die Nase. Eine neue Duftnote. Er mochte sie nicht riechen, die neue noch weniger als die alte, und schon gar nicht zum Essen. Seine Frau wusste doch, wie geruchsempfindlich er war. In der Regel allerdings schimpfte Georg über die Rasierwasserwolken seiner Geschlechtsgenossen. Missratene weibliche Düfte fand er nicht ganz so schlimm. Diesen hier schon. Er sah Linda an, ihm gelang ein Lächeln.

»Harten Tag gehabt?«

»Nein, eigentlich nicht. Kraff hat den Auftrag für eine Großlieferung von Kurbelwellen nach China erhalten, der Vertrag enthielt noch zwei strittige Klauseln, aber ich habe sie umformuliert, und jetzt sind alle zufrieden.«

Georg gratulierte ihr, entkorkte den Rotwein, schenkte Linda zum Probieren ein und ließ sie einen Blick auf das Etikett werfen. Ihre Antwort war ein »Ah, das weißt du noch, dass ich den mag«, und Georg lobte sich innerlich erneut. Bisher hatte er alles richtig gemacht. Um eine Frau günstig zu stimmen, kann man sie ins Restaurant ausführen, will man sie lieber beeindrucken, bekocht man sie. Passt das gerade nicht, tut es notfalls auch ein schlichtes kaltes Mahl. Lauter Binsenweisheiten, aber immer noch wahr. Er goss, nachdem sie zustimmend genickt hatte, erst ihr und dann auch sich ein. Sie registrierte es.

»Ein ganzes Glas, und dann auch noch Rotwein?«

»Ich kann dich doch nicht allein trinken lassen«, sagte Georg. Was aber so nicht stimmte. Linda gönnte sich auch ohne Gesellschaft gern einmal einen Schluck. Das zählte zu den Entwicklungen der letzten Jahre. Mit ihrer Skepsis gegen Rotwein hatte sie freilich recht. Die antidepressive Wirkung von Weißwein war viel besser – ganz abgesehen davon, dass Georg gut beraten war, gar keinen Alkohol zu trinken.

»Und dein Tag, wie war der? Du hast früh Schluss gemacht, das kenne ich gar nicht mehr von dir.«

»Ich bin halt zügig vorangekommen mit dem, was ich mir für heute vorgesetzt hatte. Ehrlich gesagt, mag ich auch den Fall nicht besonders, den ich für Friedrich vorbereite. Flucht vor der Akte sozusagen. Und drittens hattest du ein Abendbrot bei mir gut.«

Georg spürte einen Schatten unterhalb der Kehle auf seine Brust fallen, zwar nur für einen Moment, aber er kannte dieses Signal. Es war nicht wahrhaftig gewesen, was er soeben gesagt hatte. Irgendetwas in ihm wollte sich nicht gegenüber Linda verpflichten, wollte nicht einräumen, er stehe in ihrer Schuld, und sei es auch bloß mit einer gemeinsamen Mahlzeit. Seine Frau stellte gern Forderungen, und Zugeständnisse würden ihren fordernden Charakter nur bestärken. Carmen fiel ihm ein.

Linda hielt den Blick auf ihn gerichtet. »Warum hast du jetzt den Kopf geschüttelt?«

»Habe ich das? Habe ich gar nicht gemerkt.«

»Doch, hast du. Warum? Musstest du an deinen ungeliebten Fall denken?«

Georg war froh über diese Steilvorlage, die von seinem häuslichen Elend wegführte. Er nickte.

Linda wollte nun mehr wissen. »Erzähl mal, worum geht's denn da? Namen kannst du weglassen, Verschwiegenheitspflicht, schon klar. Mach eine anonyme Geschichte daraus.«

Wahrscheinlich wäre der Abend anders gelaufen, hätte Georg besser auf sich aufgepasst. Er hätte von dem Manager, der seine Tochter sehen wollte, berichten können. Eine Männergeschichte. Stattdessen erzählte er vom Scheidungsverfahren einer ehebrecherischen Mandantin, die hemmungslos Ansprüche gegen ihren reichen Noch-Ehemann erhob und darin von Friedrich Wagner bestärkt wurde. Wellness-Kuren in Italien, einen Araberhengst als Reitpferd, kostspielige Gesellschaftsabende, Alleinansprüche auf das gemeinsame Haus – es fehle bloß, meinte Georg, dass sich die Dame von ihrem Mann auch noch die Fernreisen mit ihren Liebhabern bezahlen lassen wolle.

»Schöne Frau?« Diese Frage war Lindas einziger Kommentar, und sie erwischte Georg auf dem falschen Fuß.

»Geht so.«

Georgs halbherzige Antwort ließ Lindas Wachsamkeit wachsen.

»Also attraktiv?«, bohrte sie nach.

»Wer den Typ mag.«

»Aha«, kommentierte Linda, »eine Typ-Frage. Und was ist mit meinem Typ?«

»Mit dir bin ich verheiratet.«

Das war ihm so rausgerutscht. Er hätte nun rasch nachschieben müssen, dass seine Heirat mit ihr doch demonstriere, wie sehr sie sein Typ sei. Aber das wollte ihm nicht über die Zunge. Und so klang seine Antwort, wie sie gemeint war, auch wenn Georg das besser verborgen hätte. Linda kapierte nur zu gut.

»Du möchtest sagen, ob ich dein Typ bin, ist doch eigentlich egal, weil du nämlich sowieso keine Wahl hast, da dich die Ehe an mich fesselt?«

»So ein Unsinn.« Georgs Abwiegeln klang lahm.

»Und ich dachte schon«, fuhr Linda fort, »deine Potenzprobleme hätten mit deiner sogenannten Depression zu tun. Moni meinte, am Alter könne es noch nicht liegen.«

»Du hast Monika erzählt, dass wir nicht mehr miteinander schlafen?« Monika war Lindas beste Kollegin. »Was geht die das an, das macht doch bestimmt bei Kraff die Runde. Wie kannst du nur.« Georg schenkte sich Rotwein nach.

»Wozu sind Freundinnen denn da, wenn sich nicht einmal der eigene Ehemann noch um mich kümmert? Außerdem kann es dir ganz gleich sein, was man bei Kraff über uns redet. Ich bin doch die, die dort arbeiten muss, nicht du. Moni sorgt sich wenigstens um mich. Sie meint, Männer, die den Alkohol nicht im Griff haben, würden ganz schnell gewalttätig. Ich konnte sie aber beruhigen, dass du mich nicht schlägst.«

»So, konntest du.« Georg wurde langsam sauer. »Du machst in deiner Firma einen Schlappschwanz und Trinker aus mir, aber das ist in Ordnung, solange sich deine blöde Moni beruhigt? Verstehe ich das richtig?« Georg prostete Linda sarkastisch zu. Er nahm einen kräftigen Zug aus dem Glas. Es war ihm egal.

»Na hör mal, das sieht man doch, dass du trinkst.« Linda tat gekränkt. »Guck dich doch an. Wie konnte ich nur glauben, du hättest den Wein um meinetwillen mitgebracht. Du brauchtest mal wieder eine Gelegenheit, offen zu trinken, nicht wahr?«

»Weißt du was? Mir reicht das für heute Abend hier mit dir. Ich dachte, ich mache dir eine Freude mit einem gedeckten Tisch, und wir bringen zwei halbwegs harmonische Stunden zustande, aber du wirst eifersüchtig wegen einer Mandantin von Freddy und ich erfahre dabei, dass du mich vor fremden Leuten schlechtredest. Das ist eine miese Tour.«

»Du streitest ab, dass ich Grund zu Eifersucht habe? Was wohl Louis dazu sagen würde.«

»Lass verdammt noch mal Louis aus dem Spiel. Den hast du sowieso schon viel zu sehr in deinen Klauen.«

Georg stand auf. Kurz durchzuckte ihn, dass Lindas Attacke ja ein gewisses Recht hatte. Aber sie wusste bestimmt nichts von Carmen und ihm. Sie war bloß ein Biest. Er verließ die Küche und ging in sein Zimmer.

Neben dem Regalfach mit seinem alten Plattenspieler stand noch eine Flasche Whisky, Single Malt, halb voll. Er goss sich ein, nahm das Glas mit zum Schreibtisch, schaltete den Computer an. Auf Facebook war er nur wegen Louis. Georg las die Posts seines Sohnes, betrachtete die Fotos. Louis mit Freunden, Louis mit Anna beim Kochen, am Strand, beim Konzert, im Café, am Klavier. Junge Leute, selbstgewiss, fröhlich, die ihr eigenes Leben führten. Dank Facebook bekam Georg wenigstens eine ungefähre Ahnung von dem, was sein Sohn so trieb. Er vermisste die alte Verbundenheit. Den Kleinen auf seinen Schultern. Wie oft war er mit dem

Jungen allein unterwegs gewesen, zum Schwimmen, Klettern und Rodeln, auf Radtouren und Musikfreizeiten.

Lass die Beschwörungen, ermahnte er sich. Tief ist der Brunnen der Vergangenheit, du siehst niemals klar bis auf den Grund. Verkläre nicht. Ein Kind zu beschäftigen, ist nicht nur schön, sondern auch anstrengend. Ja, die Innigkeit, das Einssein mit der Vaterrolle, gab ein Glücksgefühl. Trotzdem warst du oft genug auch froh, von einem Ausflug zurück zu sein, Louis seiner Mutter zu überlassen und dich wieder deinen erwachsenen Interessen zuwenden zu können. Und jetzt war der Junge groß, stand auf eigenen Füßen. Lass ihn ziehen.

Aber das tue ich doch, empörte sich in Georg eine innere Stimme, nur würde ich erwarten …

Was würdest du erwarten? Mehr Interesse an deinem Leben? Mitgefühl mit deinen Leiden? Weniger Fixierung auf die Mutter? Sieh dich an, wie du mit deinem Vater umgegangen bist. Ihr wart einmal stark verbunden, dennoch hast du später seine Gefühle missachtet, und es war dir nicht einmal klar, dass du es tatst. Oder anderes war dir wichtiger. Das Verhältnis zwischen Eltern und Kindern ist nie von gleicher Wechselseitigkeit.

Georg fiel ein, dass er einmal auf einer Veranstaltung in das Gespräch einer Gruppe von Literaturkennern geraten war, die gerade Franz Kafkas »Brief an den Vater« beim Wickel gehabt hatten. Dieser hundert Seiten lange, nie abgeschickte Brief des damals 36-jährigen Schriftstellers ist eine Abrechnung, eine Anklage der herrischen Kälte des Vaters, dem der Sohn zuspricht, die Ursache zu sein für Verstörungen und Ängste, die das Kind sein Leben lang begleiteten. Einem der Literaturkenner war das zu viel geworden, er hatte gemeint, er könne sich auch gut umgekehrt einen entsprechenden Brief des Vaters an den Sohn vorstellen, und er hatte mit dieser Bemerkung viel beistimmendes Gelächter ausgelöst.

Georg dachte, dass es solche Briefe bestimmt gab. Briefe, die von enttäuschten Vätern an missratene Söhne geschrieben worden waren. Nur, und das war doch der Punkt: Kein solcher Brief hatte es zu Berühmtheit gebracht, keiner sich in der Literaturgeschichte verewigt. Selbst wenn sich ein Autor vom Range Kafkas fände, der einen »Brief an den Sohn« schriebe, käme bei dieser Abrechnung etwas anderes heraus als bei einem Brief an den Vater. Das Ungleichgewicht ist von vornherein gegeben. Eltern können sich bei ihren Kindern über Verletzungen, Kränkungen, enttäuschte Hoffnungen beklagen. Aber sie können sie nicht für ihr Lebensschicksal verantwortlich machen. Das können nur die Kinder. Durch die Eltern kommen Kinder in die Welt, die Eltern stehen als Portalfiguren am Eingang kindlichen Daseins, sie prägen es. Ein Sohn kann seinen Vater für seine Ängste und Neurosen verantwortlich erklären und dafür Verständnis ernten. Ein Vater, der gleichermaßen sein Leiden auf den Sohn schöbe, wäre eine befremdliche Figur.

Der Pegel in Georgs Whiskyflasche war um zwei Daumenbreit gesunken. Das Nachdenken über Väter und Söhne hatte seinen Verstand beruhigt, aber nicht sein Herz. Darum trank er weiter. Wie es um Louis und ihn stand, blieb ein Stachel. Gegen Linda kam er nicht an. Gut, dass es Anna gab. Über kurz oder lang würde sich Louis hoffentlich auch von der Mutter abnabeln, die es nicht lassen konnte, ihn zu binden. Groll floss von der Leber her in Georgs Nerven und überschwemmte die Trauer. Es drängte ihn nach draußen. Im Flur griff er im Dunkeln nach seiner Jacke. Aus der Küche klangen Stimmen, Linda hörte wohl noch Radio. In dieser Stimmung, in der Georg jetzt war, nach zwei Glas Rotwein und einer guten Portion Whisky, beides war er nicht mehr gewohnt, hielt er sich seiner Frau besser fern. Wohnungsschlüssel nicht vergessen. Geld? Hatte er eingesteckt. Hammer? Was zum Teufel wollte er mit einem Hammer? Auf dem Abtreter vor einer Wohnungstür im Erdgeschoss stand »Schlüssel Handy Portemonnaie«. Das war eine sinnvolle Erinnerungshilfe. Von einem Hammer stand da nichts. Wie kam er nur darauf? Georg trat in die Aprilnacht hinaus.

Es hatte sich ein wenig abgekühlt, aber nicht sehr. Wolken verbargen das Licht der Sterne. Der bedeckte Himmel sah undramatisch aus. Solange kein Wind aufkam, würde es auch nicht regnen. Zwei Straßen von der Roten Reihe entfernt wäre die nächste Kneipe. Georg kannte sie nur von außen, sie sah nicht einladend aus. Er brauchte etwas Ansprechendes. »Bei Arthur« hatte bestimmt geöffnet. Das Lokal lag ein ganzes Stück weiter weg am Rand des innerstädtischen Kneipenviertels, doch der Wirt schenkte Single Malt zu annehmbaren Preisen aus und ließ die Gäste an seiner Leidenschaft für Boxkämpfe teilhaben. Irgendein Fight, ob ein historischer oder ein aktueller, flimmerte immer über den Bildschirm. Georg mochte Boxkämpfe, das archaische Mann-gegen-Mann, sportlich gebändigt durch Regeln und Fausthandschuhe. Und wenn es ihm bei Arthur nicht gefiel, konnte er ohne weiteres zum nächsten Laden weiterziehen. Auch ohne Hammer.

11

Jürgen Peters hatte einen Neubau erwartet und bekam recht damit. Die Firma Ungemein residierte in einem zweigeschossigen modernen Quader, dessen weißgestrichene Betonfassade durch rhythmisch gegliederte Fensterbänder und lotrechte Streifen aus unverputztem rotem Backstein aufgelockert wurde. Ein Rasen umgab das Haus, Ziersträucher bildeten Gruppen und schufen eine Sichtbarriere zum firmeneigenen Parkplatz und zu einer angrenzenden Lagerhalle. Peters hatte nachgelesen, dass das Unternehmen seinen Sitz vor Jahren vom industriell geprägten Norden in den weniger ärmlichen Osten der Stadt verlegt hatte. Das hier war zwar auch ein Gewerbegebiet, aber um einiges properer als der alte Standort. Er fragte sich, ob Carsten Ungemein auch schon vor dem Umzug den Slogan »Bauen – Wohnen – Leben« auf dem Schild geführt hatte. Ihn ärgerte die Anmaßung, dass die Firma den Kunden nicht nur Bauleistungen, sondern gleich auch noch ein besseres Leben versprach. Aber das taten ja heute eigentlich alle, egal ob Autohersteller oder Versicherungsverkäufer oder die Pharmabranche. Die Werbefritzen mit ihrem Wohlfühl-Neusprech rührten unablässig Quark in die Gehirne der Konsumenten. Der Kommissar wandte sich zu dem Mann am Steuer.

»Sieh mal, Volker, du kannst den Wagen auch direkt am Haupteingang abstellen.«

Die Zufahrt zum Eingang endete in einem Vorplatz, gerade groß genug zum Wenden und für zwei Parkbuchten. Eine davon war leer, in der anderen parkte ein Mercedes Benz Geländewagen, schwarz, die Kotflügel schlammbespritzt.

»Könnte die Kiste vom Chef sein«, meinte der als Volker Angesprochene.

»Denke ich auch. Dann wird er wohl zugegen sein.« Carsten Ungemein telefonierte, als seine Sekretärin mit zwei Männern im Gefolge sein Büro betrat. Er nahm die Störung gelassen hin, sprach ein »Ich rufe später nochmal an« in den Hörer und blickte den Ankömmlingen fragend entgegen.

»Die Herren sind von der Polizei.«

»Ist gut, Frau Andres, es wird schon nichts Schlimmes sein. Ich melde mich, wenn ich Sie brauche.«

Die Sekretärin ging, der ältere der beiden Polizisten stellte sich vor.

»Hauptkommissar Peters, und dies ist mein Kollege Kommissar Schwarz.« Dann, als Ungemein Anstalten machte, sich höflich zu erheben: »Bitte, bleiben Sie sitzen.«

Der fragende Blick des Bauunternehmers bekam etwas Sorgenvolles. »Weswegen sind Sie hier?«

»Herr Ungemein, wir müssen Ihnen leider mitteilen, dass Ihre Frau tot aufgefunden wurde.«

»Carmen – tot?« Ungemein wirkte erschüttert. »Was meinen Sie mit ›aufgefunden‹?«

»Die Putzfrau fand sie, als sie heute gegen halb zehn in die Stiftstraße kam. Offenbar wurde Ihre Frau Opfer eines Gewaltverbrechens.« Peters nickte seinem Kollegen zu. Schwarz berichtete in groben Zügen. Die Tote habe im Wohnzimmer auf dem Parkett gelegen, ob im Haus Wertgegenstände fehlten, sei noch nicht geklärt. Er verschwieg, dass einige Schubladen herausgezogen waren und die Terrassentür Einbruchspuren aufwies. Auch die Todesursache hielt er zurück.

Peters schaltete sich wieder ein: »Sie wohnen nicht mehr in der Stiftstraße?« Das war eine rhetorische Frage, denn ein ausgeräumter Kleiderschrank und das halb leere Arbeitszimmer sowie das Fehlen männlicher Toilettenutensilien im Bad sprachen eine deutliche Sprache. Es gab keinen Mann dort, jedenfalls nicht ständig.

»Wir leben in Scheidung, ich bin vor etwa fünf Monaten ins Hotel gezogen. Wie schrecklich, Carmen ermordet. In dem Haus, das ich für uns gebaut habe.«

Peters ließ eine Pause verstreichen, fragte dann: »Haben Sie Kinder?«

»Nein, Carmen konnte keine bekommen, leider.«

Die beiden Kommissare warfen sich einen Blick zu, bevor Peters reagierte. »Wie erklären Sie sich dann, dass Ihre Frau die Pille nahm? Wir haben eine in Gebrauch befindliche Packung im Bad gefunden.«

»Früher hat sie keine genommen.«

Peters hätte lachen mögen, hätte Ungemeins absurde Antwort nicht sein Mitgefühl provoziert. Vorsichtig sagte er: »Herr Ungemein, glauben Sie wirklich, dass Ihre Frau in jungen Jahren unfruchtbar war, aber nun mit fortschreitendem Alter fruchtbar wurde und verhüten musste?«

Ungemein starrte geradeaus und schwieg. Ihn quälte der Gedanke, hintergangen worden zu sein. Carmen war alles andere als ein mütterlicher Typ gewesen. Es sah ganz danach aus, als habe sie keine Lust auf Kinder gehabt, ihm dies aber nicht offen sagen mögen. Er wäre sehr gern Vater geworden. Unlust als Gegenargument hätte er bei der Frau, mit der er sein Leben teilen wollte, nicht akzeptiert. Carmen musste dies klar gewesen sein. Sie wollte ihn binden und schob darum ein biologisches Schicksal vor. Und er hatte, was bei Problemen sonst gar nicht seine Art war, ihr einfach so geglaubt. Kein Gedanke an ein eigenes ärztliches Gutachten. Angeblich war sie deswegen schon vor der Zeit mit ihm untersucht worden. Sie hatte ihm den angeblichen Befund gestanden, als sie schon drei Jahre verheiratet waren, und ihn unter Tränen um Vergebung dafür gebeten, dass sie erst so spät damit herausrückte. Er

hatte sie in die Arme geschlossen und ihre Tränen getrocknet. –
Ungemein schreckte auf:»Was sagen Sie, Herr Kommissar?«

»Ich fragte, wo Sie sich gestern Nacht zwischen null und zwei
Uhr aufgehalten haben.«

»Ich bin gegen dreiviertel zwölf bei meiner Freundin fort, war
kurz nach Mitternacht im Hotel und bin dann schlafen gegangen.
Zumindest meine Ankunft wird Ihnen der Nachtportier bestätigen können. Ich weiß, Sie müssen das fragen, aber wenn Sie mich
kennen würden, wüssten Sie, dass ich zu einem Mord nicht fähig
bin.«

Peters ließ diesen Hinweis unkommentiert. »Geben Sie uns bitte
noch die Anschriften Ihrer Freundin und Ihres Hotels. Und, das
hätte ich beinahe vergessen, den Namen der Kanzlei, die Ihre Frau
in der Scheidung vertrat. Sie hatte doch bestimmt einen Anwalt?«

Ungemein nickte. »Ich schreibe es Ihnen auf.«

Schwarz überflog seine Angaben. »Kristiane mit K, das ist Ihre
Freundin?«

»Mit K statt Ch. Und Boettiger mit oe, nicht mit Umlaut.«

Da an der Identität der Getöteten kein Zweifel bestand, durfte
die Tote zur Obduktion freigegeben werden. Carsten Ungemein
musste also nicht zwingend im Leichenschauhaus erscheinen. Er
wollte trotzdem kommen. Peters verabredete mit ihm einen Zeitpunkt und versprach, einen Beamten abzustellen, der Ungemein
begleiten und seine Aussage festhalten sollte. Die Kriminalbeamten beendeten das kurze Gespräch. Sie würden gewiss noch häufiger mit Ungemein reden müssen. Die Ermittlungen hatten noch
kaum begonnen.

Im Auto fuhr Schwarz nicht gleich los. Er versuchte, im Gesicht
des Kollegen zu lesen.

»Was hältst du von ihm?«

»Auf mich wirkt er schwer betroffen«, meinte Peters.

»Wegen des Tods oder wegen der Pille, von er der nichts wusste?«

»Sicher auch wegen des Betrugs an seinem Kinderwunsch. Aber das kam nur obendrauf. Schon die Nachricht, dass die Frau getötet worden ist, hat ihn schockiert.«

»Er hat aber gar nicht gefragt, wie sie starb.«

»Daraus würde ich nicht gleich folgern, dass er es schon wusste. Wahrscheinlich eine Hemmung. Scheu, sich mit einer Grausamkeit zu konfrontieren.«

»Keiner wird ein so erfolgreicher Geschäftsmann, wenn er vor den Fakten die Augen verschließt. Und wie ein Feigling kommt er nicht rüber.«

»Mein lieber Volker, Feigheit und Empfindsamkeit sind nicht dasselbe. Ungemein scheint mir kein grober Klotz zu sein. Und jetzt fahr bitte. Ich möchte hören, was uns Carmen Ungemeins Rechtsanwalt zu sagen hat.«

In der Kanzlei Wagner wurden sie nicht gleich vorgelassen. Friedrich Wagner steckte im Mandantengespräch. Frau Samson, die in sein Zimmer ging, um Peters und Schwarz anzumelden, kam mit einem bedauernden Lächeln an den Empfang zurück.

»Es tut mir leid, ich muss Sie bitten, sich eine Viertelstunde zu gedulden. Herr Wagner kann jetzt nicht unterbrechen.«

Typisch Samson. Wagner hatte ihr gesagt, er würde noch einen Moment brauchen, maximal zehn Minuten, aber sie machte eine Viertelstunde daraus. So hatte der Chef zusätzlich fünf Minuten Luft. Wäre er hingegen schon früher fertig, käme das bei den Wartenden gut an.

Peters allerdings war erst einmal nicht erbaut. Es war schon eine Weile her, dass man ihn hatte warten lassen, wenn er sich als Hauptkommissar vorgestellt hatte. Die Staatsgewalt habe Vorrang, dachten die meisten Leute, auf die er traf, Ganoven ausgenommen, und Peters hatte sich daran gewöhnt, unverzüglich Zutritt zu erhalten, wenn er es verlangte. Noch bevor er seinen Unwillen kundtun konnte, sprach die Sekretärin weiter.

»Nutzen Sie die kleine Pause, meine Herren, Sie haben einen anstrengenden Beruf. Ständige Eile ist nicht gut fürs Herz. Setzen Sie sich ins Besprechungszimmer, ich bringe Ihnen Kaffee, Wasser und etwas Gebäck. Manchmal hat Warten auch sein Gutes.«

Volker Schwarz lachte, Jürgen Peters schluckte seinen Unmut hinunter. Gegen diese weibliche Schildwache, die aufkeimenden Protest sofort mit unverrückbarer Freundlichkeit erstickte, war kein Durchkommen. Außerdem blieb ihm nichts anderes übrig als Geduld. Er besaß keine Zwangsmittel gegen den Anwalt, wie denn auch. Friedrich Wagner brauchte ihn ohne richterliche Anordnung nicht einmal hereinzulassen, wenn er nicht wollte. Rechtsstaat nannte sich das. Also keinen Unmut, bitte schön. Das ist nur dein Ego mit seiner Ich-Wichtigkeit, sagte sich Peters, und als er dann auch noch Frau Samsons Kaffee probiert und einen Keks gegessen hatte, war er bereit, über sich zu lächeln.

Es klopfte kurz, die Tür des Besprechungszimmers ging auf, und ein Mann mit wachen Augen und einer freundlichen Miene kam herein. Der Anwalt. Peters hatte ihn noch nie gesehen. Sie begrüßten einander. Friedrich Wagner fragte nach dem Grund ihres Kommens. Peters sagte es ihm und löste damit einen gequälten Gesichtsausdruck aus.

»Wie ist sie gestorben?«

»Mit einer Drahtschlinge erwürgt. Möglicherweise mit einer Garotte. Sie wissen, was das ist?«

Wagner nickte. »Grausam. Die arme Frau.«

»Hatte Frau Ungemein Feinde, hat Sie Ihnen gegenüber einmal Befürchtungen geäußert?«

»Carmen Ungemein war eine lebenslustige, sinnenfrohe und ziemlich energische Frau. Sie pflegte zu bekommen, was sie wollte, und konnte recht geradeheraus sein. Gut möglich, dass Sie mit ihrer Art auch Menschen verletzt hat, aber von Feinden, gar von Drohungen oder ähnlichem hat sie mir nie berichtet.«

»Was ist mit der Scheidung, hat sie ihrem Mann arg zugesetzt?«

»Wie meinen Sie das, Kommissar Peters?«

War das die falsche Frage? Peters hatte den Eindruck, der Anwalt hüte sich vor einer direkten Antwort.

»Ich meine damit, ob die Scheidung für Herrn Ungemein teuer geworden wäre.«

»Herr Ungemein ist ein vermögender Unternehmer, es gab keinen Ehevertrag, und ja, Frau Ungemein hätte wohl ausgesorgt gehabt. Wobei ›ausgesorgt‹ ein zweifelhafter Begriff ist.«

»Anders gesagt«, Volker Schwarz ergriff das Wort, als er merkte, dass Peters nachdachte, »der Ehemann hätte viel Geld verloren. Können Sie uns ungefähr eine Größenordnung nennen, wohin sich die Ansprüche Ihrer Mandantin bewegten?«

Wagner seufzte. »Wenn das Ihre Ermittlungen weiterbringt. Aber das kann mein Kollege besser. Ich habe noch jemanden, der mit dem Fall befasst ist, und die jüngsten Unterlagen dazu liegen, soweit ich weiß, noch auf seinem Tisch. Einen Moment, bitte, ich hole ihn.« Wagner stand auf und verließ das Zimmer. Es dauerte nicht lange, dann kam er zurück. Allein.

»Ich bedaure, wir müssen ohne Herrn Ruh und seine Kenntnisse auskommen. Meine Assistentin sagt, er habe sich krankgemeldet.«

»Ihr Kollege heißt Ruh, sagen Sie, vielleicht Georg Ruh?«

Das war wieder Peters, der fragte.

»Sie kennen ihn?«, fragte Wagner zurück, korrigierte sich aber gleich. »Natürlich kennt ein Hauptkommissar die hiesige Staatsanwaltschaft.«

»Ich kenne ihn gut und schätze ihn sehr. Neulich erst habe ich ihn hier ganz in der Nähe getroffen. Er sagte mir, dass er nicht auf seinen alten Posten zurückkehren würde und machte eine Andeutung über seine Zukunft. Ich dachte, er wolle Strafverteidiger werden. Davon, dass er ins Familienrecht geht, sagte er nichts.«

Der Kommissar guckte interessiert, als würde er gern mehr hören.

»Herr Ruh wäre sicher überall eine Bereicherung«, sagte Wagner. »Seinetwegen sind Sie aber ja nicht gekommen. Gibt es noch etwas, womit ich Ihnen in Ihrem Mordfall behilflich sein kann?«

»Vorerst nur eines noch. Wir haben bisher über die Ansprüche Ihrer Mandantin gegen ihren Gatten gesprochen. Wie steht es mit seinen Ansprüchen gegen sie? Gibt es Punkte, wo er unbequem wurde? Oder sind Ihnen andere Personen bekannt, die Forderungen an Frau Ungemein hatten? Hatte sie Schulden?«

»Herr Ungemein hat es nicht gerade eilig, geschieden zu werden. Erst drohte er selbst damit, jetzt verschleppt er eher den Prozess. Von Schulden oder dritten Personen, mit denen Frau Ungemein womöglich Streit hatte, weiß ich nichts.«

»Dann war's das für heute«, erwiderte Peters. »Ich lasse Ihnen meine Karte da. Auch wenn Herrn Ruh sicher noch bekannt ist, wie man mich am besten erreicht. Grüßen Sie ihn, hoffentlich erholt er sich rasch.«

Wohin als nächstes? Zurück ins Kommissariat? Peters meinte, er wolle noch einmal den Tatort inspizieren, er habe einen der Haustürschlüssel. Die Spurensicherung sei gewiss schon abgezogen, ihr würden sie nicht in die Quere kommen, und mit dem Bericht rechne er sowieso nicht vor morgen früh. Schwarz stimmte zu, wünschte aber dringend, etwas zu essen. Ein Fischbrötchen würde ihm schon reichen. So kam es, dass sie eine Viertelstunde später im Wagen am Straßenrand saßen, jeder eines dieser trockenen Brötchen mit Hering und Zwiebeln auf der Faust und einen Becher Mineralwasser auf dem Armaturenbrett.

»Ein Bier wäre jetzt nicht schlecht«, moserte Schwarz, »Dienstordnung hin oder her.«

»Wag nicht einmal, daran zu denken«, gab Peters zurück. »Ich glaubte bis vor zehn Sekunden, gerade die jüngere Generation sei aufstiegsorientiert und halte sich besonders streng an die Regeln.«

Schwarz gab sich nicht so schnell geschlagen. »Mein Vadder hätte nie ein Fischbrötchen gegessen ohne Bier dazu. Der Hering muss schwimmen, sagte er immer.«

»War dein Vater Polizist?«

»Nö.«

»Dann maule nicht. Von Bier kriegst du eine Fahne. Es reicht, dass wir nach Zwiebeln riechen. Wenn du brav bist, gebe ich zum Nachtisch eine Runde Kaffee und Krapfen aus.«

Sie kauten ihre Brötchen. Danach hielt Peters Wort und brachte Kaffee und Berliner. Schwarz fing wieder davon an, dass Carsten Ungemein nicht nach der Todesart seiner Frau gefragt hatte.

»Ein Motiv hat der Mann auf jeden Fall. Du hast es gehört, Jürgen, er hätte nach der Scheidung ganz schön für diese Carmen bluten müssen.«

»Geld ist für viele Menschen ein Motiv«, räumte Peters ein, »erst recht, wenn es um große Summen geht. Es kann ein Ansporn sein, sich ordentlich ins Zeug zu legen. Aber wozu vermag es anzustiften? Bei den einen bestimmt es vielleicht die Berufswahl, andere treibt es zum Glücksspiel, dritte zu Askese und großen Leistungen, und den kriminellen Rest zu Verbrechen. Würdest du für eine, zwei oder fünf Millionen jemanden umbringen? Nein, das würdest du nicht. Würde Carsten Ungemein es tun? Mein Bauchgefühl sagt nein auch bei ihm, doch wir wissen es nicht, kennen den Mann auch gar nicht gut genug für eine seriöse Einschätzung. Wobei mir einfällt, dass wir sein Alibi noch überprüfen müssen. Das können allerdings ruhig die Kollegen übernehmen.«

»Fände ich nicht so gut«, meinte Schwarz. »Mich würde diese Kristiane Boettiger schon interessieren. Es wirft ein Licht auf Ungemein, was für eine Freundin er hat.«

»In Ordnung. Dann erst noch einmal den Tatort, dann Frau Boettiger, und nur den Nachtportier in Ungemeins Hotel überlassen wir zur Befragung einem anderen.«

Sie fanden einen Parkplatz nicht weit von Ungemeins Haus. Die Straße lag verhältnismäßig ruhig, der Durchgangsverkehr beschränkte sich auf die Stoßzeiten. Das Polizeiaufgebot am Vormittag hatte gewiss Aufsehen erregt. Peters Blick wanderte über die Vorgärten der Nachbarn. Anwohner waren keine zu sehen, und jenen, die die Polizei schon hatte befragen können, war vor der Stiftstraße 36 nichts Merkwürdiges aufgefallen. Nichts in den letzten Tagen, nichts in der vergangenen Nacht. Auf der Höhe von Nummer 36 stupste Volker Schwarz mit der Fußspitze gegen einen kleinen blau-schwarzen Gegenstand, der einen metallischen Ton erklingen ließ und dicht an der niedrigen Mauer lag, die das Grundstück vom Gehweg trennte. Eine Fahrradklingel. Er hob sie auf und legte sie auf das Mäuerchen.

Peters warf einen prüfenden Blick darauf. »Die nutzt niemandem mehr etwas. Die Halterung ist abgebrochen.«

Schwarz meinte nur: »Als ich ein Junge war, hätte ich sie mitgenommen. Sie klingelt doch noch.«

»Ja, und dann?«, wollte Peters wissen.

»Was weiß ich, wahrscheinlich irgendwo eingebaut oder vor dem Kinderzimmer angebracht, so dass jeder Besuch hätte klingeln müssen, bevor er bei mir reindarf.«

Peters überlegte, zögerte, steckte die Klingel ein. Sie erbrachen das Polizeisiegel an Ungemeins Eingangstür und betraten das Haus. Das Erdgeschoss bestand aus Diele, Gäste-WC, einer Art Wirtschaftsraum mit Kochstelle und Kühlschrank und einem riesigen Wohnzimmer. Viel Platz für Gäste und Veranstaltungen. Die wirklich privaten Räume einschließlich der Küche lagen in den oberen beiden Etagen. Schwarz ging hinauf, Peters blieb unten und ließ das Szenario auf sich wirken. Eine Kreidezeichnung auf dem Parkett hielt fest, wo und wie die tote Carmen Ungemein gelegen hatte, als man sie fand. Die Schubladen des Büfettschranks waren ausgekippt worden, die Glastüren einer Rokoko-Vitrine standen offen, einige der sicher wertvollen Schaustücke schienen zu fehlen. Die Putzfrau hatte nicht anzugeben vermocht, was und wie viele.

Zwei große Bilder standen an die Wand gelehnt auf dem Fußboden. Hatte der Mörder sie abgenommen – und warum? Auf der Suche nach einem Safe? Peters kniff die Mundwinkel ein. Die auf einen Raub hinweisenden Zeichen kamen ihm faul vor. Er untersuchte die Terrassentür. Von außen aufgehebelt, besagten die Spuren. Aber die Druckstellen und Kratzer im Rahmen erschienen ihm als viel zu schwach für den Kraftakt, den diese Tür einem Einbrecher abverlangt hätte. Außerdem wäre er Gefahr gelaufen, die Alarmanlage auszulösen. Peters vermochte sich auf die Situation keinen klaren Reim zu machen. War der Einbrecher von der nach Hause kommenden Carmen überrascht worden? Oder hatte er im Garten gewartet, bis sie eintraf, die Alarmanlage ausschaltete, nicht gleich wieder aktivierte, nach oben ging und sich dort aufhielt, derweil unten der Täter die Tür aufhebelte?

Noch etwas sprach gegen eine ursprünglich als Raubzug geplante Tat: die Mordwaffe. Wird jemand erwürgt, ist in der Regel eine starke emotionale Energie im Spiel. Opfer eines Sexualmordes war Carmen allem Anschein nach nicht gewesen. Aber Opfer eines Racheaktes? Das konnte sein. Demnach hätten sich Opfer und Täter gekannt.

Volker Schwarz kam von oben zurück, es hatte nicht viel zu sehen gegeben. Die Schränke schienen unberührt, in Carmens Schlafzimmer lag auf dem Schminktisch Schmuck offen herum. Was der Kommissar berichtete, bestätigte Jürgen Peters Vermutung. Er erläuterte seinen Verdacht, der Einbruch sei nur vorgetäuscht und der Mord eine Beziehungstat. Schwarz war anzusehen, dass ihm diese Hypothese gefiel. Für ihn blieb Carsten Ungemein der Hauptverdächtige.

Sie brachen auf. Peters versiegelte wieder die Eingangstür. Er sah auf die Uhr. Halb fünf schon. Auf dem Weg zu Kristiane Boettiger würden sie in den Feierabendverkehr kommen. Seine Blase drückte. Er drehte sich wieder der Tür zu, kratzte das Siegel erneut auf. Schwarz sah ihn erstaunt an. »Ich muss mal, dringend«, war die Auskunft.

»Und dazu gehst du hier aufs Klo? Ist nicht wahr, oder?« Dann, als Peters nur die Schultern zuckte: »Wenn du gehst, gehe ich auch.«

Der stockende Verkehr nervte. Sie brauchten vierzig Minuten für eine Fahrstrecke, die bei freier Straße in einer knappen Viertelstunde zu bewältigen war. Bei Kristiane Boettiger angekommen, stellte sich dies als Glück heraus, denn fünf Minuten früher, und sie hätten noch niemanden angetroffen. Die Frau bat sie ohne Umstände herein.

»Sie kommen wegen Carmens Tod, nicht wahr? Carsten hat Ihren Besuch angekündigt. Furchtbar, ein solches Ende wünscht man niemandem.«

»Was für ein Ende, Frau Boettiger?«, fragte Peters.

»Ermordet zu werden, Herr Kommissar. Carmen ist doch ermordet worden, nicht wahr? Carsten hat das jedenfalls gesagt, und bei einem normalen Sterbefall ständen Sie jetzt doch auch nicht vor mir.«

»Was hat Ihnen Herr Ungemein noch gesagt?«

»Dass er morgen einen Termin fürs Leichenschauhaus hat. Ich habe ihn gefragt, ob er sich das wirklich zumuten will, aber er sagt, er wolle sich richtig von Carmen verabschieden.« Kristiane Boettiger lächelte gequält. »Das passt zu Carsten. Er hat ziemlich gelitten ihretwegen, ist aber ganz ohne Groll. Ich fürchte, er liebt sie noch immer.«

»Sie fürchten das, Frau Boettiger?«

»Ja, um seinetwillen. Ach, Herr Kommissar, dachten Sie eben, ich wäre eifersüchtig auf Carmen? Ich habe sie nie als Rivalin betrachtet.«

»Wo waren Sie letzte Nacht zwischen null und zwei Uhr?«

»Ist das eine Frage nach meinem Alibi? Aber wenn Sie das ernst meinen: Ich war hier in meiner Wohnung, lag im Bett. Und nein, Zeugen habe ich keine, denn Carsten ist schon vor Mitternacht gegangen. Er wollte im Hotel schlafen.«

»Bleibt er nie über Nacht?«

»Doch, das tut er schon.«

»Aber gestern nicht, sagen Sie. Gab es dafür einen Grund?«

»Er hat keinen genannt, und ich habe nicht gefragt. Wir bedrängen einander nicht, keiner muss sich für seine Stimmung rechtfertigen. Vielleicht wollte er einfach nur allein sein.«

Schwarz, der bisher kein Wort gesagt hatte, hakte ein: »Sie und Herr Ungemein führen eine offene Beziehung?«

Kristiane Boettiger blickte ihn belustigt an. »Nein, Herr Kommissar, keine offene, sondern eine rücksichtsvolle. Das ist etwas ganz anderes.«

Schwarz wirkte leicht betreten. Peters übernahm wieder die Rolle des Ermittlers. »Von wann bis wann waren Sie gestern Abend mit Herrn Ungemein zusammen?«

»Er kam gegen neun und ging, wie gesagt, kurz vor Mitternacht. Bei seinem Kommen war er verspätet, denn vorher hat er noch jemanden getroffen. Einen Herrn Berg. Wir haben ihn in der Oper unter etwas widrigen Umständen kennengelernt. Da hatte Carsten allerdings noch keine Ahnung, dass er einem Liebhaber von Carmen gegenüberstand. Das erfuhr er erst gestern beim Treffen. Hat Carsten Ihnen nichts von Herrn Berg erzählt?«

»Nein, kein Wort.«

»Aber dieser Liebhaber könnte doch wichtig sein, Herr Hauptkommissar, finden Sie nicht?« Frau Boettiger kam etwas in Fahrt. »Vielleicht weiß er etwas über Carmen, das Ihnen bei der Suche nach dem Mörder hilft. Seltsam, dass Carsten ihn nicht erwähnte. Ich kann mir das nur so erklären, dass ihn die Nachricht von dem Mord so mitgenommen hat, dass er seine Gedanken nicht beisammenhatte.«

»Danke, Frau Boettiger, wir werden dem nachgehen. Und jetzt entschuldigen Sie bitte uns und die Störung.« Peters nahm die Klinke in die Hand, gab Schwarz mit dem Kopf ein Zeichen, dass sie gehen sollten.

Es wurde ein später Dienstschluss. Auf dem Kommissariat erwarteten sie Kollegen. Das waren die Mitglieder der Mordkommission, die Jürgen Peters am Vormittag eilig gebildet hatte, und die nun ihre ersten Ergebnisse präsentieren wollten. Die Ausbeute war dürftig. Der Nachtportier im Hotel von Carsten Ungemein hatte dessen Ankunft kurz nach Mitternacht bestätigt. Damit besaß Carmens Ehemann zwar noch kein zweifelsfreies Alibi, denn vielleicht hatte er einen Weg gefunden, das Hotel noch einmal heimlich zu verlassen und unbemerkt zurückzukehren. Zwingend verdächtig aber war er nicht. Die Befragung der Nachbarschaft in der Stiftstraße hatte ebenfalls keinen Fortschritt in die Ermittlungen gebracht. Das hatte sich schon mittags abgezeichnet und seitdem nicht geändert. Niemand unter den Anwohnern hatte von auffälligen Beobachtungen berichten können. Da die Beamten nur wenige Nachbarn zuhause angetroffen hatten, würde ein zweiter Besuch nötig sein.

»Fragt beim nächsten Mal bitte auch zielgerichtet, ob vor Ungemeins Haus in den letzten Tagen ein Fahrrad gesehen wurde, das auf dem Gehsteig abgestellt war, vielleicht an das Gartenmäuerchen gelehnt, und das dort nicht hingehört. Oder ein Fahrradfahrer, der sich dort aufhielt. Dies hier«, Peters zog die Klingel aus seiner Tasche, »kommt zu den Asservaten.«

»Du hältst das Ding jetzt für bedeutsam? Das kommt aber plötzlich«, meinte Volker Schwarz. »Die Spurensicherung hat es nicht eingetütet, sie also fand es nicht wichtig.«

Peters wiegte den Kopf. »Möglicherweise zu Recht, möglicherweise aus Nachlässigkeit. Jedenfalls lag diese Klingel in der Umgebung des Tatorts, wahrscheinlich sogar auf dem Fluchtweg des

Täters, und hätte schon deshalb gesichert werden müssen. Über den Bekanntenkreis des Opfers wissen wir noch viel zu wenig. Die Tote ist erdrosselt worden, das legt eine Beziehungstat nahe. »Und einen männlichen Täter«, meinte einer der Kollegen. Peters stimmte zu, machte jedoch eine Einschränkung. »So viel Kraft, jemanden mit einer Garotte zu erwürgen, traue ich auch einer Frau zu. Da hätten wir bisher nur Kristiane Boettiger, die neue Partnerin von Carsten Ungemein, auf der Liste. Und dies bloß aus Mangel an anderen Kandidatinnen. Zwischen ihr und Carmen Ungemein bestand wohl ein Rivalitätsverhältnis. Dennoch, für ein Mordmotiv bleibt das vorerst reichlich dünn. Ihre Erscheinung ist auch gar nicht danach.«

»Hört, hört«, feixte ein älterer Kollege, der es sich erlauben konnte. »Der Chef und sein Frauenbild. Was macht denn die Erscheinung dieser Boettiger so zauberhaft, dass sie nicht als Würgeschlange in Frage kommt?«

»Guck sie dir an, Bernd«, konterte Peters, »vor allem hör sie reden, dann wirst du sehen, was ich meine. Blond, gepflegt, ziemlich souverän, freundlich, aber nicht allzu offenherzig. Und kein lockeres Weibchen. Sie weiß zwischen offenen und rücksichtsvollen Partnerschaften zu unterscheiden, nicht wahr, Volker?«

Volker knurrte nur.

»Kommen wir auf unser beschränktes Wissen über die Personen zurück, zu denen Carmen Ungemein in einem vertrauten Verhältnis stand«, fuhr Peters fort. »Die Putzfrau, Frau Woźniak, erwähnte eine Freundin, Ruth Dömitz. Wir haben die Adresse. Du Bernd, wirst dich morgen um sie kümmern.«

»Allein?«

»Nimm eine Kollegin mit und seht zu, ob ihr auf diesem Wege auch etwas über Männergeschichten der Toten in Erfahrung bringt. Dann brauche ich noch zwei Leute, die zum Reitstall Meiderich fahren. Frau Ungemein hatte dort ein Pferd untergestellt, sagt Frau Woźniak, und zweimal die Woche besuchte sie das Fitnesscenter

Kraftstrom in der Innenstadt. Prüft die Kontakte, die Carmen Ungemein dort hatte. Volker und ich werden uns mit einem gewissen Herrn Berg beschäftigen. Angeblich weiß Carsten Ungemein, dass dies der Liebhaber seiner Noch-Ehefrau war, was ich mir aber noch bestätigen lassen muss, möglichst heute Abend. Morgen um 14 Uhr ist Besprechung, bis dahin haben wir hoffentlich auch die Auswertung der Spusi.«

Die Runde löste sich auf. Jürgen Peters telefonierte Carsten Ungemein hinterher und erwischte ihn schließlich unter einer Handynummer. Auf Berg angesprochen, entschuldigte der Unternehmer sein Versäumnis. Er sei bei der Nachricht vom Tode Carmens wie vor den Kopf geschlagen gewesen, sonst hätte er sicher gleich von seinem Treffen mit Berg berichtet. Nur wisse er über den Mann nicht allzu viel. Er schätze Berg, Vorname Stefan, auf Mitte bis Ende dreißig, also schon ein paar Jahre jünger als Carmen. Aufrichtig und ein wenig naiv habe er auf ihn gewirkt. Nein, Zweifel daran, dass Berg ein Verhältnis mit Carmen gehabt habe, hege er nicht, dazu sei dessen Erzählung zu emotional gewesen.

Über Bergs Interesse an Ruth Dömitz hätte Ungemein am liebsten geschwiegen, aber als der Kommissar nach dem Grund fragte, der die beiden Männer in den Braustuben zusammengeführt hatte, sagte er die Wahrheit. Peters stutzte. Das höre sich nach einem gefräßigen Schürzenjäger an, der selbst vor der Freundin der Geliebten nicht haltmache. Vielleicht sei die Naivität nur gespielt. Ungemein schwieg.

»Warum sagen Sie nichts?«, fragte Peters.

»Ich kann nur sagen, Herr Kommissar, wie ich Herrn Berg in unserem Gespräch wahrgenommen habe. Und ich halte mich für jemanden, der nicht so leicht zu täuschen ist. Sollte ich mich irren, dann wäre er wirklich ein gewiefter Schauspieler, denn so, wie er von Ruth sprach, schien er in ihr den Menschen zu suchen, nicht irgendeine neue Affäre.«

»Das klingt, als sei er menschlich bei Ihrer Frau nicht auf seine Kosten gekommen.«

»Bitte, Herr Kommissar, fragen Sie ihn das selbst«, wand sich Ungemein.

»Hatten die beiden Streit, hat er etwas in dieser Richtung erwähnt?« Peters ließ nicht locker.

»Er hat sich von ihr abgewertet gefühlt. Und ihn hat wohl auch Carmens brüske Art verletzt – was ich verstehen kann.«

»Kennen Sie Herrn Bergs Anschrift?«

Ungemein verneinte. Die Nummer aber, mit der Berg ihn gestern in der Firma angerufen habe, sei gewiss noch im System gespeichert und könne morgen von der Sekretärin herausgesucht werden.

»Vielleicht kommen wir ohne aus und können den Kontakt auch anders herstellen«, meinte Peters. »Hat er gesagt, was er beruflich macht?«

»Nicht direkt. Irgendetwas mit Sport oder Gesundheit. Ich hatte ihn zunächst für einen Tennislehrer gehalten, aber wahrscheinlich ist er eher Fitnesstrainer, denn er hat Carmen im Studio kennengelernt. Zumindest tat er so.«

Jürgen Peters bedankte sich. Er werde sich melden. Ob Ungemein unter dieser Handynummer am besten zu erreichen sei? Gut, dann bis bald. Er legte auf.

12

An die ersten beiden Drinks konnte er sich noch erinnern. Auch an den Boxkampf des Abends. Der Wirt hatte einen Titelkampf im Leichtgewicht über den Bildschirm laufen lassen. Georgs Favorit, der Kubaner Yuriorkis Gamboa, hatte Prügel bezogen. Wäre er doch im Federgewicht geblieben. Der Aufstieg um zwei Gewichtsklassen war dem einstigen Wirbelwind nicht bekommen. Georg hatte gelitten, während sein Liebling gegen den einen Kopf größeren Terence Crawford wiederholt auf die Bretter ging. Die anderen Kneipengäste verspotteten Gamboa als Punchingball, aber Georg trauerte. Er trauerte und trank. War er bis zur Sperrstunde bei Arthur geblieben? Nein, er hatte sich noch ein Taxi genommen. Nur, wohin?

Georg setzte sich auf den Bettrand. Die Bewegung ließ den hässlichen Schmerz in seinem Kopf wieder stärker pochen. Übelkeit jagte durch seinen Magen. Hose und Hemd lagen über einen Stuhl gebreitet, die Schuhe standen darunter. Dort standen sie sonst nie. Er pflegte seine Schuhe gleich hinter der Wohnungstür auszuziehen. An den Hosenbeinen gewahrte Georg Schmutz, über das Oberleder des einen Schuhs lief ein Kratzer. War er gestürzt? Falls ja, dann hatte er sich wohl noch irgendwo festzuhalten versucht, denn wenn er seine rechte Hand öffnete, sah er einen Striemen, der quer über die Innenfläche seiner Finger lief. Das war das Gefährliche an der messerscharfen Klarheit, die ihm der Whisky bescherte: Er merkte viel zu spät, wann er genug intus hatte. Diesmal hatte er sich bis in einen Filmriss hineingetrunken. Der letzte lag zwanzig Jahre zurück, und er hätte nicht gedacht, dass ihm das überhaupt noch einmal in seinem Leben passieren würde. Er ging ins Bad, klatschte sich Wasser ins Gesicht. Die Schwäche, sich erneut im Bett zu verkriechen, blieb beherrschend. Georg schlüpfte zurück unter die warme Decke, drehte sich auf die Seite und zog die Beine an. Den Magen entlastete das etwas, aber nun rebellierte der Kopf noch stärker. Georg drehte sich auf den Rücken, schob einen angewinkelten Arm unter das Kissen. Je höher der Kopf lag, desto schwächer das Pochen unter der Schädeldecke. Leider galt aber auch: Je geringer die leiblichen Schmerzen, desto mehr drängte sich die Bedrückung vor. Georg fühlte sich aufgelöst, deprimiert, schwach, trostlos. Er konnte sich zehnmal sagen, dass Alkohol ein Nervengift und schon darum nichts für Nervenkranke sei. Er wusste, dass er nun die Quittung für den nächtlichen Exzess zu spüren bekam und die Welt schon morgen wieder rosiger aussehen konnte – es half nicht. Das Elendsgefühl verdunkelte ihn.

Ob seine Frau mitbekommen hatte, dass er heute nicht fähig war, in die Kanzlei zu gehen? Bestimmt hatte sie wie schon so oft allein gefrühstückt und war dann zu Kraff gefahren, ohne ihren Kopf in sein Zimmer zu stecken. Nach dem gestrigen bösen Ende am Küchentisch lag das nahe. Georg hoffte, es sei so. Er wollte kein Anschauungsmaterial liefern, das Linda für ihre nächste biestige Attacke nutzen würde. Den jähen Gedanken, er könne ihr in der Nacht volltrunken auf dem Flur begegnet sein, als er, womöglich lärmend, nach Haus gekommen war, wies er ab: Bloß das nicht! Scham flutete ihn an, floss aber rasch ab, als er die Wallung bewusst registrierte, statt sich ihr hinzugeben. Und wenn schon, dann hatte Linda ihn eben betrunken gesehen. Er würde sich von ihr nichts mehr gefallen lassen. Bei diesem Gedanken ging es Georg besser.

Dösend und grübelnd, phasenweise erleichtert durch Abtauchen in den Schlaf, verbrachte er den Tag. Carmen glitt ihm durch den Sinn. Sie lachte und trank Single Malt aus der Flasche. Sie griff nach ihrer Mähne, schürzte sie mit beiden Händen zum Schopf und legte ihren Nacken frei. Sie hob einen Aktendeckel an, öffnete ihn und ließ mit einer Körperdrehung den Inhalt durch die Luft segeln.

Nachmittags um fünf kämpfte er sich hoch, holte sich Kamillentee und Zwieback aus der Küche. Linda hätte jeden Moment nach Hause kommen müssen, normalerweise. Aber sie kam nicht. Nicht um halb sechs, nicht um sechs, nicht um sieben.

Neun Uhr war schon durch, als er einen Schlüssel im Schloss und Absätze auf dem Flur hörte. Er blieb liegen. Wartete ohne Licht im Zimmer, wie die Dunkelheit wuchs und später der Mond über das Stückchen Himmel wanderte, das er vom Kopfende seines Bettes aus in den Blick bekam. Wie still und friedlich. Ein zunehmender Mond. Die nächsten Tage würden sonnig werden. Georgs Handy meldete den Eingang einer SMS. Er las die Nachricht. »Papa, was machst du nur für Sachen! Hat es Mama nicht schwer genug?« Das war des Rätsels Lösung. Linda hatte sich nach der Arbeit nicht mit ihrer Moni getroffen, sondern sich bei Louis beklagt. Georg bekam Herzklopfen bei der Parteinahme seines Sohnes. Anmaßend war es zudem, wie der Junge mit ihm sprach. Fast hätte er eine Zurechtweisung gesimst. Er besann sich und schrieb bloß: »Schlaf gut, Junior.« Eigentlich war das ja genau die Art von Zurechtweisung, nach der die Situation verlangte. Nur fühlte er sich keineswegs glücklich damit.

An diesem von Trübsinn verwaschenen Tag, dem ersten nach Carmen Ungemeins Tod, einem Tag, den sie teilten, obwohl sie nichts voneinander wussten, hatten Georg und Stefan etwas gemeinsam: negatives Denken. Während Georg mit einem Kater und einem depressiven Schub lethargisch in den Kissen lag, hatte Stefan versucht, sich alle aufsteigenden Bilder, die an Carmen gemahnten, mit Arbeit vom Leib zu halten.

Die Bilder bedrängten ihn trotzdem. Den Mitarbeitern machte er einen gestressten Eindruck, und eine ältere Privatpatientin, die schon lange zu ihm kam und bisweilen mütterliche Fürsorge für ihn hegte, hatte bei der Massage des Schultergürtels geklagt, er fasse sie zu hart an, tue ihr weh, wo er denn mit seinen Überlegungen sei. Er hatte sich entschuldigt, aber sie hatte die Gelegenheit zu einem – wahrscheinlich langersehnten – Vorstoß in seine Privatsphäre genutzt und ihn gefragt, ob er denn keine tüchtige Frau an seiner Seite habe, die ihn entlasten und mit der er eine gemeinsame Existenz aufbauen könne, die Grundlage sei doch gegeben, er besitze, soweit sie das beurteilen könne, eine gutgehende Praxis, sei ein attraktiver Mann im idealen Alter, in ihrer Jugend hätte man ihn eine »gute Partie« genannt, wobei sie wisse, dass man heute nicht mehr so rede, aber gute Partien seien zu jeder Zeit gefragt, er solle sich nicht täuschen über seinen Wert, nur müsse er aufpassen, auch er werde nicht jünger, er wolle doch bestimmt Kinder und denen dürfe er kein zu alter Vater sein, denn älteren Vätern fehle der Schwung und die Beweglichkeit, die es beim Spielen und Balgen mit den Kleinen brauche, sie habe das oft genug beobachten können, es sei kein schöner Anblick, man fühle sich peinlich berührt, wenn so ein angegrauter Vater steifbeinig auf die Rutsche klettere oder die Wippe besteige, aber meist komme es ja gar nicht so weit, diese Väter blieben auf den Bänken am Rand der Spielplätze hocken und sähen den jungen Müttern zu, auch nicht nett, davor könne sie nur warnen. In diesem Stil war es wohl dreieinhalb Minuten lang gegangen. Die ältere Dame hatte ihn mit eindringlicher Anteilnahme angesehen und Stefan hatte überlegt, wie sich dieses penetrante Wesen am besten auf den Mond schießen lasse.

Abends joggte er ausgiebig, das half. Die Gedanken verschwanden nicht, aber verloren ihre Schwere. Er erlaubte sich kleine Träumereien von Ruth. Du weißt fast gar nichts von ihr, sagte er sich, was spinnst du dir da eigentlich zusammen? Er musste lächeln, denn der Einwand störte ihn nicht. Ihm war, als wisse er genug von dieser Frau, um sie richtig zu fühlen. Kurz lockte ihn die Vorstellung von einem Glas Wein, doch als er spürte, dass er das gar nicht brauchte, um runterzukommen, ließ er das Trinken bleiben. Nach einer Weile sank eine angenehme Bettschwere auf ihn herab, und als es so weit war und er die Augen schloss, und als auch Georg sich gelöst hatte von seinen Plagen, da teilten die beiden Männer die zweite Gemeinsamkeit nach all der Negativität der letzten Stunden – eine erstaunlich ruhige Nacht. Sie schliefen, wie man es Menschen mit gutem Gewissen nachsagt, aber Sprichwörter müssen nicht immer stimmen.

Der nächste Tag brachte die erwartete Sonne. Stefan hatte seinen ersten Patienten morgens um sieben. So früh schon Anwendungen anzubieten, war üblich in seiner Branche, manchmal ärgerte ihn das, doch an diesem Tag war er ausgeschlafen. Seine aufgeräumte Stimmung erhielt einen Dämpfer, als gegen neun Uhr Jürgen Peters und Volker Schwarz in der Praxis vorstellig wurden. Ob er eine Frau Carmen Ungemein kenne? Stefan bejahte. Ob er ein Verhältnis mit ihr habe oder gehabt habe? Stefan bejahte wieder, konnte sich aber nicht enthalten zu sagen:

»Sie sind ziemlich direkt, Herr Kommissar.«

»Wollen Sie gar nicht wissen, warum wir das fragen?«, entgegnete Peters.

»Doch, natürlich.« Stefan blickte auf die Tür des Behandlungszimmers, in das er die Polizisten gebeten hatte. Sie war nur angelehnt. »Entschuldigung.« Er trat an Schwarz vorbei und drückte die Tür ins Schloss. Peters wartete, bis er wieder Stefans volle Aufmerksamkeit besaß.

»Frau Ungemein ist tot, Herr Berg.«

»Tot?« Stefans Reaktion war nicht sonderlich originell. Aber um Originalität geht es ja auch nicht in solchen Momenten. Die Polizisten schwiegen, fixierten ihn, warteten ab.

»Ein Unfall?« Die Frage kam zögerlich, als glaube der Fragende nicht daran.

Volker Schwarz antwortete: »Nein, Carmen Ungemein ist ermordet worden.«

»Und jetzt suchen Sie den Täter.« Stefan sprach mehr wie zu sich selbst. Er sah auf. »Und Sie kommen damit zu mir.«

»Wundert Sie das, Herr Berg?«

»Da Sie schon wissen, dass Carmen und ich etwas miteinander hatten, wundert es mich eigentlich nicht. Wie wurde sie umgebracht?«

Peters sagte es ihm. Eine Blässe lief über Stefans Gesicht. Der Kommissar wollte wissen, wann und wo sich das Paar das letzte Mal gesehen habe. Stefan nannte die Uhrzeit und das Hotel Ludwig und berichtete, wie er Carmen vor dem kleinen Park abgesetzt habe. »Ich hatte Bedenken, aber sie meinte, ihr sei noch nie etwas passiert. Und nun doch.«

»Frau Ungemein wurde nicht beim nächtlichen Spazierengehen ermordet, Herr Berg, sondern in ihrem Haus. Waren Sie dort oft zu Gast?«

»Nie, Herr Kommissar. Ich hätte mich dort auch nicht wohlgefühlt.« Als Peters ihn skeptisch ansah, schob er nach: »Wie ein Eindringling. Außerdem hatte ich den Eindruck, Carmen wäre es nicht recht.«

»Aber wieso denn nicht, fand Ihre Geliebte Sie nicht präsentabel genug?« Der Stich saß, wie Peters registrierte. Er legte nach: »Das muss Sie doch gekränkt haben.« Wieder ein Treffer. Auch Schwarz konnte sehen, wie Stefan kurz die Unterlippe einzog. »Waren Sie oft wütend auf Frau Ungemein?«

»Aber nein, Herr Kommissar, wir haben uns gut verstanden. Ich kann noch gar nicht begreifen, dass sie tot ist.« Stefan versuchte eine hilflose Handbewegung. »Ob ich … ob ich mich wohl jetzt um meinen nächsten Patienten kümmern könnte?«

Peters hatte keine Einwände. Schwarz fragte noch, ob sich Stefan im Bekanntenkreis von Carmen Ungemein auskenne, und erhielt ein Kopfschütteln zur Antwort. Sie verließen die Praxis.

»Und, was ist dein Eindruck?« Volker war wie immer ungeduldig, Eindrücke auszutauschen, bevor er den Wagen startete. Peters tat ihm den Gefallen.

»Ein ganz sauberes Gewissen hat der nicht. Auch der Schock und die Trauer waren nicht so ausgeprägt, wie ich das bei einem weichen Typen wie ihm erwarten würde.«

»Du hältst ihn für weich, Jürgen?«

»Ja, leicht zu stressen. Empfindlich.«

»Also kein potenzieller Mörder?«

»Im Gegenteil, Volker. Wenn die Empfindlichkeit sich nur um den eigenen Bauchnabel dreht, wenn sie am stärksten bei Kränkungen hervortritt, wenn sie mit der Jagd nach angenehmen Zuständen einhergeht und wenn sich bei unangenehmen Ereignissen sofort Frustration regt, dann kann Empfindlichkeit sogar eine gefährliche Eigenschaft sein. Es gibt Menschen, die sind so empfindlich, dass sie für Euthanasie an Schwerstbehinderten plädieren, weil sie deren Leiden nicht ertragen können. In einem Roman las ich einmal den Satz, Sentimentalität sei die erste Maske des Mörders. Im ersten Moment habe ich innerlich protestiert. Aber der Satz hat sich bei mir festgehakt.«

»Und für diese Art von Sentimentaliker hältst du Stefan Berg?«

»Wir können es nicht ausschließen. Für mich kommt er eher als Täter infrage als der solide Carsten Ungemein.«

»Ich gebe zu«, räumte Schwarz ein, »vielleicht war ich mit meinem Verdacht gegen Ungemein voreilig. Aber vom Tisch ist er nicht, Ungemein bleibt auf meiner Liste, und was Berg angeht, so teile ich zwar deine Beobachtung, nicht jedoch deine Schlussfolgerungen. Ja, diese Carmen muss ihn gekränkt haben. Was heißt das schon. Mich können Frauen, auf die ich scharf bin, auch leichter kränken als andere.«

Die auf 14 Uhr angesetzte Besprechung mit den Kollegen der Mordkommission hätten sie beinah nicht pünktlich geschafft. Als sie Stefan Berg verließen, war noch viel Zeit gewesen, aber dann hatte sie die Befragung im Hotel Ludwig doch länger aufgehalten. Zuerst sträubte sich das Management, mit der Information heraus-zurücken, dass Carmen Ungemein nicht nur einmal, sondern häufig ein Zimmer für eine Nacht gebucht hatte, und dann fand sich kein Mitarbeiter, bei dem sie und ihr Begleiter eingecheckt hatte. Peters ließ sich nicht abwimmeln. Er bestand darauf, mit einem Zeugen zu sprechen. Der zuständige Nachtportier, hieß es schließlich, habe jetzt keinen Dienst, wahrscheinlich sei Herr Schubert zuhause und schlafe.

Die Polizisten ließen sich die Adresse geben, fuhren erst falsch, weil sie in der Straße suchten, die man ihnen angeben hatte, sie jedoch zu einem Platz gleichen Namens mussten. Endlich an Ort und Stelle angekommen, öffnete der Gesuchte auf ihr Klingeln hin nicht, sie probierten es bei den Nachbarn und gelangten so ins Treppenhaus. Auf Schuberts Etage stellte sich heraus, dass er die Klingel wohl abgestellt hatte, denn sie hörten nichts, als sie den Drücker betätigten. Ganz offenbar wollte der Portier in seiner verdienten Tagesruhe nicht gestört werden. Peters nickte Schwarz ermunternd zu – »Das darf uns nun nicht bremsen« – und der Jüngere klopfte an der Tür, erst behutsam, schließlich lautstark. Die Mühe lohnte sich. Der verschlafene Herr Schubert, kurz knurrig, dann höflich, bat sie herein, war sogleich im Bilde, um wen es ging. Sie folgten ihm über einen kurzen Flur in ein kleines, sehr aufgeräumtes Wohnzimmer, während sich Schubert für einen Moment entschuldigte, um den Bademantel mit Hemd und Hose zu vertauschen.

»Was möchten Sie wissen, meine Herren?«

Sie fragten, er berichtete. Frau Ungemein habe er vom Sehen gut gekannt, die letzten fünf, sechs Male sei sie immer mit demselben Mann gekommen. Der habe sich zwar gern im Hintergrund gehalten, aber es sei doch geschehen, dass er mit ihr an der Rezeption gestanden habe, so auch vorgestern Nacht. Schubert erzählte, wie uneins sich das Paar darüber gewesen sei, ob er für Frau Ungemein ein Taxi rufen solle. Sie habe sich dann überreden lassen, von ihrem Begleiter nach Haus gefahren zu werden. Schwarz gab eine Personenbeschreibung von Stefan Berg, Schubert bestätigte, exakt so habe der Betreffende ausgesehen.

»Wollen Sie meine Meinung über die beiden hören, Herr Kommissar? Ich meine, ich würde mich ja zurückhalten, normalerweise, doch nun, da Frau Ungemein tot ist …«

»Bitte gern, Herr Schubert.«

»Der Honeymoon war vorüber. Ihre letzte Zusammenkunft war recht kurz, verglichen mit den Anfängen, und das Mal davor muss es einen heftigen Streit gegeben haben. Ich vermute sogar Handgreiflichkeiten.«

»Wie kommen Sie darauf?«

»Mich riefen Gäste aus den benachbarten Zimmern an, die der Lärm aufgestört hatte. Sie äußerten sich besorgt.«

»Was taten Sie?«

»Ich versuchte mit Frau Ungemein zu telefonieren und bekam den Mann an den Apparat. Er wiegelte ab, und im Hintergrund vernahm ich Frau Ungemeins Stimme. Sie klang energisch, nicht eingeschüchtert. Darum habe ich mich mit dem Telefonat zufriedengegeben.«

In der Besprechung um 14 Uhr standen die Erkenntnisse, die Peters und Schwarz über Stefan Berg mitbrachten, ganz obenan. Impulsiv und gewalttätig war er also, und versteckte dies anscheinend hinter der Fassade des sensiblen Charmeurs. »Als Täterprofil gar nicht so unüblich«, meinte einer der Beamten, aber Peters bremste. »Lasst erstmal hören, was Ihr rausgekriegt habt.«

Aus dem Reitstall Meiderich gab es kaum Aufschlussreiches. Dort würden überwiegend Frauen herumlaufen. Auf die sporadisch auftauchenden männlichen Reiter habe Carmen Ungemein ihre Wirkung nicht verfehlt, jedoch seien die Flirts im sportlichen Rahmen geblieben. Wenn es etwas gebe, worüber die weibliche

Konkurrenz lästere, dann Banat. Dieser Araberhengst sei wohl ein richtig teures Tier und Frau Ungemein recht speziell gewesen bei allem, was ihren Liebling betreffe. Freundschaften habe sie im Reitstall nicht gepflegt. Das Fitnesscenter sei in dieser Hinsicht für die Recherche ergiebiger gewesen. Mit zwei anderen Besucherinnen habe Frau Ungemein »gut gekonnt«, öfter mit ihnen trainiert und hinterher Energiedrinks getrunken, die das Studio an einem Tresen ausschenke. Auch drei Männernamen seien gefallen, einer davon der von Stefan Berg. Der engere Kontakt mit den anderen beiden liege schon weiter zurück. Mit einem hätten sie gesprochen, er habe sich betroffen gezeigt über den Mord an Frau Ungemein, eine verflossene Affäre mit ihr eingestanden und für die Tatzeit ein Alibi angeben können. Die Befragung des zweiten stehe noch aus.

»Nichts Überraschendes also«, kommentierte Peters. »Sammeln wir weiter. Bernd, wie ist es euch mit Ruth Dömitz ergangen?«

Bernd nickte seiner Kollegin zu. »Erzähl du.«

»Ruth Dömitz, 42, geschieden, langjährige Freundin des Opfers, kennt auch den Ehemann gut und hat gleich gefragt, wie er die Nachricht aufgenommen hat. Sie selbst war ziemlich von der Rolle, Bernd musste ihr ein Taschentuch geben. Fing sich aber rasch. Ist Sozialpädagogin, arbeitet an einer Schule.«

»Eine Fachfrau für Konfliktberatung, könnte man meinen«, warf Volker Schwarz ein. »Hat sie sich zur Scheidung ihrer Freundin geäußert?«

»Ja, dass sie es schade fand, andererseits aber auch unausweichlich. Demnach ist der Mann irgendwann mehr mit seiner Firma als mit seiner Frau verheiratet gewesen, und die Frau war so lebenslustig, dass die Grenzen seiner Großzügigkeit überschritten wurden. Die Dömitz sagt, sie als Freundin eigentlich beider Ungemeins hat mit dem Zwist nichts zu tun haben wollen. Doch Carmen Ungemein forderte weibliche Solidarität. Die beiden Frauen kannten sich ja auch schon lange vor Carsten Ungemeins Zeit.«

»Das entspricht dem, was Ungemein mir und Volker erzählt hat«, meinte Peters. »Ruth Dömitz hat, wohl auf Druck der Freundin hin, den Kontakt zu ihm eingefroren. Wie gut ist sie eingeweiht in das Liebesleben Carmens und deren Bekanntschaften?«

»Nur pauschal, dass da immer wieder etwas lief. Die Freundin hat ab und zu so Sachen gesagt wie ›Der ist süß‹ oder ›Da fährt einer voll ab auf mich‹. Ein einziges Mal sei ihr ein Mann vorgestellt worden, neulich erst, nach der Oper. Es ließ sich wohl nicht vermeiden. Das war unser Stefan Berg. Die Dömitz kannte aber von dem bloß den Vornamen. Er hat Frau Ungemein abgeholt, unerwartet. Große Freude hat er damit nicht ausgelöst.«

»Und sonst?«

»Ruth Dömitz war hin und wieder an Frau Ungemeins Abendgesellschaften zu Gast. Als schmückendes weibliches Beiwerk. Das hat sie selber so formuliert. Ob ihre Freundin auch mit den Größen aus Wirtschaft und Gesellschaft, Kunst und Wissenschaft, die dort eingeladen waren, etwas laufen hatte, wusste die Dömitz nicht. Oder wollte es nicht sagen.«

»Feinde, Gegner, Streitigkeiten?«

»Wir haben sie ausdrücklich darauf angesprochen, aber Fehlanzeige.«

Peters verlas den Bericht der Spurensicherung:

»Der Einbruch über die Terrassentür war höchstwahrscheinlich fingiert. Sie ist definitiv nicht aufgehebelt worden. Im Garten fanden sich keinerlei Spuren, die anzeigen würden, dass sich der Täter dem Haus von dieser Seite genähert hatte. Tatort war die Diele. Die Leiche ist erst nachträglich ins Wohnzimmer geschleift worden. Ein Fußabdruck legt nahe, dass der Täter im Vorgarten hinter einer Eibe dem Opfer aufgelauert hat. Eine in der Diele gefundene Erdkrume stimmt mit einer Bodenprobe von dort überein. Die Schuhgröße ist 43. Ein Abgleich der im Wohnzimmer abgenommenen Finger-

abdrücke mit schon bekannten Abdrücken in der kriminalis-
tischen Datenbank konnte noch nicht abgeschlossen werden,
da ihre Anzahl sehr hoch ist. Die Rahmen der abgehängten
Bilder wiesen keine Spuren auf.«

Peters unterbrach sein Vorlesen.»Wenn an den Bilderrahmen
nichts ist, wird der Täter Handschuhe getragen haben, und dann
nutzt uns auch der große Abgleich der Abdrücke wenig. Die sind
doch deswegen so zahlreich, weil im Erdgeschoss die Gesellschaftsabende stattfanden. Es würde mich wundern, wenn wir dabei auf
einen Kunden aus unserer Kartei stoßen.«

Er las weiter. Das meiste wussten er und Schwarz schon aus eigener Beobachtung. Wenn der Täter wirklich einen Raubzug vorgehabt hätte, müssten mehr wertvolle Objekte fehlen, so auch der
Schmuck im Schlafzimmer. Die Obergeschosse waren möglicherweise nicht einmal vom Täter betreten worden. Peters endete und
blickte auf:»Und nun du, Sylvia.«

Dr. Sylvia Breschke leitete die Pathologie. Sie möge bitte vortragen, bat Peters, aber nur die Ergebnisse ohne Fachjargon und de-
taillierte anatomische Exkurse. Es reiche, wenn die ganze Akribie,
mit welcher der Leichnam zweifellos und in menschenmöglicher
Hingabe untersucht worden sei, sich auf Papier niederschlage und
so in die Akten wandere. Hier sei jetzt die Version für das niedere
Volk gefragt. Die Kriminalbeamten in der Runde grinsten, Frau
Doktor lächelte, sie schien das von Peters schon zu kennen.

»Also gut, meine Herrschaften. Todeszeitpunkt zwischen halb
eins und zwei Uhr. Todesursache war eine werkzeugunterstützte
Strangulation, zu deutsch: Die Frau ist mit einer Schlinge erwürgt
worden. Sie hat noch versucht, mit den Fingerspitzen den Draht zu
lockern, sicher ohne Erfolg. Die Nägel des Ring- und des Mittel-
fingers der rechten Hand sind abgebrochen, der Kehlkopf hat eine
Fraktur, am Hals haben wir die typische horizontale, in diesem
Fall sogar blutige Drosselmarke. Die Obduktion ergab, dass das

Opfer mittelbar vor seinem Tod geschützten Geschlechtsverkehr hatte. Spermien fanden wir nicht, aber vielfältige fremde Körperspuren, Hautschuppen in mehreren Körperzonen, Speichelreste an den Brüsten und im Nacken. Immer dieselbe DNA, bis auf ein männliches Haar, kein Kopfhaar, eher aus der Arm- oder allenfalls der Beinbehaarung eines Mannes. Dieses Härchen wurde von der Spurensicherung auf dem Jackenkragen des Opfers gefunden, wir konnten es den übrigen Fremdspuren nicht zuordnen. Der Restalkohol im Blut der Toten lag bei 0,7 Promille, dem Mageninhalt zufolge resultierend aus zwei oder drei Gläsern Sekt. Als Henkersmahlzeit gab es Meeresfrüchtesalat.«

Peters dankte der Pathologin und blickte auf seinen Zettel. »Was ist mit der zweiten Anwohner-Befragung. Kollegen, wart ihr heute erfolgreicher?« Zu seinem Erstaunen erntete er ein Nicken.

»Ein auffälliges Fahrrad vor der Stiftstraße 36 oder einen seltsamen Radfahrer haben wir nicht zu bieten. Dafür haben zwei Anwohner, eine Frau Klocke und ein Herr Miesbach, beides Hundehalter, unabhängig voneinander beim Gassigehen eine männliche Person beobachtet, die auf der Rückseite von Ungemeins Haus im Gebüsch am Gartenzaun stand und die Lage peilte. Der Betreffende war groß, schlank, blond und Mitte dreißig bis Mitte vierzig. Frau Klocke gibt an, den Mann letzte Woche gesehen zu haben, Herr Miesbach datiert seine Beobachtung zwei bis drei Wochen zurück. Die Personenbeschreibungen der beiden Zeugen stimmen im Wesentlichen überein.«

»Danke, Kollegen.« Peters' Haltung hatte sich gestrafft, er wirkte wie ein Spürhund, der eine Fährte in der Nase hat. »Die Indizien gegen Stefan Berg verdichten sich. Ich vermute, dass er der Mann am Gartenzaun war. Wir werden ihn vorladen und eine Gegenüberstellung mit den beiden Zeugen arrangieren. Außerdem brauchen wir von ihm eine Speichelprobe wegen der DNA, und ich will seine Fingerabdrücke. Der Gentest wird einerseits bestätigen, was Berg ohnehin zugibt: dass er mit dem Opfer in der Mordnacht

Sex hatte. Andererseits wäre es eine dicke Überraschung, wenn die Fremdspuren auf Carmen Ungemeins Körper nicht alle von ihm sind. Diese Überraschung möchte ich gern ausschließen. Interessant könnte werden, Bergs Fingerabdrücke mit denen aus Ungemeins Haus abzugleichen. Er sagt, er sei nie dort gewesen. Ich traue ihm zu, dass er lügt. Er hat schon einmal mit der Wahrheit hinterm Berge gehalten.«

Die Bestandsaufnahme war beendet. Jürgen Peters verteilte die Aufgaben. Der Verdächtige und die Zeugen mussten einbestellt werden, und dies schriftlich. Es eilte. Ob Berg wusste, dass er nicht gezwungen war, einer polizeilichen Vorladung zu folgen? Er konnte auch absagen und wegbleiben. Zum Erscheinen verpflichtet war er erst, wenn ein Auftrag der Staatsanwaltschaft oder eine gerichtliche Ladung vorlagen. Peters hätte am liebsten einen Streifenwagen losgeschickt und Berg gleich herschaffen lassen. Er war alter Hase genug, um zu wissen, dass das nicht so ohne weiteres ging. Eine erzwungene Vernehmung musste der Staatsanwalt autorisieren. Und eine vorläufige Festnahme erlaubte das Gesetz nur, wenn der Täter auf frischer Tat ertappt wurde oder bei dringendem Tatverdacht flüchtig war.

An einen Haftbefehl war erst recht nicht zu denken. Dazu brauchte es eine richterliche Anordnung. Die Sekretärin von Anwalt Wagner fiel Peters ein. Auch da war er ungeduldig gewesen und hatte sich bremsen müssen. Manchmal war es gut, sich zu zügeln. Schade, dass er Georg Ruh in der Kanzlei verpasst hatte. Was zog den ausgerechnet ins Familienrecht? Im Fall Ungemein hätte er ihn jetzt gern als Staatsanwalt. Na, Schnee von gestern. Aber mit der Scheidungsakte Ungemein war Ruh ja immerhin befasst. Er würde ihn einfach, wenn es sich ergab, um einen Meinungsaustausch bitten.

Schon beim Aufwachen, als er das gute Wetter sah, hatte sich Georg aufs Radfahren in die Kanzlei gefreut. Er wich Linda in der

Wohnung aus, frühstückte nur kurz und beeilte sich, ins Freie zu kommen. Frau Samson begrüßte ihn verhalten. In Georg meldete sich wieder der Verdacht, sie sei dabei, ihre freundliche Meinung über ihn zu ändern. Er kannte das nicht, dass ihre Stimme so belegt klang. Schon wollte er am Empfang vorbei in sein Zimmer gehen, da winkte sie ihn heran.

»Frau Ungemein ist tot, Herr Ruh. Sie ist ermordet worden.«

Von mir aber nicht, hätte Georg beinahe gesagt. Für einen Moment war er erschrocken. »Wann?«, kam es aus ihm heraus.

»Vorgestern Nacht. Die Kripo war gestern hier und hat mit Herrn Wagner gesprochen. Der Chef hätte Sie gern hinzugezogen, aber Sie waren ja krank.« Frau Samson sah Georg an. »Geht es Ihnen denn schon wieder besser?« Zu seiner Erleichterung stand wieder das alte Wohlwollen in ihrem Blick.

»Ja, danke. Ein Tag im Bett wirkt manchmal Wunder. Weiß man, wie Frau Ungemein getötet wurde, gibt es schon eine Spur?«

»Das müssen Sie Herrn Wagner fragen. Er will sowieso mit Ihnen sprechen und hat gesagt, ich soll gleich Bescheid geben, wenn Sie da sind.«

»Hat er gerade Mandanten?«

»Nein, Sie können zu ihm.«

Georg brachte Tasche und Jacke in sein Zimmer, ging sich die Hände waschen, wie er das immer tat, wenn er von draußen kam, klopfte bei Wagner und trat ein.

Der Freund lächelte ihn mitfühlend an. »Bösen Tag gehabt gestern?«

»Ziemlich. War aber selbstverschuldet. Habe mich von Linda so reizen lassen, dass ich mich mit reichlich Alkohol beruhigen wollte. Prompt fraß beim Aufwachen der schwarze Hund wieder an mir. Ein dicker Kater war sein Genosse und half ihm. Bin den ganzen Tag nicht richtig hochgekommen, null Energie, Vergiftungsgefühle.«

Freddy musste man nicht erklären, was mit der Rede vom »schwarzen Hund« gemeint war. Winston Churchill und Charlie

Chaplin hatten so ihre Depression genannt, wenn sie sich Briefe schrieben. Er probierte einen Scherz.

»Ich finde das reichlich unfair von dir, Schorsch. Gehst du mit mir, deinem Freund, einen trinken, dann achtest du darauf, stocknüchtern zu bleiben. Bin ich aber nicht dabei, gibst du dir ordentlich die Kante.«

»Danke für deinen Humor, Freddy. Als Arbeitgeber solltest du besser sauer werden, wenn sich jemand krankmeldet, nachdem er gesoffen hat.«

»Das lass mal meine Sorge sein, es gibt Schlimmeres. Hat dich Frau Samson eingeweiht?«

»Nur, dass Frau Ungemein vorgestern Nacht ermordet wurde. Ich muss das erst einmal verdauen. Wie ist sie umgekommen?«

»Sie wurde erdrosselt.« Für Sekundenbruchteile sah sich Georg mit Carmen auf dem Diwan, seine Hände um ihren Hals gelegt. Dann hörte er wieder Freddy. »Mit einer Garotte, grauenhaft.« Der Freund schüttelte sich. Georg strich mit dem Daumen innen über die Finger seiner Rechten und ballte sie zur Faust.

»Die Polizei war hier?«

»Zwei Beamte. Von dem einen, Hauptkommissar Peters, soll ich dich grüßen.«

»Fähiger Mann. Was hat er wissen wollen?«

»Ihn interessierten Carmen Ungemeins Lebensstil und ihre Forderungen gegen den Gatten im Scheidungsverfahren. Und ob sie mal etwas von Feinden gesagt, ob sie Schulden habe. Ich hatte den Eindruck, vor allem Peters Kollege wollte Klarheit, wie viel Geld für Carsten Ungemein durch die Scheidung auf dem Spiel steht. Als könnte das ein Mordmotiv sein. Na, ich weiß nicht, so blöd wird doch kein Mörder sein, dass er die Frau umbringt, während die Scheidung läuft, die teuer für ihn wird. Da rangiert er doch unter den Verdächtigen ganz oben.«

Georg widersprach. »Wenn er abgebrüht genug ist und mit einem Alibi gut versorgt, warum nicht. Und er wird den Verdacht gegen ihn genau mit dem Argument zurückweisen, das du gerade vorgebracht hast.«

»Trotzdem, Schorsch, ich glaube nicht an finanzielle Motive beim Ehemann. Ungemein hat der Scheidung nicht widersprochen und sich bestimmt keine Illusionen über die Kosten gemacht. Er wusste, was auf ihn zukommt. Es hätte ihn nicht ruiniert. Du kennst doch die Zahlen besser als ich.« Friedrich machte eine ausholende Bewegung. »Das war auch der Grund, warum ich dich dabeihaben wollte. Du hast übrigens Unterlagen von Frau Ungemein, die ich noch gar nicht kenne. Hast du die aus dem Posteingang genommen? Kannst dich gern bedienen, ich habe mich nur gewundert, warum eine Sendung meiner Mandantin nicht zuerst bei mir landet.«

»Der Umschlag kam per Boten, abends, als ihr schon alle fort wart. Und da ich gerade an der Akte saß, habe ich ihn geöffnet.« Georg versuchte, Friedrichs Blick offen zu erwidern. Es war das erste Mal, dass er den Freund belog. Gleich saß ihm wieder ein Knoten zwischen Brust und Kehle.

Freddy las Schuldbewusstsein in Georgs Augen.

»Ach Mensch, du brauchst deswegen keine nachträglichen Skrupel zu kriegen. Meine Mandanten sind auch deine Mandanten, und ich bin doch froh, wenn du Frau Ungemeins Angaben und Belege für mich aufbereitest.«

Georg wurde nicht wohler bei diesen Worten. Doch für die Wahrheit war es zu spät. Sie war zum gegenwärtigen Zeitpunkt auch unangebracht. Wie sähe das denn aus – Carmen Ungemein tot, und Georg Ruh hatte keine zwei Tage vor dem Mord Sex mit ihr? Für die Tatzeit könnte er nicht einmal ein Alibi beibringen. Nein, diese Bürde musste er vor dem Freund verbergen.

»Sag mal, was wird denn nun aus dem Scheidungsverfahren?«

Friedrich zitierte aus dem Gesetz für Familiensachen. Den Paragrafen kannte er auswendig. Er bestand auch nur aus einem einzigen Satz: »Stirbt ein Ehegatte, bevor die Endentscheidung in der

Ehesache rechtskräftig ist, gilt das Verfahren als in der Hauptsache erledigt.«

»Wir können also unsere Arbeit im Fall Ungemein gegen Ungemein einstellen?«

»Ja, Schorsch. Carsten Ungemeins neuer Familienstand wird nicht ›geschieden‹ lauten, sondern ›verwitwet‹.«

»Hat Kommissar Peters angedeutet, ob er noch einmal wiederkommt?«

»Er hat seine Karte dagelassen und meinte, du wüsstest, wie er zu erreichen sei. Mehr nicht. Hast du ihm denn noch etwas Aufschlussreiches mitzuteilen?«

Georg schüttelte den Kopf. Dabei dachte er an das Telefonat, das Carmen von seinem Büro aus mit diesem Stefan geführt hatte. Die Polizei sollte dringend Kenntnis von der Existenz des Mannes erhalten. Aber nicht von ihm. Georg gefiel immer weniger, in welche Situation er sich manövriert hatte. Er belog seinen besten Freund und verschwieg der Polizei möglicherweise sachdienliche Hinweise zu einem Gewaltverbrechen. Und das als ehemaliger Staatsanwalt. Welche Ironie des Schicksals: Indem Carmen ihn verführt hatte, hatte sie ihn zugleich als Zeugen blockiert und so die Aufklärung ihrer Ermordung erschwert.

Doch nein, das war kein Schicksal. Es lag immer noch bei ihm, freimütig auszusagen, was er wusste. Aber das scheute Georg, also tröstete er sich. Peters würde bestimmt aus anderer Quelle von Stefan erfahren. Auf den Zeugen Georg Ruh kam es nicht an. Sollten die Ermittlungen stocken, würde er Peters notfalls anonym einen Tipp geben, mal im Grand Hotel Ludwig nachzufragen, in wessen Begleitung Caren Ungemein dort die Nacht verbracht habe. Himmel, was für krumme Wege seine Gedanken gingen. War das nun Feigheit oder kluge Vorsicht? Er wechselte das Thema.

»Hast du heute noch Termin bei Gericht, Freddy?«

»Ja, um drei. Eine Umgangsrecht-Sache. Nicht die von unserem vielbeschäftigten Manager, aber auch ein Vater, der sein Kind kaum zu sehen bekommt. Manche Frauen verstehen es wirklich, Männern wehzutun. Du hörst schon, ich bin mal wieder Partei meines Mandanten. Doch das hat dich eigentlich nur bei Frau Ungemein gestört, nicht wahr? Carmen, die Habgierige. Na, menschlich stimmte das ja durchaus.« Freddy schnaufte. »Triff dich doch mal mit Louis auf ein Bier. Oder lad ihn ins Kino ein. Ein Vater-Sohn-Abend ohne Mutti. Das müsste doch gehen, nun, da er ausgezogen ist.«

»Danke Freddy, ich werde es versuchen.« Georg erhob sich. »Bis später vielleicht. Und guten Erfolg in der Verhandlung.«

13

Stefan folgte der Vorladung aufs Kommissariat. Er hatte geahnt, dass es nicht beim Antrittsbesuch der beiden Ermittler in seiner Praxis bleiben würde. Das Schreiben mit dem Polizeistern im Briefkopf schüchterte ihn ein, versetzte ihn aber nicht in Panik. Ihn beruhigte, dass er als Zeuge geladen war. Ein Zeuge zu sein, war etwas Neutrales, sagte er sich. In der Strafprozessordnung kannte sich Stefan nicht aus. Er ahnte nicht, dass die Polizei bisweilen Verdächtige nicht als Verdächtige, sondern bloß als Zeugen lud, um sie nicht vorzeitig kopfscheu zu machen. Jemand, der ausdrücklich als Beschuldigter zur Vernehmung gebeten wird, wird seine Worte weit mehr hüten als ein Zeuge. Er kann Aussagen zur Sache verweigern und wird womöglich einen Rechtsbeistand mitbringen. Dass er einen Anwalt hinzuziehen dürfe, erfuhr Stefan erst, als man ihn unmittelbar im Anschluss an die Vernehmung zu einer Gegenüberstellung bat. Er meinte, er brauche keinen Anwalt, und schlug das Angebot aus. Für kurze Momente wähnte er, er solle einen Verdächtigen identifizieren.

Dass er derjenige war, der identifiziert werden sollte, griff ihm an die Nerven. Sie hatten ihn also als Täter im Visier. Der ältere der beiden Kommissare hatte ihm schon in der Anhörung hart zugesetzt. Stefan bereute, dass er zunächst bestritten hatte, jemals mit Carmen so aneinandergeraten zu sein, dass es zu Tätlichkeiten gekommen war. Als ihn Jürgen Peters mit den Aussagen des Nachtportiers vom Hotel Ludwig konfrontierte, gab er es zu. Nun stand er als Lügner da. Peinlich auch, dass seine Stippvisiten am Grundstück der Ungemeins aufgefallen waren. Die hatte er weder richtig zugegeben noch abgestritten, sondern das Geschehen mit einem lauen »Ein bisschen kenne ich das Haus von außen« abgetan. Dummerweise hatten ihn zwei Zeugen als den Mann identifiziert, der zweimal hinten im Gebüsch am Gartenzaun das Grundstück observiert habe. »Observiert« – wie das schon klang! Dieser Peters hatte eine schlimme Wortwahl. Fast war es für Stefan eine Überraschung, dass er die Polizeidienststelle als freier Mann verlassen durfte, wenngleich mit der Auflage, die Stadt nicht ohne Abmeldung zu verlassen.

Draußen suchte er die nächste Bushaltestelle, bis ihm einfiel, dass er mit dem Auto gekommen war. Wo hatte er den Alfa stehenlassen? Er schüttelte über sich den Kopf. Bist ganz schön durch den Wind, mein Lieber. Als Stefan sich erinnerte, dass er für die Dauer der Vernehmung einen Parkschein gelöst hatte, wusste er auch wieder, wo sein Wagen stand. Die Parkzeit war überzogen, zum Glück hatte er kein Knöllchen gekriegt. Er stieg ins Auto, saß reglos auf dem Sitz, starrte vor sich hin. Sie hatten ihm gesagt, wie Carmen getötet worden war und ihre Abscheu über so viel Brutalität zu erkennen gegeben. Ein Zittern durchlief ihn. Leicht schlecht war ihm auch. Sie trauten ihm offenbar viel zu. Es würde schwer werden, seine Unschuld zu beweisen.

Ein Wagen hielt neben ihm. Der Fahrer gestikulierte. Ja, nickte Stefan zurück, er fahre jetzt raus, der Platz werde frei. Er drückte den Anlasser. Das vertraute Brummen des Motors wirkte beruhigend. Fast verspürte er Hoffnung auf einen guten Ausgang der Sache. Mach dich nur nicht verrückt, was können sie dir schon wollen, ermunterte er sich. Dein Leumund ist in Ordnung. Keiner aus deinem Umfeld kennt dich als gewalttätigen Menschen. Er bremste an einem Zebrastreifen. Winkte aufmunternd den Fußgängern, sie hätten freie Bahn. Wer ihn so sähe, sähe die Freundlichkeit in Person, nicht wahr?

Wieder schien es ein schöner Abend zu werden. Mild, beinahe warm, trocken, mit unternehmungslustigen Passanten auf den

Straßen. Unter anderen Umständen hätte sich Stefan von der Atmosphäre anstecken lassen, hätte den Alfa irgendwo abgestellt, wäre eine Kleinigkeit essen gegangen, dann noch in eine Bar oder Kneipe und vielleicht in die Spätvorstellung des Kinos, ohne sich um den frühen Wecker am nächsten Morgen zu scheren. An diesem Abend war ihm nicht danach. Er wollte nur nach Hause, in den Schutz der eigenen vier Wände. Tröstlich wäre es gewesen, wenn ihn dort jemand erwartet hätte. Eine vertraute Seele mit offenen Ohren für seine Nöte. Eine Stimme, die Zuspruch spendete. Doch als Stefan seine Wohnung betrat, war da nur sein Ebenbild, das ihn im Spiegel ansah und ihm ein verkrampftes Lächeln zurückgab.

Auf dem Kommissariat resümierte die kleine MoKo – für die Bildung einer großen Mordkommission war der Fall noch nicht komplex genug – die Ergebnisse des Verhörs. Peters war nun so weit, den leitenden Staatsanwalt zu bitten, einen Haftbefehl gegen Stefan Berg zu beantragen. Schwarz zögerte noch, hielt aber seine Skepsis zurück. Sollte der Chef doch machen, wenn die Indizien ausreichten. Der Verdächtige besaß kein Alibi, gab im Gegenteil sogar zu, mit dem Mordopfer bis kurz vor der Tat zusammen gewesen zu sein. Sich im Vorgarten zu verstecken, während Carmen den Umweg durch den Park nahm, wäre gut möglich gewesen. Die Zeit hätte ausgereicht, um den Wagen dort zu lassen, wo Carmen ausgestiegen war, zu warten, bis sie sich außer Sicht befand, und dann auf kürzestem Weg in die Stiftstraße 36 zu gehen.

»Er muss es ja nicht von vornherein geplant haben«, führte Peters aus. »Wahrscheinlich kam ihm gelegen, dass Frau Ungemein nicht bis vor die Haustür gebracht werden wollte. So entging er der Gefahr, mit seinem Auto dort gesehen zu werden. Wir wissen, er ist empfindlich, sicherlich leicht zu kränken, schlägt dann zu, und sie hat ihn wiederholt von oben herab behandelt. Als sie aus seinem Fahrzeug stieg, war das keine Trennung im Guten. Er hat in der Vernehmung nicht mehr freimütig über sich gesprochen, als er merkte, wie sehr wir ihn auf dem Kieker haben. Vielleicht kochte er vor Wut, als sie ging und ihn sitzenließ. Das Erdrosseln des Opfers passt zu einer affektgeladenen Tötung. Eine Beziehungstat.«

»Außerdem trägt er Schuhgröße 43«, warf Bernd ein.

»Richtig. Ein weiteres Indiz. Alle seine Schuhe müssen dringend ins Labor. Je länger er sie trägt, desto geringer werden die Chancen, noch Partikel von der Erde aus dem Vorgarten an ihnen zu finden. Wir brauchen einen Haft- und Durchsuchungsbefehl.«

»Und die Mordwaffe?«, fragte Volker.

»Was soll mit der sein? Wir werden wohl kaum in seiner Wohnung auf sie stoßen. Und selbst wenn er noch von dem Draht hatte, aus dem die Waffe gemacht war, dann wird er ihn spätestens jetzt entsorgen. Unser Verhör hat ihn aufgescheucht.«

»Das meinte ich nicht«, gab Volker zurück. »Das Vorhandensein einer Mordwaffe spricht in diesem Fall gegen eine Tat im Affekt. Der Mörder muss die Waffe vorher gebaut haben. Wollen wir annehmen, dass Stefan Berg mit einer Garotte im Handschuhfach zu seinem letzten Date mit Carmen Ungemein fuhr?«

Jürgen Peters nickte. »Du hast recht, die Waffe verweist auf einen Tatvorsatz. Aber das spricht weder gegen eine Beziehungstat noch dagegen, dass heftige Gefühle im Spiel waren. Rache aus erlittener schwerer Kränkung bleibt ein plausibles Motiv.« Peters sah in die Runde. »Hat von euch noch jemand etwas anzumerken? Nein? Dann setze ich mich jetzt mit dem Staatsanwalt in Verbindung.«

Die Sonne stand schon zu niedrig, um ihre Strahlen zwischen die Häuserzeilen zu werfen, aber der Himmel trug noch ein leuchtendes Blau, als Volker Schwarz hinaus auf die Straße trat. Kurz fühlte er Dankbarkeit, dass Peters ihm gesagt hatte, er solle Schluss machen für heute, denn morgen werde er früh gebraucht. Schwarz liebte diese abendliche Phase, wenn sich die bereits tief verschatteten Straßen in ein Dämmerlicht tauchen, während darüber eine lichte Hülle gebreitet ist. Der Kontrast beseelte ihn. Er war kein Mensch, der zu lautem Jubel neigte, doch er fand immer wieder Gründe für stille Euphorie. Der Besuch von Kunstausstellungen, die Begegnung mit impressionistischen Landschaften oder den Dramen der Expressionisten konnte ihn für einen ganzen Tag glücklich machen. Und glücklich machte ihn nun auch dieses frühabendliche Himmelsblau, das über dem Dämmer der Stadt stand. Es war, als wäre es möglich, unvereinbare Sehnsüchte zu vereinen. Der Himmel oben lockte mit unbeschränkter Weite, ließ das Fernweh rege werden, während unten schon alles darauf gestimmt war, die Geschäftigkeit abzuwerfen und zur Ruhe zu kommen. Das Herz wurde Schwarz leicht bei diesem Anblick.

Fast empfand er es als Wohltat, dass sein Auto in der Werkstatt war und er die Straßenbahn nehmen musste. Am Kiosk, der gerade schließen wollte, kaufte er eine »Westdeutsche Allgemeine«, schlug die Zeitung auf, als er an der Haltestelle wartete, und las sie in der Bahn weiter. Im Lokalteil stieß er auf einen Bericht: »Baulöwen-Gattin ermordet«. Wer hatte der Presse das gesteckt? Der Verfasser des Artikels wusste sogar mitzuteilen, dass das Opfer stranguliert worden war. Es folgten ein Absatz über die ambitionierten Gesellschaftsabende im Hause Ungemein und ein weiterer über die Ehe des Paares sowie die nun durch den Mord abgebrochene Scheidung. Carsten Ungemein ließ sich mit den Worten zitieren, Carmen sei die Liebe seines Lebens gewesen. Schwarz staunte nicht über die Wortwahl, denn die Glorifizierung passte zu dem, was Kristiane Boettiger bei der Befragung über Ungemein und dessen Gefühle für seine Frau gesagt hatte. Aber ihn verwunderte, dass sich Ungemein überhaupt gegenüber der Presse geäußert hatte. Nun, das musste er wohl als Teil der oberen Zehntausend.

Den interessanteren Artikel hätte Schwarz fast überblättert. Eigentlich war es nur eine längere Notiz. Beim Großprojekt »Bunter Kiez« ruhten die Arbeiten. Schwarz konnte sich noch an die Schlagzeilen erinnern, als die Stadtverwaltung vor zwei Jahren die Planungen abgesegnet und großzügige Zuschüsse beschlossen hatte. Auf einer Industriebrache im Norden sollte ein Wohnviertel entstehen. Geplant war eine Mischung aus Neubauten für einkommensschwache Familien und der Bestandserhaltung alter Werkshallen für Kreative und Unternehmer. Künstlerateliers sollten neben Sozialwohnungen und Geschäften ihren Platz finden, an einen Supermarkt war gedacht und sogar einen Jugendtreff und ein Kino hatten die Planer in Aussicht gestellt. Den Zuschlag für die neuen Sozialbauten und den Umbau der größten Werkshalle und damit für den Löwenanteil des Projekts hatte sich die Firma Carsten Ungemein gesichert. Schwarz musste an seinen Chef Peters denken, wie er sich über das Verblasene im Firmen-Slogan »Bauen – Wohnen – Leben« ereifert hatte. Im Moment sah es gerade nicht so aus, als sollte der bunte Kiez alsbald gelebte Wohnwirklichkeit werden. Der Bauträger Ungemein stecke in einem Liquiditäts-Engpass, schrieb die Zeitung. Arbeiter würden auf ihren Lohn, Zulieferer auf Bezahlung ihrer Rechnungen warten. Alle Kräne stehen still, wenn das Geld mal nicht mehr will, dachte Schwarz. Er riss die Zeitungsseite heraus, faltete sie und steckte sie ein. Den Rest der WAZ ließ er liegen, als er die Haltestelle Südplatz erreichte.

Zuhause war es ruhig, das Bett noch ungemacht. Er wusch sich Hände, Gesicht und Achselhöhlen, wechselte das Hemd gegen ein langarmiges Sweatshirt mit der Aufschrift »Play Django«, belegte zwei Brote und schälte einen Kohlrabi. Seine Freundin würde schimpfen, wenn sie erführe, dass der Kohlrabi seine erste Rohkost des Tages war und wohl auch die letzte bleiben würde, aber sie würde es nicht erfahren, denn sie war verreist. Und um ehrlich zu sein: Die ganz eifrige Rohköstlerin war sie selbst nicht.

Von seinem Küchentisch konnte Schwarz über den Balkon in den Hof sehen, gegenüber brannte in den Wohnungen schon hin und wieder das Licht. Ein kleiner Junge turnte auf einer Fensterbank, bewacht von einem größeren Mädchen, das hinter ihm stand und Obacht gab, dass er nicht abstürzte. Schwarz fiel seine eigene Kindheit mit einer älteren Schwester ein. War es besser, wenn stattdessen der Junge der Ältere war? Es entsprach der Rollen-Tradition von Paarbeziehungen. Angeblich hatten die großen Brüder kleiner Mädchen später weniger Komplexe im Umgang mit Frauen. Für sie war das weibliche Geschlecht nie ein unbekanntes Wesen, sie hatten immer vor Augen, wie sich die Kleine entwickelte, und sie waren all die Jahre über in der Rolle des Überlegenen. Das räumte von vornherein viele Unsicherheiten aus, so dass ein großer Bruder, wenn er in die Pubertät kam, viel entspannter mit dem dann beginnenden Geschlechter-Zirkus zurechtkam als ein Junge ohne kleine Schwester. Aber wahrscheinlich war, um Frauen zu kennen, selbst eine ältere Schwester noch besser als gar keine.

»Prost, Kiki!«, sagte Schwarz laut in die Küche hinein und hob ein imaginäres Weinglas. Er hatte sich mit Absicht nichts zu trinken eingeschenkt, weder Wein noch ein Bier, und Wasser mochte er nicht. Für Alkohol war es zu früh. Er wollte noch in den Südstern, eine Kneipe in seinem Viertel, wo immer am letzten Donnerstag eines Monats eine Jam Session stattfand. Die letzten beiden Male war ihm der Job dazwischengekommen. Zeit zum Üben fand er auch immer weniger. Meist spielten sie im Südstern ja Gypsy-Jazz-Standards nach dem Songbook des genialen Jean »Django« Reinhardt, und die beherrschte Schwarz im Schlaf. Ein Freund, dem er eine Zeitlang Gitarrenunterricht gegeben hatte, hatte ihm einmal bewundernd gesagt:»Du bist der kompletteste Gitarrist, den ich kenne.« Dieser Freund kannte wohl nicht sehr viele Gitarristen. Richtig immerhin war, dass Schwarz alle Facetten des Instruments beherrschte. Man konnte ihn als E-Gitarristen in einer Rockband oder als Begleitung für Flamencotänzer einsetzen, er spielte klassische Gitarre, aber auch Folk mit dem typischen Finger Picking, wenn es gewünscht war, und natürlich Jazz, Jazz, Jazz. Und obwohl er über alle Anschlagsarten verfügte, egal ob gezupft oder mit dem Plektrum, obwohl er die kompositorischen Formen sicher kannte und auch hinreichend schnell genug war, um druckvolle und bei aller Geschwindigkeit doch saubere Solo-Läufe auf die Saiten zu bringen, hielt er es mit dem Satz: »Das Wichtigste, was ein Gitarrist braucht, ist ein guter Fuß.« Ein guter Fuß klopft unbeirrt das Metrum, bringt den Musiker sicher durch alle Takte, er ist die Basis für ein gelingendes Zusammenspiel mit anderen.

Mit seinen Gaben hätte Volker Schwarz einen ausgezeichneten Gitarrenlehrer abgegeben, er wusste das selber und hatte diese Option erwogen, damals nach dem Abitur, als er drei Monate in Andalusien gelebt hatte, um richtig Flamencogitarre zu lernen. Ihn störte auch nicht, dass viele Musiklehrer schlecht verdienten, am Geld lag es keinesfalls, dass er die Gitarre nicht zum Beruf machte. Der Traum seiner Kindheit wog einfach schwerer.

Als Zehnjähriger waren der kleine Volker und seine Spielkameraden oft von einem brutalen Jugendlichen drangsaliert worden, einen »Halbstarken« nannte den die Großmutter, was Volker hoffen ließ, irgendwann würde ein Ganzstarker kommen und den Brutalo vermöbeln, damit er ihnen nicht mehr den Fußball wegnahm, ihr Taschengeld forderte und drohte, er würde sie mit seinem Klappmesser fertigmachen, wenn sie das ihren Eltern erzählten. Der Vater des Kerls war noch übler als der Sohn, Volker brauchte nur in die miese Visage zu gucken und seine kalte Art zu reden hören, um sich zu fürchten. Mit diesem Vater im Rücken war der fiese Jugendliche nicht zu bändigen. Eines Tages aber, Volker war gerade mit seiner Mutter auf dem Heimweg, hatte er mitangesehen, wie der schreckliche Mann von zwei anderen Männern aus dem Auto gezerrt und in Handschellen abgeführt worden war. Er tauchte nie wieder auf, und auch der Sohn verschwand von der Bildfläche, wer weiß wohin. Die Mutter lobte die Polizei, und als Volker fragte, wieso denn diese Polizisten keine Uniform angehabt hätten, bekam er zur Antwort: »Die waren von der Kripo.« So war also die Hoffnung auf einen Beschützer in Erfüllung gegangen, der die Kinder rettende Ganzstarke war tatsächlich erschienen, sogar in zweifacher Ausführung, und diese Ganzstarken besaßen einen Namen: Kriminalpolizei.

Im Südstern hatte die Session schon begonnen, daher stellte Schwarz seinen Gitarrenkoffer beiseite und setzte sich erst einmal ins Publikum. Mehr als fünf Musikern bot die kleine Bühne keinen Platz. Drei davon kannte er, zwei weitere vertraute Gesichter entdeckte er an den Tischen. Es gab einige im Raum, die auf ihren Einsatz warteten, die Wechsel der Musiker vollzogen sich in den Pausen zwischen den Stücken auf einige Zeichen und Wortwechsel hin, alles ganz kollegial. »Honeysuckle Rose«, »Limehouse Blues« und das unvermeidliche »Minor Swing« erklangen in einer Besetzung aus Kontrabass, Rhythmusgitarre, Geige und zwei weiteren Gitarren für das Melodiespiel. So eine Session konnte bis zur Sperrstunde dauern, den Wirt störte das nicht, denn der Laden war meistens voll, wenn es Musik gab, er zahlte keine Gagen und spendierte allenfalls ein Bier. Den Musikern ging es um den Spaß, um den Auftritt vor Publikum, um das gemeinschaftliche Musikmachen. Die lockere Atmosphäre, in der sich Anfänger und Könner freundlich vereinten, konnte darüber hinwegtäuschen, dass man mit Ehrgeiz spielte. Jeder konnte zeigen, was er draufhatte, weil jeder, Bass und Rhythmusgitarre freilich seltener, mit Improvisationseinlagen an die Reihe kam.

Schwarz brannte darauf, mit einem der beiden Melodiegitarristen in Wettstreit zu treten. Der Typ war ziemlich fingerfertig, aber er spielte Gypsy Jazz mit dem Anschlag eines klassischen Gitarristen, es fehlten die Dynamik und der prägnante Ton eines Django Reinhardt. Die Töne in einem Solo hatten knackig zu sein, scharf gegeneinander abgegrenzt; der Gypsy-Swing klang um einiges metallischer als der warme, schwebende Jazz. Schwarz hatte jahrelang üben müssen, bis ihm der korrekte harte Schlag mit dem dicken Plektrum in Fleisch und Blut übergegangen war. Rest-Stroke-Picking nannte sich das Auf und Ab. Nach einem Aufschlag verhielt das Plektrum frei in der Luft, beim Abschlag aber fuhr es von oben über eine einzelne Saite und blieb auf der darunter liegen. Ein lauter, kontrollierter Ton war das Ergebnis. Schwarz spielte so. Auf der Bühne saß er etwas entfernt von dem anderen Gitarristen, äußerlich entspannt und mit Blicken und Kopfnicken die Einsätze der Instrumente dirigierend, bis er selbst mit einem Solo dran war. Dann blähten sich seine Nasenflügel und er legte los.

14

*B*in ich ein Mörder? Georg saß zuhause in seinem Zimmer, als ihn die Frage überfiel. Sie hatte gewiss schon in einer tieferen Etage seines Bewusstseins gelauert, war jedes Mal gefüttert worden, wenn er auf den Striemen in seiner Hand sah, an den Schmutz an seiner Hose und den Kratzer auf seinem Schuh dachte, lauter irritierende Rätsel, welche der Filmriss vor ihm verbarg. Ist mir zuzutrauen, dass ich jemanden ermorde? Absurd, wie rätselhaft man sich werden konnte. Normalerweise weiß man doch, wessen man fähig wäre. Ein erwachsener Mensch, wenn er nicht gerade ein Idiot war, sollte ein Gefühl für sich haben, sollte seine Grenzen kennen. Georg änderte die Frage, bezog die Umstände mit ein: Würde ich im Vollrausch einen Mord begehen können? Er hätte es gern rigoros verneint: Nein, nicht einmal im Suff! Doch er war sich seiner nicht mehr sicher. Es hatte ihm Lust bereitet, Carmen auf dem Diwan zu würgen, und es hatte sich dieser Impuls in ihm geregt, weiterzumachen bis zum röchelnden Ende. Er rief sich die Szene in Erinnerung. Noch einmal war er über ihr, spürte ihren keuchenden Leib, schloss seine Hände um ihren Hals. Die Phantasie riss ihn mit. Er drückte weiter zu, sie begann sich zu wehren, er hielt eisern fest, sie versuchte freizukommen, er hielt sie nieder, unerbittlich. Dann begriff sie, ihre Gegenwehr wurde panisch, doch er legte alle Kraft in den Ring um ihren Hals. Endlich war es vorbei, ihr Körper erschlaffte. Wie Carmen so dalag, stumm, überkam ihn eine merkwürdige Erleichterung. Angst und Depression fielen von ihm ab. Es war, als habe er das

Medikament aller Medikamente gefunden. Zum Teufel mit den Psychopharmaka. Triumph, nein, den fühlte er nicht. Dafür aber eine Ruhe, die ihn, seit langer Zeit einmal wieder, seines Nachnamens würdig machte.

Mühsam löste sich Georg aus diesem Tagtraum. Die Ruhe verflog. Was wollte ihm seine Vorstellungskraft sagen? Hatte er sich gerade selbst bewiesen, dass er töten konnte? Selbst wenn er es konnte, blieb immer noch offen, ob er diese Fähigkeit an Carmen ausgelebt hatte. Kommissar Peters hatte Freddy berichtet, womit die Frau umgebracht worden war. Wie aber hätte er, Georg, in der Nacht an eine Garotte kommen sollen? Auf die Schnelle gebastelt? Unwahrscheinlich. Auf der Straße gefunden und gleich zum Einsatz gebracht? Klang hanebüchen. Dennoch schwelten Misstrauen und Selbstzweifel weiter in ihm. Er war in der Lage, Mordlust zu spüren – diese Erfahrung mit sich selbst war unabweisbar. Die Emotion konnte er sich einfach nicht ausreden. Sie überraschte ihn, denn eigene Mordphantasien waren ihm gänzlich neu, und ihn erschreckte, dass sich da womöglich ein bisher verborgener Charakterzug offenbarte.

Linda hatte ihm schon zu der Zeit, als er noch tief im depressiven Tunnel steckte, eine Persönlichkeitsveränderung bescheinigt. Der von Gemütszuständen geschüttelte Georg sei nicht der Mann, den sie geheiratet habe. Diese Aussage hatte ihn getroffen, und das sollte sie ja wohl auch, denn Linda wollte damit ihre Unzufriedenheit bei ihm abladen. Aber ganz ohne Wahrheit schienen ihre Worte nicht zu sein. Er selber sprach von sich als von einem Gewandelten. Wenn er gründelte, warum er nicht mehr die Kraft fand, sein altes Leben fortzuführen, verdichtete sich seine Selbstdiagnose meist in dem Satz, es sei »eine Emotionalität in ihm aufgebrochen«, die sich nicht mehr in den »alten Panzer zurückdrängen« lasse. Allerdings war ihm bisher nicht in den Sinn gekommen, der Aufbruch der Gefühle könnte auch seine Tötungshemmung fortschwemmen.

Das Bedürfnis, Friedrich das Herz auszuschütten und reinen Tisch zu machen mit allem, was Carmen betraf, wies Georg ab. Selbst wenn ihm der Freund die Affäre und die Lüge verzieh, würde er zu der Überlegung, ein Mörder zu sein, ja doch nur sagen: Schorsch, du spinnst. Und wenn Georg sich trotzdem verrennen würde in den Gedanken, hieß es mutmaßlich: Na, dann finde es heraus! Besser, als zur Polizei zu laufen und sich dort auf blauen Dunst hin selbst zu verdächtigen, wäre dieser Rat bestimmt.

In der Küche stieß er auf Linda, die gerade dabei war, die Reste ihres Abendessens abzuräumen. Sie schwiegen sich an. Georg war kein leichter Schweiger. Er hielt es aus, aber es strengte ihn an. Mit Linda verhielt es sich anders. Ihre Waffe war nicht das Schweigen, sondern das Reden. Beide empfanden sie Verärgerung, Verletzung und den Wunsch, den anderen zu strafen. Georg versiegelte dies den Mund; Linda wiederum, die seine Rüstung gern mit einem Satz geknackt hätte, fiel nichts Rechtes ein, was sie hätte sagen können. So räumte sie stumm das Brot in den Kasten, die Butter und den Käse in den Kühlschrank, und sobald sie den Weg freimachte, räumte Georg Brot, Butter und Käse wieder hervor. Sie beförderte das dreckige Geschirr in die Spülmaschine, er deckte sich mit frischem den Platz. Sie stellte das Salz ins Bord, er nahm es herunter. Sie trocknete das Gefäß ab, worin sie Tomaten gewaschen hatte; er befüllte es neu mit Wasser. Tat sie das eine, kehrte er es wieder um. Die Kunst war, die gleichen Wege in der Küche zu gehen, ohne sich in die Quere zu kommen. Freunde des absurden Theaters hätten ihren Spaß an dieser grimmigen Choreografie gehabt.

Linda hatte keinen Spaß. Sie fühlte sich an die Schulzeit erinnert, an eine Fopperei, die sie und ihre Freundinnen in den Pausen bisweilen belustigte. Man gesellte sich zu einem Schüler, fixierte ihn und machte ihn nach. Legte er sein Gewicht auf das rechte Bein, stellte man sich ebenso hin. Strich er sich durchs Haar, tat man das ebenfalls. Krauste er verächtlich die Nase, krauste man verächtlich zurück. Sagte er »Was soll der Quatsch!«, wiederholte man seine Worte. Nur die wenigsten, die nachgeäfft wurden, behielten die Fassung. Einige zogen beleidigt davon, andere gerieten in eine Gemütslage zwischen angestrengtem Lachen und ratloser Abwehr, weil es ihnen nicht gelang, die Imitation mit Humor zu ignorieren. Jedes Nachmachen war wie eine Bloßstellung, das Opfer fühlte sich in seinem einfachen Sosein karikiert, und hinzukam, dass man dem Quälgeist nicht mit gleicher Münze heimzahlen konnte. Der Spieß ließ sich nicht umkehren. Der Vormacher konnte nicht zum Nachmacher werden, solange dieser in seiner Rolle blieb, bloß beharrlich die Vorlagen des anderen zu wiederholen. Agieren sah ausnahmsweise einmal blöder aus als Reagieren. Ähnlich empfand Linda die Situation in der Küche. Jede ihrer Handlungen wurde von Georg dementiert. Das war auch ein Nachmachen, nur eben ein negatives.

Unter entspannten Bedingungen hätte sich die Situation leicht sprengen lassen. Linda hätte bei seinem Hereinkommen nur zu sagen brauchen: Ach, möchtest du auch noch essen, dann lasse ich die Sachen draußen. Oder Georg hätte sie gebeten, den Tisch nicht abzuräumen, weil er Hunger habe. Das wäre die Praxis des friedlichen Dialogs gewesen, wie er zwischen zwei Menschen auch dann noch möglich sein könnte, wenn die Grenzen zwischen ihnen hochgezogen sind. Doch diesen beiden hier stand der Sinn gerade nicht nach Diplomatie. Sie übten Kalten Krieg.

»Ich bin die nächste Woche weg.«

Nun hatte Linda doch etwas gesagt. Georg sah sie an, wie sie dastand. Ob sie zornig oder kühl war, vermochte er nicht zu sagen, er konnte ihr Gesicht schlecht lesen, wenn ihn die Situation stresste. Sollte er sie fragen, wohin sie wollte, oder desinteressiert tun? Linda gab von selbst Auskunft.

»Moni fährt an ihren Kurs Fasten & Yoga. Da ist noch ein Platz frei, sie hat mich gefragt, ob ich mitkomme.«

Georg hatte von diesen Kursen gehört. Monika nahm regelmäßig im Frühjahr und Herbst daran teil, verlor in sieben Tagen fünf bis neun Kilo Gewicht, die sie dann bis zum nächsten Treffen locker wieder zunahm. Das ging schon seit einigen Jahren so. Ein Yoga-Lehrer und ein Masseur boten die Kurse an. Vor allem auf den Yogi hielt Monika große Stücke. Georg hatte Fotos von ihm gesehen, sie zeigten einen schlanken, freundlichen Mann, der auf den Bildern nicht so wirkte, als hätte er Guru-Allüren. Den gesundheitlichen Wert von Yoga, einige gefährliche Übungen ausgenommen, erkannte Georg durchaus an. Fasten hingegen hielt er für Raubbau. Nur weil der Urmensch als Jäger und Sammler oft hatte hungern müssen, hieß das doch nicht, dass der menschliche Körper es begrüßte, Wasser, Kräutertee, bisweilen auch Saft und Gemüsebrühe als einzige Nahrung zu erhalten. Die Zahl derer allerdings, die Fasten als Mittel zum Entgiften, Regenerieren, Heilen und Jungbleiben priesen, wuchs beständig. Georg hatte es einmal ausprobiert, weil es angeblich auch gegen Depression und Angst half. Doch das angekündigte Stimmungshoch, das sich nach drei, vier Tagen einstellen sollte, war ausgeblieben, seine Nerven flatterten erst recht, und der Gewichtsverlust kam zum falschen Zeitpunkt, da er durch sein Leiden ohnehin schon abgemagert war.

Georg wollte nicht mit Linda darüber streiten. Wenn ihre Moni aufs Fasten schwor, dann sollte seine Frau eben mitfahren. Sie für eine Woche nicht zu sehen, passte ihm in den Kram. Gegen ein paar Kilo weniger auf ihren Hüften hatte er auch nichts, sofern dies nicht das Starkknochige betonte, das mit zunehmendem Alter an Linda hervortrat. Sie hatte eine Tendenz zum Pferdegesicht, wenn man es uncharmant betrachtete. Pfui, Georg, schalt er sich, was hältst du dich mit Äußerlichkeiten auf. Der Dialogpartner in seinem Kopf gab sofort Kontra: Stimmt das Innere nicht mehr, wird das Äußere wichtig. Trotz dieser Gedanken brachte er eine halbwegs freundliche Reaktion zustande.

»Na, dann eine gute Zeit. Wo soll's denn hingehen?«

»In die Rhön. Als ob dich das interessieren würde.« Sie hatte schon die Hand auf der Türklinke liegen und nahm sie nun herunter.

Georg blieb stumm. Das Visier seiner Schweige-Rüstung schloss sich wieder. Er würde jetzt nicht ihr Spiel spielen. Er zog den Blick von Linda ab, bestrich ein Brot mit Butter, säbelte Käse herunter, begann zu essen. Sie betrachtete ihn, wie er ins Brot biss, mahlend kaute, schluckte. Menschen mit vollem Mund sehen nicht hübsch aus. Schmatzte er etwa? Sie wartete, ob noch ein Wort von ihm kam.

Nein, er schenkte sich ein Glas Wasser ein, trank einen Schluck. Und jetzt biss er schon wieder in sein blödes Käsebrot.

Sollte er doch seine Sturer-Hund-Nummer allein in der Küche durchziehen. Linda drehte sich um und ging hinaus. Moni war sicher noch wach. Einen kurzen telefonischen Lagebericht hatte die Freundin verdient. Wie Georg reagiert hatte, bestätigte bloß ihre Pläne. Übermorgen würden sie die Koffer packen. Lohnte es, etwas Nettes zum Anziehen mitzunehmen? Oder genügten Jeans, Pullis, Schlabber-Look? Auf dem Programm standen auch kleine Wanderungen, die Veranstalter empfahlen festes Schuhwerk. Der Masseur verstehe es großartig, Blockaden zu lösen, hatte Moni geschwärmt. »Hände hat dieser Mann!« Dann war es sicher gut, für die Massagen ein großes Handtuch einzupacken.

In der Küche brachte Georg seine Mahlzeit zu Ende. Sobald er Linda ausblenden konnte, fand sich sein neues Thema wieder ein: Nachforschungen anstellen. Dafür ist morgen auch noch Zeit, sagte sich Georg. Wenn ich der Mörder bin, werde ich mir schon nicht davonlaufen. Statt auf Spurensuche könnte er sich besser gleich ins Bett begeben oder Louis anrufen, um die Chancen für ein Vater-Sohn-Treffen auszuloten. Zu beidem fehlte ihm die Laune. Er räumte auf und konnte es dann doch nicht lassen, raus an die Luft zu gehen. »Bei Arthur« hatte geöffnet, das wusste er. Mit dem Rad bräuchte er keine zehn Minuten. Das Rücklicht flackerte zwar, doch er würde im Dunkeln für Autofahrer zu erkennen sein. Er entschied sich und holte das Fahrrad aus dem Keller.

In der Kneipe begrüßte ihn der Wirt mit einem freundlich erstaunten Gesichtsausdruck, der entweder »Schon wieder da?« oder »Schon wieder nüchtern?« heißen konnte. Georg winkte ab, als Arthur fragend eine Flasche Single Malt hob, und erntete ein verständnisvolles Grinsen. Anstandshalber bestellte er ein kleines Pils. So fiel auch nicht so auf, dass er nur zum Fragen gekommen war. Als Arthur das frisch gezapfte Bier brachte, sprach er ihn an.

»Wann bin ich vorgestern Nacht hier weg, weißt du das zufällig?«

»Du warst ziemlich blau und wolltest ein Taxi, aber wegen der Uhrzeit frag besser den Leopold.«

Georg war irritiert. »Was hat denn der Leo damit zu tun?«

»Der wollte mitfahren und hat sich dir angeschlossen. Ihr beide seid zusammen raus.«

Leopold war Stammgast, und Georg kannte ihn aus Zeiten, als er selbst noch häufiger bei Arthur verkehrt hatte. Mehr als ihre Thekenbekanntschaft verband sie nicht miteinander. Dass sie sich duzten, besagte wenig. Nach 23 Uhr duzten sich alle bei Arthur.

»Frag ihn doch. Da drüben sitzt er.« Der Wirt wies zu einem Tisch hinüber. Georg nahm sein Bier und stand auf. »Danke, das mache ich. Welchen Taxiruf benutzt Ihr?« Er ließ sich die Nummer geben und ging zu dem anderen Gast.

»'n Abend, Leo.«

»Georg, du schon wieder, grüß dich. Erst lässt du dich monatelang nicht blicken, dann gleich zweimal hintereinander. Setz dich her.«

»Arthur meint, ich sei vorgestern ganz schön blau gewesen, als wir beide weggingen.«

Leopold lachte. »Kann man wohl sagen. Aber trotzdem unternehmungslustig. Was wolltest du denn noch am Alten Stadttor? Dein Zuhause liegt doch in einer ganz anderen Richtung.« Er sah Georg unter schweren Lidern neugierig an. Seine Lippen verzogen sich. »Stand bei dir ein Damenbesuch zu später Stunde auf dem Programm?«

Georg wollte nicht sagen, dass er vom Ziel der Taxifahrt nichts mehr wusste. Also antwortete er: »Das war doch eher deine Idee, oder?«

»Nee, Georg, ganz bestimmt nicht. Mich habt ihr auf halber Strecke bei meiner Wohnung rausgelassen. Danke fürs Mitnehmen übrigens. Habe ich recht mit der Frau? Gib's ruhig zu, ich petze nicht.«

»Also wenn du keinen Damenbesuch vorgeschlagen hast, dann weiß ich auch nicht, wie du darauf kommst. Wie spät war es denn, als wir hier los sind?«

»Muss gegen dreiviertel zwölf gewesen sein, ich war noch vor dem vollen Glockenschlag zu Hause. Und selbst? Du wirkst, als wärest du über den Verlauf des Abends nicht im Bilde.«

Georg gefiel Leos Neugier nicht. Oder waren dessen Fragen völlig harmlos und er einfach überempfindlich? Das Beste war, seinem Gegenüber zuzustimmen.

»Wie sollte das anders sein, Leo. Du kriegst auch nicht mehr alles auf den Schirm, wenn du zu viel getankt hast.«

Leo nickte. Georg trank sein Bier aus und verabschiedete sich. Das war ein kurzer Besuch heute. Er spürte Leos Blick im Rücken, als er ging.

15

Sie kamen um halb fünf. Ihr energisches Klingeln schreckte Stefan aus einem Angsttraum hoch. Die Wirklichkeit war nicht besser als dieser Traum. Sein Herz pochte, sein Denken war konfus, er fühlte sich schwach und verletzlich. Angriffe auf die Stellung eines Feindes führt man am besten zwischen drei und fünf Uhr nachts durch, dann ist beim Erwachen sein Nervenkostüm am dünnsten. Nicht erbost, sondern wehrlos nahm Stefan die Ruhestörung hin. Zaghaft klang seine Stimme, als er über die Haussprechanlage fragte, wer da sei. Das harte »Öffnen Sie, Polizei!« stürzte ihn in verzweifelte Aufregung. Schon hörte er die Beamten im Treppenhaus. Nackt wollte er keinesfalls vor ihnen stehen. Ohne Unterhose schlüpfte er in die Jeans, erwartete jede Sekunde Schläge an der Wohnungstür, zog sich ein T-Shirt über. Sie waren auf seiner Etage angekommen, die Klingel schrillte erneut, er musste ihnen aufmachen, bevor sie rabiat wurden. Auf dem Flur fand er eine halbe Sekunde für einen Kontrollblick in den Spiegel: Wie sehe ich aus? Verstrubbelt, blass, wirr – wie ein Schuldiger.

Dann waren sie in seiner Wohnung. Ein Rollkommando, das sich sofort auf seine Räume verteilte, während er sich an die Seite drückte, um die Männer hereinzulassen. Die beiden Kommissare waren auch dabei. Der Ältere gab ihm den Durchsuchungsbefehl zu lesen. Dann folgte ein zweites Schriftstück, begleitet von dem fast zu ruhig klingenden Satz: Herr Berg, wir müssen Sie festnehmen. Stumm überflog Stefan das DIN-A4-Blatt, seine Augen fanden die Worte »Haftbefehl«, »Beschuldigter«, »Strafsache« und die Einträge dahinter, seinen Namen, den Tatvorwurf, den Hinweis auf Fluchtgefahr, die Anordnung der Untersuchungshaft. Jetzt hatten sie ihn tatsächlich als mutmaßlichen Mörder am Wickel. Er dürfe einen Angehörigen benachrichtigen und habe das Recht auf einen Anwalt, belehrte ihn Peters. Stefan dachte an seine Eltern. Nein, seine Mutter durfte nichts erfahren. Der jüngere Kommissar forderte ihn auf, Wäsche und Kleidung einzupacken, wenn er dies wünsche. Ein Untersuchungshäftling sei kein Strafgefangener, für ihn gelte noch die Unschuldsvermutung, er müsse daher auch keine Anstaltskleidung tragen. Stefan griff sich seine große Sporttasche, nahm wie betäubt einige Sachen aus dem Kleiderschrank, Unterhosen, Socken, Hemden. Schwarz schaltete sich ein.

»Lassen Sie lieber ein, zwei Hemden hier. Haben Sie nichts Bequemes, was Sie einpacken können, Sweatshirts, einen Trainingsanzug? Gut wäre auch ein Pyjama. Nackt schläft es sich schlecht in der Zelle. Und Badelatschen nicht vergessen.«

Der freundliche Rat erfüllte Stefan mit Dankbarkeit. Dieser junge Kommissar zeigte wenigstens noch menschliche Seiten. Er lächelte den Polizisten an, erntete aber nur einen geraden Blick und ein schwaches Nicken. Als sich Stefan ins Bad wendete, bremste ihn Volker Schwarz.

»Müssen Sie auf Toilette?«

»Nur meine Zahnbürste holen«, stammelte Stefan. »Und was zum Duschen.«

»Das geht nicht«, erwiderte Schwarz. »Private Hygieneartikel mitzubringen ist nicht erlaubt. Die kriegen Sie im Laden der JVA.«

Jot Vau A. Natürlich, die Polizei sagte nicht »Gefängnis«. Sie sagte auch nicht »Justizvollzugsanstalt«. Sie benutzte das Kürzel. Selbstverständlich kannte Stefan dessen Bedeutung. Aber »JVA« hinterließ, fand Stefan, beim Aussprechen oder Hinschreiben einen ganz anderen Geschmack als »Gefängnis« oder »Knast«. Geordneter, bürokratischer, übermächtiger. Die Staatsmaschinerie klang durch. Eine Macht, die größer ist als du, packt dich, steckt dich in eine Anstalt und vollzieht etwas an dir. Du wirst eingegliedert und für gewisse Zeit gewissen Abläufen unterworfen. Das war zum Fürchten, einerseits. Andererseits blieb man als Insasse einer Justizvollzugsanstalt Teil der bürgerlichen Welt. Das Wort verströmte so viel Behördendeutsch, dass es schon wieder beruhigend war. Und dem Kürzel fehlte das Negative, das Stigma, es klang fast neutral. Es war das erste Mal, dass Stefan die drei Buchstaben in Bezug zu sich selbst setzen musste. »Meine nächste Zahnpasta kaufe ich in einer JVA.« Der Satz war beinahe zum Lachen.

Im Wohnzimmer blätterte Jürgen Peters in einem Buch. Stefan konnte erkennen, dass es sich um das letzte ihm verbliebene Kinderbuch handelte, »Hörbe mit dem großen Hut« von Otfried Preußler. Neben dem Kommissar wühlte sich ein Beamter durch einen Schubladenschrank. Ein Zweiter hatte sich das Notebook vorgenommen. Als er Stefan sah, fragte er ihn nach dem Passwort. Stefan gab es ihm, denn ein Spezialist würde den Zugang ohnehin knacken können. »Der Computer kommt mit«, hörte er im Hintergrund Peters sagen. »Und denkt an die Schuhe.« Wollten die alle seine Schuhe mitnehmen? Welche durfte er denn dann jetzt anziehen? Er bekam ein Paar sommerliche Slipper zugeteilt. »Fürs Erste.« Wie praktisch. Für Slipper war zwar noch gar nicht Saison, aber sie hatten auch keine Schnürsenkel, die entfernt werden mussten, damit sich der Gefangene nicht daran aufhängte.

Peters trat an ihn heran. »Sie bekommen eine Inventarliste von allem, was die Kollegen mitnehmen. Haben Sie Ihre Siebensachen gepackt?« Stefan bejahte. Der Kommissar winkte einem Kollegen. »Sie können Herrn Berg jetzt abführen.« Der Angesprochene löste seine Handschellen vom Gürtel.

»Aber Herr Kommissar«, bat Stefan. »Ich fliehe nicht und leiste keinen Widerstand, das sehen Sie doch. Bitte keine Handschellen. Das sieht ja aus, als sei ich ein Schwerverbrecher.«

Peters guckte grimmig. »Machen Sie keine Witze, Berg. Sie sind des Mordes verdächtig. Was, glauben Sie, für eine Art von Verbrechen ist das wohl? Arme nach hinten, los.«

Stefan gehorchte. Die Schellen klickten und drückten schmerzhaft an den Handgelenken. Das bisschen Fassung, das er dank der freundlichen Ratschläge von Volker Schwarz beim Taschepacken gewonnen hatte, brach zusammen. Es war immer noch früh am Tage, aber die Nachbarn waren gewiss schon auf den Beinen. Der Polizeieinsatz hatte Lärm gemacht, und auf der Straße parkten Einsatzwagen. Diese ganze Aktion war eine einzige Bloßstellung. Stefan bat, man möge ihm seine Jacke über den Kopf hängen. Eine Hand ergriff ihn fest am Oberarm, damit er auf der Treppe nicht stolperte. Beim Gang nach unten vermutete Stefan hinter jedem Türspion ein neugieriges Auge. Noch schlimmer war es auf der Straße, wo es mittlerweile hell geworden war. Bestimmt sahen Leute aus den Fenstern auf ihn herunter. Stefan hielt den Kopf gesenkt und spürte Erleichterung, als er, mit einem Beamten neben sich, endlich halbwegs vor Blicken geschützt auf der Rückbank eines Streifenwagens saß. Doch unbequem war es, so mit den gefesselten Händen auf dem Rücken. Auch konnte er sich nicht abstützen. Hoffentlich würde der Fahrer nicht scharf bremsen müssen. Der Gurt hielt ihn zwar sicherlich im Sitz. Hilflos fühlte sich Stefan dennoch.

Zähe Stunden verbrachte er wartend in einer Zelle der Polizei, durfte immerhin mit seinen Angestellten telefonieren, die er anwies, den Praxisbetrieb für die nächsten Tage ohne ihn aufrechtzuerhalten. Er sei aus dringenden privaten Gründen für eine Weile nicht in der Stadt. Die nicht zu schaffenden Termine sollten sie absagen oder verlegen. Besser, mit reduziertem Angebot weiterzuarbeiten statt zu schließen. Er sei schlecht zu erreichen, würde sich aber zwischendurch melden. Stefan hoffte, dass dies kein leeres Versprechen war. Konnte er aus der U-Haft heraus noch weiter die Geschäfte führen? Er brauchte dringend eine Rechtsberatung.

Ratlosigkeit überkam ihn. Das kam davon, wenn man nicht in der kriminellen Szene zuhause war – man kannte dann auch keinen Anwalt, der in Strafsachen kompetent war und den man hätte anrufen können. Als er fragte, was er nun tun solle, gab man ihm ein Branchenfernsprechbuch. Die Namen der Kanzleien darin sagten ihm alle nichts. Wenn er wenigstens im Internet hätte suchen dürfen, dort wäre er auf Tipps, Empfehlungen, Bewertungen gestoßen. Er rief in einer Sozietät mit mehreren Anwälten an und wurde von der Sekretärin mit einem Herrn Kluge verbunden, der sich seines Falls tatsächlich annahm. Wo sich Stefan gerade befinde? Er solle sich keinesfalls zu Aussagen verleiten lassen, keine Absprachen treffen und die Nerven bewahren. Sie sähen sich später im Amtsgericht. Stefan reichte den Telefonhörer an einen Beamten zurück, mit dem der Anwalt dann noch sprach. Es schien um Abläufe und Zuständigkeiten zu gehen.

Mittags holten ihn drei Polizisten aus der Zelle, legten ihm erneut Handschellen an, setzten sich mit ihm in ein Einsatzfahrzeug. »Sie werden jetzt dem Haftrichter vorgeführt.« Der Raum, den sie im Gericht aufsuchten, war kein Sitzungssaal, sondern das Dienstzimmer des Richters, der hinter seinem Schreibtisch thronte und ihn mit zwei anderen Männern erwartete. Der eine stellte sich Stefan vor: »Jan Kluge, Ihr Anwalt.« Name und Visitenkarte waren vielversprechend. Bewirken konnte hier aber selbst ein kluger Mann nichts. Nach zehn Minuten hatte der Richter Stefans Vernehmung beendet, den Haftbefehl bestätigt und die Einweisung des Beschuldigten in die örtliche JVA angeordnet. Der Staatsanwalt war zufrieden. Der Verteidiger versuchte, Stefan aufzurichten. Er werde ihn schnellstmöglich in der Anstalt aufsuchen und Antrag auf Haftprüfung stellen. Die Polizisten verfrachteten Stefan zurück aufs Revier.

Wieder in die Zelle, wieder Warten. In seinem Kopf kreisten die Gedanken. War es falsch gewesen, sich auf die Gegenüberstellung mit den beiden Hundebesitzern einzulassen? Hätte er besser nicht sagen sollen, dass er Carmen am Rande des Parks abgesetzt und allein nach Haus hatte gehen lassen? Ein Beamter brachte ihm einen Becher Kaffee, probierte auf die leutselige Tour, Stefan auszufragen. Nachmittags gegen fünf kam der Transporter, ein Kleinbus mit eingebautem Käfig. Drei weitere Gefangene hockten darin, anscheinend alle bestimmt für dasselbe Gefängnis. Sympathisch wirkten sie nicht auf Stefan, er vermied den Blickkontakt, hatte Sorge, jemanden zu provozieren. Die meiste Zeit fuhren sie schweigend. Als einer anfing, über seinen Anwalt zu schimpfen, ging Stefan auf, wie wenig Jan Kluge beim Haftrichter gegen die Tatvorwürfe hatte einwenden können. Dieser verfluchte Kommissar Peters hatte alles getan, um ihn fertigzumachen.

Die Einlieferung in den Knast erlebte er wie durch Glas. Das geschah wirklich ihm? Allein schon die Pforte der Anstalt, eine Tür, eingelassen in ein riesiges Eisentor, zerstörte seine Illusion, in einer JVA bleibe er Teil der bürgerlichen Welt. Ihn übermannte der gegenteilige Gedanke: Hier kann man dich auf Nimmerwiedersehen wegschließen. Zwei Schleusen passierte der Bus, bevor sie ausstiegen. Namen und Ankunftszeit der Gefangenen wurden protokolliert. Anschließend steckte man ihn in die Zugangszelle, einen großen Raum mit Stockbetten und einem laufenden Flachbildfernseher, der Fußboden dreckig und voller Zigarettenkippen. Stefan stellte seine Sachen auf eine freie Matratze, er ekelte sich. Fünf Augenpaare blickten ihn an. Ein Kerl – kräftig, am Hals tätowiert, schlechte Zähne – fragte ihn, warum er hier sei. U-Haft, sagte Stefan, und dass man ihm Mord vorwerfe, er sei aber unschuldig. Schon klar, lachte der Tätowierte. Stefan beschloss, besser den Mund zu halten.

Wieder verging Zeit. Häftlinge wurden aus der Zelle geholt, neu eingelieferte kamen. Endlich war Stefan an der Reihe. Wohin bringen Sie mich, fragte er seine Eskorte. »Vollzugsgeschäftsstelle« lautete die knappe Antwort. Geld, Ausweis, Smartphone und Uhr musste Stefan abgeben. Ein Beamter mit Brille und Bart prüfte seine Aufnahmepapiere, stellte Fragen: Ob er Einkommen habe oder eine gesetzliche Rente beziehe, wie es um seine Gesundheit stehe, welche Fürsorgemaßnahmen für von ihm abhängige Angehörige eingeleitet werden müssten, ob ihm der Verlust seiner Wohnung drohe, wie viel Geld auf sein Haftkonto transferiert werden solle, um Einkäufe in der Anstalt zu bestreiten.

»Ist das Leben hier drin denn teuer?«, wollte Stefan wissen. Er schalt sich dafür, so ahnungslos und unvorbereitet zu sein. »Teurer als draußen«, bekam er zu hören. Der Beamte sah ihn spöttisch an. »Sie können sich auch Essen aus dem Restaurant bringen lassen, wenn Sie es bezahlen. Und Sie können wählen zwischen Anstaltskleidung und Ihren privaten Sachen. Alles Privilegien der U-Haft.«

Das hatte Stefan schon der jüngere Kommissar bei der Festnahme erklärt. Nicht gesagt hatte er ihm, dass private Kleidung auf eigene Kosten zu reinigen war und dass man ihm seine Sporttasche erst einmal wegnahm, um die Kleidung darin auf eingenähte Gegenstände zu kontrollieren. Stefan blieb nur, was er auf dem Leibe trug. Trotzdem entschloss er sich, auf Anstaltsklamotten zu verzichten. Zöge er die an, würde er sich gleich wie ein Verurteilter fühlen.

»Haben Sie gesundheitliche Probleme?« Nein, hatte er nicht. Er nahm auch keine Tabletten, war weder alkohol- noch drogensüchtig. Der Beamte hakte seinen Fragebogen ab. Das Wichtigste kam zum Schluss.

»Sind Sie selbstmordgefährdet?«

Stefan verneinte.

»Sind Sie mit einer Gemeinschaftszelle einverstanden?«

Komische Frage. Hatte er denn die Wahl? Die hatte er. Aber Einzelzellen waren knapp. Als Selbstmordgefährdeten hätten sie ihn zu anderen Gefangenen gesteckt, die aufpassten, dass er sich nichts antat. Stefan fürchtete eher, durch andere gefährdet zu sein. Schläger, Betrüger, Vergewaltiger – was würden die mit ihm anstellen? Er wählte die Einzelzelle. Der Beamte machte einen Eintrag.

Ab in den Nebenraum. Ein Kennzeichnungsbogen war auszufüllen. Stefan gab sich kooperativ, als sie Fotos von ihm machten, seine Körpergröße maßen und Fingerabdrücke nahmen. Es reichte wohl nicht, dass ihn schon die Polizei erkennungsdienstlich behandelt hatte. Irgendwie war das sowieso alles nicht wahr, was hier passierte. Auf der nächsten Station musste er nackt eine Leibesvisitation über sich ergehen lassen, die seine hintere Körperöffnung einschloss. »Bücken Sie sich.« Er fand das demütigend. Von dort ging es zur Kleiderkammer. Ein Mitgefangener händigte ihm Bettzeug, Kopfkissen, zwei Handtücher, Besteck, Tasse und Teller aus. Einen leeren Salzstreuer aus Plastik gab's obendrauf. Überraschend war, dass er eine Erstausstattung mit Hygieneartikeln erhielt: Seife, Zahnpasta, Zahnbürste, Zahnputzbecher, alles in sehr einfacher Ausführung. Der Kommissar, der ihm gesagt hatte, diese Dinge müsse er kaufen, irrte offenkundig. Seinen Gürtel durfte er behalten. Schnürsenkel hatte er nicht an seinen hier völlig albernen, modischen Slippern, aber sie schienen ohnehin kein Thema zu sein. Stefan lernte einen neuen Sprachgebrauch: Häftlinge wurden nicht von Ort zu Ort gebracht, sie wurden »geschoben«. So kam er sich auch vor.

Der letzte Weg führte ihn in die Zelle. Neuneinhalb Quadratmeter, ein hüfthoher Ölsockel, darüber ein hellgelber Anstrich. Kahle Wände, bis auf ein Bord. Ein schmales Bett, ein Tisch, ein Stuhl, ein Spind, Waschbecken und Klo. Und das Wichtigste: ein Fenster, vergittert zwar, aber es ließ sich öffnen, ließ Licht und Luft herein. Der Aufseher schlug die Tür zu, Stefan hörte das Klirren der Schlüssel. Er war allein.

16

Georgs Woche ohne Linda fing gut an. Er hatte befürchtet, sich einsam zu fühlen, besonders in der Früh, gefährdet durchs morgendliche Pessimum. Vor der Erkrankung war er ab und an gern für ein paar Tage auf sich gestellt gewesen. Mittlerweile aber hatte er Respekt davor, allein in der Wohnung zu sein. War Linda anwesend, drohte Streit, war niemand da, drohten Ängstlichkeit und Trübsinn. Diese Zwickmühle hatte ihn bange gemacht. Wider Erwarten war die Eintrübung ausgeblieben. Den dritten Morgen schon genoss er es, in die Küche zu kommen und sie still und leer vorzufinden. Er nahm sich Zeit für das Frühstück, kaute sein Müsli mit Bedacht, griff erst beim zweiten Kaffee nach der Zeitung und legte beim Lesen die Beine hoch. Niemand krauste die Stirn, niemand kommentierte ihn, niemand trieb ihn an. Im Lokalteil der WAZ fand er eine Notiz, die ihn elektrisierte:»Festnahme im Mordfall Ungemein«. Verdächtig sei ein 37-jähriger Mann, stand da, weitere Angaben zur Person gab es nicht. Ob das dieser Stefan war, mit dem sich Carmen für ein Treffen im Hotel verabredet hatte? Falls ja, dann brauchte er Kommissar Peters keinen Tipp mehr zu geben. Wie aber, wenn sich die Polizei mit ihrem Verdacht auf dem Holzweg befand?

Nach seinem Kurzbesuch bei Arthur und dem Gespräch mit Leo hatte er gleich am nächsten Morgen die Taxizentrale angerufen. Die freundliche Dame am Telefon hatte sich bereit erklärt zu erkunden, wer ihn in der fraglichen Nacht gegen 23.45 Uhr vom Lokal »Bei Arthur« zum Alten Stadttor gebracht haben könnte.

Der Fahrer würde sich melden. Doch ein Rückruf war ausgeblieben. Entweder hatte die Telefonistin ihr Versprechen nicht wahrgemacht oder der Gesuchte scheute die Kontaktaufnahme. Dass sich der Fahrer nicht an die mitternächtliche Tour erinnerte, war unwahrscheinlich, denn dafür lag sie nicht lang genug zurück. War im Taxi irgendetwas geschehen, was ihn nun hemmte, bei mir anzurufen, fragte sich Georg. Dann wohl etwas Unangenehmes. Habe ich ihm in meinem Suffkopp den Wagen vollgekotzt? Sind wir aneinandergeraten? Vielleicht hat mich der Taxifahrer rausgeworfen und ich habe mir dabei den Striemen an der Hand und den Kratzer auf dem Schuh zugezogen und die Hose dreckig gemacht.

Alles denkbar und doch wieder nicht. Seinem Selbstbild nach sah sich Georg nicht als einen Mann, der vor Fremden alle Haltung verlor. Auch volltrunken würde er sich in einem Taxi nicht erleichtern oder gar zu randalieren anfangen. Bei seinem letzten Handgemenge – er hatte sich damals mit einem Nebenbuhler geprügelt, der vor Eifersucht ausgerastet war – war Georg 23 Jahre jung gewesen. Seither war nichts mehr dergleichen passiert. Na ja, wenn er es recht überlegte, hatte ihn Linda zweimal zurückgehalten, als sie angepöbelt worden waren, und einmal hatte er sich selbst gebremst.

Georg kam mit seinen Gedanken zu keinem Abschluss. Er glaubte nicht an eine nächtliche Konfrontation im Taxi, aber er wusste aus der strafrechtlichen Praxis, wozu Alkohol Menschen bringen konnte. Insgeheim hatte er gefürchtet, es würde sich beim Rückruf des Fahrers herausstellen, dass der ihn nicht am Alten Stadttor, sondern in der Nähe der Stiftstraße abgesetzt hätte. Diese dunkle Ahnung ging ihm erst jetzt in aller Deutlichkeit auf. Er las noch einmal die Notiz in der WAZ. Er könnte seinen Anruf in der Taxizentrale wiederholen und hartnäckiger versuchen, Klarheit zu erlangen. Doch was dann? Sinnierend starrte er auf die Zeitung. Lass die Flausen, Georg, hörte er im Geiste Freddy sagen, oder sei ein richtiger Dummkopf und lauf gleich zu Jürgen Peters.

Zeit fürs Büro. Er räumte das Geschirr in die Spülmaschine, die unangenehm zu riechen begann, weil er sie erst anschalten wollte, wenn sie gut gefüllt war. Das aber dauerte bei der Art von Ein-Personen-Haushalt, wie er ihn zurzeit führte: morgens Müsli, Saft und Kaffee, abends eine Brotzeit und Mineralwasser – solange er nicht kochte, kam nicht viel Geschirr zusammen. Friedrich hatte er, es schien ihm eine Ewigkeit her zu sein, einmal zu selbstgemachten Spaghetti Vongole eingeladen. Kein großartiges Essen, die kleinen Muscheln kamen aus der Tiefkühltruhe, aber die Nudeln und die Kräuter waren frisch gewesen. Sie hatten sich die Vorbereitungen geteilt, Georg hatte sich um die Teigwaren gekümmert, derweil Freddy Tomaten, Zwiebeln, Knoblauch und Petersilie kleinschnitt. So einen Freundschaftsabend könnten wir in den nächsten Tagen gut wiederholen, dachte Georg. Friedrich müsste nicht fürchten, auf Linda zu treffen. Er sah in den Kühlschrank. Milch und Butter waren aus, der Käse ging zur Neige, Schinken und seine geliebten sauren Minigurken auch, Eier waren noch zwei Stück da. Georg machte sich einen Zettel. Was Einkäufe anbelangte, war er vergesslich.

Auf der Straße wäre ihm fast eine junge Frau ins Rad gelaufen. Georg war so erschrocken, als sie unvermittelt vom Gehweg auf die Fahrbahn wechselte, dass er sie anherrschte:»Können Sie nicht aufpassen?«Sie, wenig beeindruckt, gab zurück:»Können Sie nicht klingeln?«Nein, kann ich nicht, dachte Georg bei sich. Einer Verkehrskontrolle würde sein Rad gerade nicht standhalten. Er nahm sich vor, deswegen baldmöglichst einen Stopp beim Fahrradladen einzulegen. Die könnten dort auch gleich nach seinem flackernden Rücklicht schauen.

Die Kanzlei war bereits im Bilde. Frau Samson am Empfang hob, als Georg mit einem warmen Lächeln ihren Gruß erwiderte, die WAZ hoch und machte ein fragendes Gesicht. Er sandte ihr ein bestätigendes Nicken. Kurz darauf schaute Friedrich Wagner in seinem Zimmer vorbei. Ob Georg schon gelesen habe?

Ob Freddy die Meldung denn sensationell finde, fragte Georg zurück.

Wagner setzte sich. »Ganz schön fix, dein Kommissar Peters.«

»Fähiger Mann, hab' ich doch gesagt«, erwiderte Georg. »Außerdem sitzt eine ganze Mannschaft an dem Fall, Peters muss den nicht allein lösen.«

»Bestimmt ein Liebhaber«, meinte Wagner. »37 Jahre alt, schreibt die Zeitung. Carmen Ungemein war 44, ich habe gerade nochmal nachgeschaut. Wundert mich gar nicht. Die Frau bekam auch jüngere Männer. Attraktiv war sie, wenn ich das bei aller Pietät einmal sagen darf.«

»Du sagst es, lieber Friedrich, nicht zum ersten Mal. Und ich finde es keineswegs pietätlos.«

Wagner sah Georg an. »Nur dein Fall war sie nicht, oder? Du hattest einen Widerwillen gegen diese Frau, hast moralische Vorbehalte bei mir gegen sie angemeldet, fandst ihren Charakter schlecht.«

Täuschte sich Georg, oder bekam der Blick des Freundes etwas Forschendes? Wagner fuhr fort: »Männer sind korrumpierbar. Wir sprechen selbst bei schlechten Frauen auf deren weibliche Reize an, würden zwar nie eine ernsthafte Beziehung mit ihnen wollen, aber haben Phantasien von Verführung und schnellem Sex. Nenn es die männliche Triebnatur, nenn mich primitiv, doch so ist es.«

»Nicht immer, Freddy, nicht immer.«

»Ach komm, Schorsch, willst du behaupten, du habest Carmens Kurven übersehen, keinerlei Verlockung gespürt, die von der Art ausging, wie sie sich bewegte, einen anschaute?«

Georg wurde es unbehaglich. Leugnen konnte er schlecht, er wollte den Freund kein zweites Mal belügen. Er flüchtete sich in einen Scherz.

»Bei so tiefer Männerkenntnis, wie du sie an den Tag legst, bleibt mir nur das Geständnis: Nein, ich habe nichts übersehen. Zufrieden?«

»Ich weiß nicht, Schorsch, ich weiß nicht. In deinem Geständnis steckt mir zu viel ironische Distanz. Du wahrst den Anschein, als seist du dennoch auf der sicheren Seite gewesen, als habe jemand wie Carmen Ungemein dich nicht erotisch gefährden können.«

»Was willst du hören – dass ich für sie brannte? Das tat ich nicht.«

»Das glaube ich dir, schon wegen deiner professionellen Distanz. Wir würden uns beide nie mit einer Mandantin einlassen, das gäbe nur dumme Verwicklungen.« Wagner lächelte. »Eine Anziehungskraft kann trotzdem da sein, und mit ihr die eine oder andere Vorstellung, wie nebenbei auch immer.« Er ließ seinen Blick durch Georgs Zimmer wandern. »Ist dir dein Arbeitsplatz eigentlich nicht zu beschränkt? Ich würde dir gern einen helleren und größeren Raum anbieten, doch es ist keiner frei. Das Beste hier ist mein alter Diwan.«

Es stimmte, der Diwan gehörte Freddy. Ein Erbstück, das den Freund schon in Studententagen begleitet hatte. Georg hatte es vergessen. Daran erinnert zu werden, machte das Geschehene nicht leichter.

»Mir gefällt es hier so, wie es ist, Friedrich. Klein, gemütlich und mit Bäumen vor dem Fenster. Eine Klause am Ende des Flurs. Ich habe in meinem gesamten Berufsleben noch nie so viel Ruhe gehabt. Es bekommt mir. Ich bin dir dankbar.«

Von Dankbarkeit wollte Wagner nichts hören, aber in Georgs Vorschlag, bei ihm zuhause zusammen zu kochen, willigte er sofort ein. Übermorgen Abend ginge gut. Seine Frau hätte sicher noch keine Pläne mit ihm. Ob er einen Teil des Einkaufes übernehmen solle? Georg übertrug ihm die Besorgung der Vorspeise. Wagner kehrte zu seiner Arbeit zurück.

Manchmal kam es vor, dass jemand seinen Scheidungsantrag zurückzog. Der Mandant bezahlte die bis dahin aufgelaufenen Kosten und Gebühren, und das war's. Mitten im Verfahren wurden von einem Tag auf den anderen die Akten geschlossen. Georg hatte einen solchen Fall in seiner kurzen Zeit bei Wagner noch nicht auf dem Tisch gehabt. Jetzt erging es ihm so mit der Akte Ungemein. Aber die konnte er nicht einfach beiseitelegen. Ihm war, als müsse er wenigstens den letzten, schon angefangenen Schriftsatz noch vollenden, wenn er es schon nicht schaffte, Licht in seinen eigenen Verbleib während der Tatzeit zu bringen.

Immer wieder schweiften seine Gedanken ab, wenn er versuchte, sich auf einen der übrigen Fälle zu konzentrieren, und er landete bei Carmens Unterhaltsansprüchen. Er stellte sich vor, er würde von Linda getrennt leben und müsste ihr Kuren in Italien und kostspielige Kulturabende mit Gästen finanzieren. Kein angenehmer Gedanke. Würde ihn das wütend machen? War Carsten Ungemein wütend? Der Unternehmer hatte sicherlich ein Einkommen, das hoch genug war, um großzügige Unterhaltszahlungen an Carmen zu verkraften. Aber das dicke Ende wäre ja noch gekommen: Der Zugewinnausgleich und die Aufteilung des Vermögens hätten ihm richtig wehtun können.

Georg bekam Lust auf eine Zigarette. Flüchtig nur, doch es war seltsam genug. Das Rauchen hatte er schon mit Mitte zwanzig aufgegeben. Lange Zeit hatte er noch davon geträumt, meist nach demselben Muster: Er rauchte, es schmeckte ihm wahnsinnig gut, und dann überfiel ihn das Wissen, dass er nie davon loskommen könnte. Ein Schreck durchfuhr ihn, er wachte auf. So mächtig war der Traum, so stark das Suchtgefühl, dass er erst einmal dalag und nicht wusste, ob er mit dem Rauchen wirklich wieder angefangen hatte oder nicht. Schließlich die Erleichterung: Ich habe alles bloß geträumt.

Nach der Geburt seines Sohnes verschwand der Traum und stellte sich jahrelang nicht mehr ein. Georg glaubte, dass das kein Zufall sei, sondern dass das Kind für sein Denken und Fühlen eine solche Bedeutung besaß, dass auch im Unterbewusstsein kein Platz mehr war für das Rauchen. Es brauchte diese Art von geträumter Bedürfniserfüllung nicht mehr. Auch im Wachzu-

stand hatten ihn all die Jahre, als er im Vollgefühl seiner Familien-
väterlichkeit lebte, nie Gelüste nach einer Zigarette behelligt. Nun
aber kehrten sie gelegentlich zurück.

Louis. Bestimmt hatte er gerade Uni. Sie telefonierten kaum
noch miteinander. Rief Louis an, so ließ er über Linda Grüße an
den Vater ausrichten. Georg seinerseits nahm nur selten Anläufe,
sich bei seinem Sohn zu melden. Mit seinen Eltern war es ähnlich
gewesen, auch da liefen die meisten Telefonate über die Mutter, die
dann allerdings mit einem »Leg nicht auf, ich gebe dir Papa noch«
den Hörer weiterreichte. Linda hatte es nicht so mit dem Weiter-
reichen. Georg saß auf seinem Bürostuhl, das Telefon griffbereit,
und spürte, dass ihn etwas bremste. Er hatte Lust auf Ablenkung,
und Freddys Vorschlag eines Vater-Sohn-Abends war zweifellos
wohlgemeint. Aber ob er beim Bier mit Louis wirklich auf andere
Gedanken käme? Freddy hatte von Kino gesprochen. Das könnte
helfen. Georg überwand sein Zögern. Dreimal ging das Rufzei-
chen raus, dann wurde abgenommen.

»Louis Ruh.« Eine Stimme, die am Handy dunkler klang als zuletzt am Küchentisch.

»Hallo Louis, ich bin's.«

»Papa, du? Die Nummer auf meinem Display kenne ich gar
nicht. Ist was passiert?«

Georg beruhigte ihn. Er rufe aus dem Büro an. Ob Louis nicht
Lust auf einen Kinoabend habe?

»Du meinst, wir beide? Und wann soll das stattfinden? Am Wo-
chenende bin ich mit Anna unterwegs.«

Georg plädierte für Spontanität. Warum nicht gleich heute?
Sie könnten »Das finstere Tal« anschauen, er habe nur rühmende
Kritiken gelesen. Louis kannte die Kritik, hatte jedoch den Film
verpasst, als er im Februar gestartet war, und wunderte sich, dass
man ihn überhaupt noch sehen könne. Nur im Programmkino, erwiderte Georg, aus dem Multiplex sei er raus. Sie verabredeten sich
für die Vorstellung um halb neun.

Das Odeon hatte zwei Kinosäle, der Film lief leider im kleineren. Georg wartete mit Karten im Foyer und war guter Dinge, bis seine schweifenden Augen auf eine Frau fielen. Sie drehte ihm den Rücken zu, sprach mit einem Mann. Diese Figur, die Haltung, vor allem die Haare! Das konnte nicht sein. Georg kam nicht dazu, seine Inspektion zu vertiefen, denn Louis war eingetroffen, bereits leicht verspätet, was aber Georg nicht störte. Es musste ein väterliches Erbteil sein. Beiden Männern fiel Pünktlichkeit schwer. Die Wartenden gerieten in Bewegung, der Einlass hatte begonnen. Auch die Schwarzhaarige schloss sich mit ihrem Begleiter dem Strom an. Georg erhaschte einen Blick auf ihr Profil. Die Ähnlichkeit war frappierend.

Der Saal war gut besetzt. Sie zwängten sich an zwei Senioren und einem jüngeren Paar vorbei zu ihren Plätzen. Die Senioren erhoben sich, das Pärchen bog nur die Knie zur Seite, um sie durchzulassen. Die Karten waren für Reihe 5, Mitte. Georg saß gern so, dass die Leinwand sein Blickfeld fast gänzlich ausfüllte, aber in diesem kleinen Saal war er dafür in Reihe 5 schon zu weit weg. Er erwähnte es. Louis fand ihre Plätze »total okay«. Georg drehte sich nach hinten um. Die Phantomfrau fand er in der letzten Reihe. Er fixierte sie nur kurz, versuchte, nicht wie ein Suchender zu wirken. Kurz darauf ging das Licht aus und die Werbung begann.

Nach dem Film hatten beide Hunger. Georg lud den Sohn zum Griechen ein. Er war nicht ganz bei der Sache. Beim Verlassen des Kinosaals war es ihm gelungen, sich der Schwarzhaarigen bis auf wenige Meter zu nähern. Aus der Nähe sah die Frau nicht mehr ganz wie Carmens Wiedergängerin aus. Um eine jüngere Schwester zu sein, reichte die Ähnlichkeit allemal. Georg fühlte eine Mischung aus Erleichterung und Enttäuschung. Die Unruhe, die ihn den ganzen Film hindurch verfolgt hatte, legte sich etwas. Beim Griechen versäumte er, ein alkoholfreies Bier zu bestellen und trank ein normales. Louis, der mit Appetit aß und zwischen zwei Gabeln redselig »Das finstere Tal« lobte, fiel nicht auf, dass Georgs

Beiträge zur Diskussion bescheiden blieben. Die Idee, einen Western in den Alpen spielen zu lassen, der Schmutz und die Ärmlichkeit im Bergdorf, das harte Regiment des herrschenden Bauern und seiner sechs Söhne, die älplerische Stupidität und das Misstrauen gegen den Fremden – das alles fand Louis atmosphärisch dicht, glänzend gespielt, großartig fotografiert, und Georg betrachtete seinen Sohn, stimmte zu, ergänzte gelegentlich ein Detail und dachte im Übrigen an Carmen. Der Heimweg auf dem Rad, in frischer Luft, tat ihm gut.

17

*D*er Brief war nicht frankiert, trug keinen Absender und hatte auch nicht den Postweg genommen. Jemand hatte ihn in den Briefkasten des Ordnungsamts in der Innenstadt geworfen. »Kriminalpolizei, Mordkommission Carmen Ungemein« stand darauf. Nun drehte ihn Jürgen Peters zwischen den Fingern. Einem Impuls folgend, hatte der Kommissar Handschuhe angezogen. Anonyme Schreiben konnten Unfug von Wichtigtuern sein, sollte es jedoch nötig werden, die Anonymität des Absenders aufzudecken, dann wollte Peters von vornherein nichts getan haben, was die Spuren auf dem Umschlag beschädigte oder vermehrte. Zum Öffnen benutzte er eine Klinge. Innen befand sich nur ein einziges Blatt, ein Zeitungsausschnitt mit der Notiz von der Festnahme Stefan Bergs, dessen Name freilich von der Presse nicht genannt worden war. Dem Absender des Briefes aber musste genügt haben, von einem 37-jährigen Mordverdächtigen zu lesen, um zu reagieren. Die Notiz hatte er mit Kugelschreiber umkringelt und auf den Zeitungsrand mit Druckbuchstaben die Worte geschrieben: POLIZEI IRRT. ANWALT GEORG RUH HATTE MIT OPFER SEX AM VORABEND DER TAT.

Peters schnaubte. Da wollte einer einem verdienten Staatsanwalt an die Karre fahren. Es gab genug Leute, die dafür in Frage kamen. Ruh hatte als Ankläger so manchen Kriminellen hinter Gitter gebracht. Viele bereuten ihre Taten nicht, sahen die Schuld bei anderen. Es war naheliegend, dass der eine oder andere dieser Verbrecher Rachegelüste pflegte. Der Kommissar starrte den Ausschnitt an, der einmal geknickt worden war und nun entfaltet vor ihm auf dem Tisch lag. Sein erster Ärger über den Absender verebbte. Etwas mehr als ein willkürlicher Racheakt musste doch dahinterstecken. Eine Verbindung zwischen Carmen Ungemein und Georg Ruh würde nur herstellen, wer wusste, dass Carmen die Kanzlei Wagner konsultiert hatte und dass Ruh neuerdings dort arbeitete. Vielleicht musste man nicht so weit gehen zu sagen, dass dem Absender sogar bekannt war, dass sich Georg Ruh mit der Akte Ungemein befasste. Jedenfalls war der Kommentar zu der Zeitungsnotiz nicht ohne Hintergrundwissen verfasst worden. Das engte den Kreis der möglichen Briefeschreiber ein.

Sollte er Volker Schwarz hinzuziehen, was der zu dem Wisch meinte? Eigentlich war das keine Frage. Sie arbeiteten im Team, jeder in der kleinen MoKo legte seine Informationen offen. Aber er war der Chef, da durften ruhig einmal andere Bedingungen gelten. Peters fand es nicht fair gegenüber Georg Ruh, mit einer üblen Nachrede über ihn sofort herauszuplatzen. Die Kollegen würden noch früh genug von der anonymen Zusendung erfahren. Er kannte Ruh schon lange. Der Mann hatte es verdient, gehört zu werden, bevor sich andere über ihn das Maul zerrissen. Peters rief in der Kanzlei Wagner an, ließ sich verbinden. Ruh begrüßte ihn freundlich, machte Scherze.

»Sind Sie meinem Karrierewechsel auf der Spur, Herr Kommissar?«

Peters nahm den leichten Ton auf. Ruh sei doch bei ihrem Zusammentreffen neulich auf der Straße gewiss nicht entgangen, wie sehr er, Peters, mit Ruhs Abschied von der Staatsanwaltschaft hadere. Ihm fehle der Austausch über schwierige Fälle. Er würde gern Ruhs Ansichten zu Carmen Ungemein einholen. In der Kanzlei sei er schon am Tag nach der Mordnacht gewesen, aber da hätten sie sich ja verpasst.

Ruh tat, als stutze er. »Ist denn Frau Ungemein ein schwieriger Fall, Herr Peters? Sie haben doch sogar schon einen Tatverdächtigen eingebuchtet. Oder ist der schon wieder auf freiem Fuß?« Jürgen Peters verneinte. Die U-Haft bestehe fort. Dennoch wäre er Ruh für eine Unterredung dankbar. Nein, nicht am Telefon. Er wolle ihm etwas zeigen. Am einfachsten wäre es, sie würden sich auf dem Kommissariat treffen. Georg sagte zu, gegen 18.30 Uhr vorbeizukommen.

Bis auf ein paar Verblendungen war der in Grautönen gehaltene Bau der Polizeiinspektion 1 völlig schmucklos, ein funktionaler dreigeschossiger Kasten, modern und sachlich. Trotzdem wandelten Georg nostalgische Gefühle an, als er die Treppe zum für Tötungsdelikte zuständigen Kommissariat hinaufschritt. Wie vertraut ihm doch dieser Weg war. Peters hatte ihn beim Beamten unten am Eingang angemeldet, aber der hätte ihn wohl auch so hereingelassen, da, wie sein Gruß verriet, Georg für ihn immer noch der Herr Staatsanwalt war. Ein älterer Kripomann stand im Flur der 2. Etage, gab ihm die Hand, erkundigte sich nach seinem Befinden. Georg wusste noch, wie der hieß: Grütters, Vorname Bernd. Hilfe, wo's langgehe, brauche Herr Ruh wohl nicht? Das war ein Witz. Jürgen Peters besaß dasselbe Büro wie seit eh und je. Georg sammelte sich kurz, bevor er anklopfte. So bekannt ihm die Örtlichkeit war, so neu war es, hier nicht als leitender Staatsanwalt, sondern als Zivilperson einzutreten.

Peters bot ihm Kaffee an, Georg war mit Wasser zufrieden. Der Kommissar verlor – es klang wie eine Entschuldigung – ein paar Worte darüber, dass er ihn zum Fall Ungemein heranziehe, ihn gleichwohl nicht in den Stand der Ermittlungen einweihen könne. Georg verstand das, er war jetzt ein Außenstehender. Eine Frage nur wünsche er zu stellen: Der Tatverdächtige in U-Haft, in welchem Verhältnis habe er zu Carmen Ungemein gestanden – ein Liebhaber?

»Gut geraten, Herr Ruh. Bitte verschweigen Sie, dass ich es Ihnen bestätigt habe.«

»Die Vermutung fällt einem nicht allzu schwer, Herr Peters. Es werden wohl noch andere Zeitungsleser darauf kommen. Weswegen wollten Sie mich sprechen?«

Der Kommissar beschloss, mit dem Harmlosesten anzufangen. Er kenne Ruh als passionierten Fahrradfahrer, was er selbst leider nicht sei, auch wenn es ihm sicher guttäte. Peters wies auf sein Bäuchlein und zog eine Grimasse. Nun habe er zwar einen solchen Fall noch nie gehabt, doch wie schätze Ruh die Tauglichkeit eines Fahrrads ein, bei einem Mord als Anfahrts- und Fluchtfahrzeug zu dienen?

»Sie meinen prinzipiell, Herr Kommissar?«

Peters bejahte.

»Für einen trainierten Radfahrer wäre das eine Option«, meinte Georg. »Vorausgesetzt, die Straßen sind nicht verschneit oder vereist, sehe ich einige Vorteile. Der Mörder muss keinen Parkplatz suchen, er kann das Rad dort abstellen, wo es ihm günstig erscheint. Es gibt kein Nummernschild, mit dem er zufälligen Passanten in Erinnerung bliebe. Er kann für die Flucht Strecken wählen, die Autos nicht benutzen können, zum Beispiel durch Grünanlagen. Auch stehen ihm Abkürzungen offen, die in erster Linie für Fußgänger gedacht sind, denken Sie an Privatwege, wie sie oft zwischen Grundstücken in Wohngegenden verlaufen. Richtungswechsel sind ein Kinderspiel, notfalls auch in Einbahnstraßen. Je länger ich darüber nachdenke, desto praktischer erscheint mir ein Rad. Gestalt und Gesicht des Fahrers werden allerdings deutlicher erkannt, als wenn er im Auto fährt. Vielleicht hatten Sie deswegen noch keinen solchen Fall in Ihrer Laufbahn; eben weil die Täter das Gefühl haben, sie würden auf einem Rad wie auf dem Präsentierteller sitzen.« Georg unterbrach sich. »Wie kommen Sie überhaupt darauf?«

»Deswegen.« Peters langte nach einem Asservatenbeutel, der auf seinem Schreibtisch lag, und holte eine blau-schwarze Fahrradklingel hervor. »Sie lag auf dem Gehweg vor dem Haus des Opfers.«

Georg erkannte die Klingel sofort wieder. Die seitliche Schramme, die das hübsche Blau-Schwarz verunzierte, hatte sie gekriegt, als er einmal sein Rad hastig gegen eine Mauer gelehnt hatte und der Lenker abgerutscht war. Er vermisste die Klingel seit kurzem, ohne genau angeben zu können, seit wann. Im ersten Moment durchfuhr ihn ein Schreck: Ich bin am Tatort gewesen! Seine Gedanken rasten. Dann aber die schlagartige Beruhigung: Völlig unmöglich. Seine Zechtour in der Mordnacht hatte er ohne Fahrrad unternommen. Von Arthur aus war er mit Leo in ein Taxi gestiegen. Einmal angenommen, er hätte unterwegs sein Fahrtziel geändert und sich nach Hause anstatt zum Alten Stadttor bringen lassen, was durchaus schlüssig war. Und dann sollte er sein Rad aus dem Keller geholt, sich darauf geschwungen haben und nochmal losgezogen sein, um bis in die Stiftstraße und wieder zurück zu radeln? Alles in stockbetrunkenem Zustand?

»Ich weiß«, hörte Georg den Kommissar sagen, »so eine abgebrochene Klingel in der Nähe des Tatorts muss keine Bedeutung haben. Wir hätten sie auch beinahe liegen gelassen. Es war nur eine spontane Eingebung, dass doch etwas an ihr dran sein könnte.«

Das ist es auch, dachte Georg, aber ich durchschaue die Situation noch nicht.

»War die Klingel das, was Sie mir zeigen wollten, Herr Peters?«

»Da ist noch etwas. Wir haben eine anonyme Denunziation erhalten. Sie müssen einen Feind haben. Hier, sehen Sie selbst.«

Ach, der sonst so erfahrene Jürgen Peters und seine Wertschätzung für den ehemaligen Staatsanwalt Ruh. Jeden anderen hätte er ohne jede Einleitung mit dem Zeitungsausschnitt konfrontiert und die Reaktion abgewartet. Bei Georg aber war er voreingenommen. Seine Worte vereitelten, dass Georg die Kontrolle verlor. Sie machten den Anwalt von vornherein vom Täter zum Opfer – zum

Opfer übler Nachrede. In Georg tobte es, als er las, dass sein Sex mit Carmen einen Mitwisser hatte. Doch seine Gesichtszüge blieben unbewegt. Er brachte sogar ein leichtes, wie Missbilligung wirkendes Kopfschütteln zustande.

»Ich habe keine Ahnung, wer das geschickt haben könnte.«

Peters half nach:»Irgendein Knacki, der seine Strafe verbüßt hat und seit kurzem wieder in Freiheit ist? Aber der- oder diejenige muss in Erfahrung gebracht haben, dass zwischen Ihnen und Frau Ungemein durch die Kanzlei Wagner eine Verbindung bestand. Hatten Sie viel miteinander zu tun?«

Georg achtete auf das, was er sagte.»Persönlich nur selten. Die Scheidungsakten hingegen kannte ich sehr gut.«

»Dann können Sie mir sicher auch sagen, wie teuer die Scheidung für den Ehemann geworden wäre. Herr Wagner wollte es nicht beziffern, als wir bei ihm waren.«

»Beziffern kann ich es auch nicht, dazu müsste die Wertermittlung der Firma und des Vermögens vorliegen. Die Aufstellung, welche die Gegenseite dazu geliefert hat, war strittig, und die vom Gericht bestellten Gutachter haben ihre Arbeit noch nicht einmal begonnen. Lassen Sie es auf dem Papier eine Summe von zwanzig Millionen sein. Auf rund die Hälfte davon hatte Carmen Ungemein Anspruch.«

Jürgen Peters stieß einen anerkennenden Laut aus.»Das lohnt sich.«

An der Tür klopfte es, Volker Schwarz streckte den Kopf herein.»Brauchst du noch länger, Jürgen?« Ein neugieriger Blick fiel auf den Gast.

»Das ist Georg Ruh. Du kennst ihn aus meinen Erzählungen. Herr Ruh, darf ich vorstellen: mein Kollege Kommissar Schwarz.«

Peters wartete, bis sich die beiden Männer begrüßt hatten.

»Setz dich zu uns, Volker. Ich war gerade dabei, mir von Herrn Ruh erläutern zu lassen, was für Frau Ungemein bei der Scheidung herausgesprungen wäre. Bis zu zehn Millionen.«

Georg griff ein. »Wir sprechen nicht von Bargeld. Zehn Millionen sind der Nennwert, alles in allem genommen. Carmen Ungemeins Hälfte von Geldvermögen, Firmenbesitz, Immobilien, Lebensversicherungen, Autos und so weiter, bis hin zum Hausrat. Alles, was unter die Gütergemeinschaft fällt. Der Hauptanteil dürfte im Firmenbesitz stecken. Carsten Ungemein hätte seine Frau auszahlen und dazu womöglich sein Bauunternehmen verkaufen müssen. Kein Unternehmer möchte so geschieden werden.« Georg war nahe daran, sein Loblied auf Eheverträge zu singen. Er ließ es sein, hier war nicht der Ort dafür.

Schwarz hörte interessiert zu, schrieb etwas in sein Notizbuch. »Nett, dass Sie extra deswegen zu uns auf die Wache gekommen sind, nachdem wir Ihnen neulich in der Kanzlei die Frage nicht stellen konnten.«

»Nicht nur deswegen«, erwiderte Georg. Er schaute Peters an. Der schob Schwarz mit einem Bleistift den Zeitungsausschnitt zu.

»Fass ihn bitte vorsichtig an, der muss vielleicht noch untersucht werden. Ist mir heute auf den Schreibtisch geflattert.«

Schwarz las den Kommentar des anonymen Informanten, blickte auf. »Und, Herr Ruh, hatten Sie?«

Das muss nicht sein, dachte Georg. Bisher war er so schön um diese direkte Nachfrage herumgekommen. Jetzt musste er sich entscheiden: Leugnen oder Zugeben. Mit einer ausweichenden Antwort, einem Scherz oder einer Gegenfrage würde er nur Schwarzens Aufmerksamkeit wecken. Der Mann war geschult. Georg merkte, wie sein Blutdruck stieg.

Jürgen Peters rettete ihn. »Natürlich nicht, Volker«, polterte der Hauptkommissar. »Wo denkst du hin. Aber wir wüssten gern, was dahintersteckt. Hat da jemand noch eine Rechnung offen, die bis in Herrn Ruhs Zeit als Staatsanwalt zurückreicht, oder will er eine falsche Fährte legen? Rache oder Ablenkungsmanöver, das scheint mir die Frage.«

Schwarz schwieg. »Wir wüssten gern, was dahintersteckt«, hatte Peters gesagt. »Wir«, nicht »ich«. Die Gemeinschaft mit Ruh, die sein Chef an den Tag legte, fand Schwarz unprofessionell. Alte Hasen wie Peters verfügten über eine Riesenerfahrung, und das verdiente Respekt. Alte Hasen waren sich ihres Urteils aber auch manchmal zu sicher. War es so abwegig, sich als Kanzleimitarbeiter mit einer Mandantin einzulassen? Schwarz hatte zahlreiche Fotos von einer lebendigen Carmen Ungemein gesehen, ihm war nicht nur der verstörende Anblick der Erdrosselten im Kopf geblieben. Eine attraktive Frau. Ruh war nicht Carmens Anwalt gewesen, der Anwalt war Wagner. Na also. Das gab Ruh doch Spielräume, oder? Er studierte noch einmal den Brief.

»Die Druckbuchstaben sehen wacklig aus.«

»Ist mir auch schon aufgefallen«, meinte Peters. »So ein unsicherer Strich. Wie von einer ungeübten Hand. Oder wie von einem Rechtshänder, der absichtsvoll mit links geschrieben hat. Mal sehen, ob das Labor dazu eine Meinung hat.«

Georg wollte sich nicht verabschieden, ohne von seinem Erlebnis im Kino zu berichten. Er erzählte von der frappierenden Ähnlichkeit. Sei der Polizei bekannt, ob Carmen eine Schwester habe, wahrscheinlich eine jüngere? Vier Jahre jünger, sagte Peters, sie heißt Lorena Trolle, trägt noch den Mädchennamen. Wie es scheint, haben sich die Schwestern seit Jahren gemieden.

18

*D*er Geruch war hartnäckig. Kalter Zigarettenrauch, Putz- und Desinfektionsmittel hingen überall in der Luft, in der Zelle nicht anders als auf den Fluren. So also roch Knast. Stefan war es bei seiner Ankunft schon im Zugangsbereich der JVA aufgefallen. Im Haftbereich verstärkte sich der schale Mief noch. Zwei Wochen bis zur Haftprüfung, hatte der Anwalt gesagt. Zwei Wochen Mindestaufenthalt in dieser Umgebung, sollte das wohl heißen. Stefan hatte noch kein Gefühl für seine Lage.

In seiner Zelle musste er dringend das Fenster öffnen. Die frische Luft belebte ihn etwas. Sein Blick strich über die Freifläche unten im Hof und das angrenzende Volleyballfeld. Im Trakt gegenüber standen Gefangene in den Fenstern, im schwindenden Licht des Abends konnte Stefan ihre Gestalten hinter den Gittern mehr erahnen als erkennen. Der Geräuschpegel überraschte ihn. Irgendjemand hatte ständig etwas zu brüllen, eine Frage, eine Auskunft, eine Beschimpfung. Auch von nebenan erklang eine Stimme:

»Neuer Nachbar?«

Stefan bejahte. Sie tauschten die Vornamen aus. Sehen konnte er diesen Dennis nicht. Die Unterhaltung war kurz.

»Komm morgen mit auf Hofrunde«, sagte Dennis, »wir sprechen dann.«

Im Hof gleißte Licht auf. Die Überwachungs-Scheinwerfer waren angegangen.

Er legte sich aufs Bett, ließ den Tag an sich vorüberziehen. Gedanken und Sorgen stürzten auf ihn ein. Wie ekelhaft wehrlos hatte er sich gefühlt, als die Polizei seine Wohnung stürmte. Hatten sie Dinge gefunden, die ihn belasteten? Auf dem Computer vielleicht. Wenn sie den Browserverlauf prüften, würde bestimmt die eine oder andere nicht ganz so anständige Website dabei sein. Nichts Kriminelles oder jedenfalls nichts, was Stefan für kriminell hielt, aber er traute Jürgen Peters zu, selbst Kleinigkeiten so zu deuten, dass sie den Tatverdacht verschärften. Dann würde bei seiner Haftprüfung der Haftbefehl nicht aufgehoben. Was folgte daraus für seine Praxis? Vierzehn Tage könnten seine Mitarbeiter den Betrieb notfalls ohne ihn aufrechterhalten, länger wohl kaum.

22 Uhr – Nachtruhe. Die Rufe über den Hof verstummten allmählich. Würde er Schlaf finden? Der Tag hatte früh begonnen und war anstrengend gewesen, obwohl er die meiste Zeit sitzend verbracht hatte. Doch sein Kopf kam nur schwer zur Ruhe. Um das Licht der Scheinwerfer draußen auszusperren, war der Fenstervorhang nicht dick genug. Stefan hatte es gern richtig dunkel beim Schlafen. Er lag auf der dünnen Matratze, spürte unangenehm den Gummibezug durch das Laken, hatte die Hände hinter dem Kopf verschränkt, starrte auf den Lichtstreifen an der Decke und sinnierte. Carmen – hätte er sie doch nie kennengelernt. Ruth fiel ihm ein. Carmens Tod hatte sie bestimmt schwer getroffen. Ob auch sie in ihm den Mörder ihrer Freundin vermutete? Der Gedanke machte ihn schwer.

Er fiel in einen leichten Schlaf mit wirren Träumen. Zweimal erwachte er, sah den Lichtstreifen an der Decke, der nicht wanderte, der einfach unverändert blieb, ein kalter Eindringling, kein Mond. Erst gegen Morgen schlief er tiefer, tauchte nur schwer auf, als gegen 6 Uhr der Schlüssel im Schloss ging und der Wärter seinen Kopf in die Zelle streckte. »Herr Berg?« Stefan musste sich erst orientieren, bevor er reagieren konnte. Als er den Kopf hob, machte der Beamte die Tür gleich wieder zu. Bald darauf erschien er erneut, begleitete und überwachte den Hausarbeiter, der Frühstück brachte. Stefan aß, spülte seinen Teebecher im Waschbecken, öffnete das Fenster und sah in den zu dieser Stunde noch ruhigen Hof. Leer dehnte sich der Tag vor ihm. Eine halbe Stunde später öffnete sich die Zellentür erneut. Der Beamte war kurz angebunden: »Hofrunde, nehmen Sie teil?«

Im Flur warteten bereits mehrere Gefangene. Stefan sah zu, wie der Wärter die Nachbarzelle aufschloss und den Mann herausließ, von dem er bisher nur den Namen wusste. Dennis war schmächtig und hatte ein Mausgesicht. Mit ihm war die Gruppe vollständig. Die Abteilung für U-Häftlinge ging über drei Ebenen, die nacheinander für den Hofgang geräumt wurden. Stefans Etage war die letzte. Draußen zählte er knapp sechzig Gefangene. Neuankömmlinge und Eingesessene taxierten einander, Stefan konnte die fragenden Blicke spüren. *Was ist das für einer?* Er versuchte gelassen auszusehen. Aber cool taten hier viele. Der Tätowierte mit den schlechten Zähnen, den Stefan schon aus der Zugangszelle kannte, hatte sich zu zwei muskulösen Typen gesellt. Ihre Körpersprache verriet, dass sie ihn duldeten, aber nicht als gleichgestellt akzeptierten. Überall bildeten sich Paare oder Kleingruppen, die beiseite standen oder mit der großen Mehrheit ihre Runde drehten.

Dennis schloss zu Stefan auf.

»Du bist Stefan, nicht? Wie war deine erste Nacht?«

»Ging so. Kaum war ich endlich richtig eingeschlafen, da weckte mich der Beamte, ohne zu sagen, was er wollte.«

»Der wollte nur wissen, ob du noch lebst. Das ist jeden Morgen immer das Erste.« Dennis' dunkle Knopfaugen wanderten über Stefan hin. »Weswegen bist du hier?«

»Ist das wichtig?«

»Jeder hier wird dich das fragen. Wenn du nicht darüber reden willst, ist das deine Entscheidung, aber meistens kommt es doch raus. Ich kann für dich nur hoffen, dass du nichts mit Kindern gemacht hast.«

Stefan schüttelte den Kopf. »Keine Sorge. Was ist mit angeblichen Mördern, haben die ein besseres Image?«

»Bankräuber wäre gut. Ohne Geiselnahme. Aber als Mörder bist du auch nicht völlig unten durch.«

»Was ist mit dir?«

»Harmlos. Diebstahl und Hehlerei.«

Wegen Harmlosigkeiten kommt man nicht gleich in U-Haft, dachte Stefan. Er sagte aber nichts, sondern fragte nach praktischen Dingen. Stefan erfuhr, dass im Knast nichts ohne Antrag läuft. Egal, ob er Bücher ausleihen, am Sport teilnehmen, Fernsehen und Radio in der Zelle haben, ein Telefongespräch führen, Briefmarken kaufen, Besuch empfangen oder mit dem Seelsorger oder der Abteilungsleitung reden wollte, für alles gab es einen Vordruck, den VG 51, ein Blatt im Format DIN A 5. Darauf hatte der Gefangene seine persönliche Nummer sowie Namen, Geburtsdatum und Zellentrakt einzutragen, gefolgt von seinen Wünschen. Manche Häftlinge schrieben eine formvollendete Anrede und grüßten hochachtungsvoll, andere schrieben bloß »Ich möchte in die Basketball AG« oder »Kann ich bitte Arbeit kriegen?«, wobei Arbeit in der U-Haft schwierig zu erlangen war, denn Untersuchungsgefangene unterstanden, anders als Strafgefangene, keiner Arbeitspflicht. Von allen Haftformen war die U-Haft die ödeste.

»Das wirst du schon noch merken«, sagte Dennis. »Wenn früher mal jemand aus unserem Viertel verschwunden und eingebuchtet war und man fragte nach ihm, dann hieß es ›er sitzt‹. Und genau das machst du in der U-Haft. 23 Stunden des Tages bist du eingeschlossen. Zur Freistunde und zum Duschen kommst du raus. Das war's dann auch schon.«

Er lachte, als er Stefans nachdenkliche Miene sah. »Nun lass den Kopf nicht hängen. Das führt zu nix. Kennst du Witze, Knast-Witze? Eine einfache Frage: Wie vermehren sich Häftlinge? Na – durch Zellteilung.« Dennis lachte erneut, und Stefan, dem gar nicht danach war, musste sich eingestehen, dass er das Mausgesicht unterschätzt hatte. Der Typ besaß Humor.

Das Mittagessen war genießbar. Linseneintopf. Der Beamte hatte ihm bei der Essensausgabe angekündigt, man würde ihn nachmittags zu einem Gespräch mit seinem Anwalt bringen. Meine Haftprüfung muss unbedingt gut ablaufen, dachte Stefan. Der Besucherraum für Anwälte befand sich im Verwaltungsblock. Als sie Stefan holten, erwartete Jan Kluge ihn bereits. Der Rechtsanwalt grüßte und blieb stumm, bis der Beamte sie alleingelassen hatte, forderte Stefan auf, Platz zu nehmen, und setzte sich ihm gegenüber an den Tisch, der zusammen mit drei Stühlen die sparsame Möblierung des kleinen Zimmers bildete.

Sie sahen sich an. Stefan war sich unsicher über diesen zweiten Eindruck. Bei ihrem ersten Gesichtskontakt am Vortag hatte er kein Bild von seinem Anwalt bekommen. Mit Unbehagen dachte er an die Situation zurück, als die Polizei ihn in das Richterzimmer geführt hatte und er dort Richter, Staatsanwalt und seinen Verteidiger im gutgelaunten Smalltalk vorgefunden hatte. Juristen unter sich. Deren Kollegialität hatte auf ihn wie Kumpanei gewirkt. Als sei es wichtiger, dass sich diese drei Organe der Rechtspflege gut verstanden. Wichtiger, als dass er, Stefan, Beistand erhielt. Er fasste Kluge genauer ins Auge. Smart sah der Anwalt aus. Hatte er auch Biss und Charakter?

»Wie geht es Ihnen, Herr Berg?«

Das können Sie sich doch denken, hätte Stefan beinahe geantwortet. Er bremste sich. Es gab keinen Grund, patzig zu werden.

»Ich mache mir Sorgen. Jemand sollte meine Eltern informieren, ohne sie allzu sehr aufzuregen. Es wird ein Schock für sie sein.«

»Haben Sie keine Geschwister oder enge Verwandte, die sich um Ihre Eltern kümmern könnten?«

Stefan verneinte. Ihm ging auf, wie löchrig das Beziehungsgeflecht war, in dem er lebte. Eine Schwester oder ein Bruder wäre jetzt eine große Hilfe. Von seinen wenigen Freunden war keiner mit seinen Eltern bekannt. Er konnte niemanden zu ihnen schicken.

»Wenn es Ihnen recht ist, rufe ich Ihre Eltern an und setze sie so ins Bild, dass sie zumindest aus dem ersten Schrecken herauskommen.«

Stefan war Kluge für diesen Vorschlag dankbar. »Könnten Sie Ihnen dann auch erklären, was sie tun müssen, um mich zu besuchen?« Als der Anwalt nickte, fuhr er fort: »Wie ich von hier aus meine Praxis leiten soll, wird auch noch ein Problem. Zwei Wochen könnte es ohne mich funktionieren, aber dann ... Sie haben doch vor, mich bei der Haftprüfung rauszuholen?«

Kluge sah ihn ernst an. »Natürlich habe ich das. Aber bisher kenne ich nicht einmal die Ermittlungsakte, auch nicht den Tathergang, sondern nur den Tatvorwurf. Sie waren der Liebhaber von Carmen Ungemein. Polizei und Staatsanwaltschaft unterstellen, Sie hätten Gründe für einen Mord.«

Aus Stefan brach es heraus. »Herr Kluge, ich bin unschuldig. Ich könnte niemanden umbringen, erst recht keine Frau.«

»Davon müssen wir das Gericht überzeugen, Herr Berg, nicht mich.«

Stefan war damit nicht zufrieden. »Mir ist wichtig, dass Sie mir glauben.«

Der Anwalt lächelte. »Das will ich gern, aber ich würde Sie auch verteidigen, wenn Sie schuldig wären. Was hat die Polizei gegen Sie in der Hand?«

Stefan erzählte. Von seiner Verliebtheit in Carmen, ihren anfänglichen Treffen bei ihm in der Wohnung, von der Übersiedlung ins Hotel, von seinen Enttäuschungen und Demütigungen und Carmens zuweilen verletzender Art, von dem lauten Streit im Grand Hotel Ludwig und wie er sie geohrfeigt hatte. Als sein Bericht mit dem kühlen Abschied am Eingang des Parks schloss, verzog Kluge den Mund.

»Sie bringen es fertig, Ihre Geliebte mitten in der Nacht an einer denkbar dunklen Stelle abzusetzen und allein durch eine Grünanlage laufen zu lassen? Das ist ein heikler Punkt.«

»Sie kannten Carmen nicht, sie wollte das so. Diese Frau hatte keine Angst.«

»Sie dürfen sich nicht in Widersprüche verwickeln, Herr Berg, Ihre Darstellung des Geschehens sollte stimmig sein.«

»Sie zweifeln noch an mir, nicht wahr? Sonst würden Sie das nicht sagen. Ich bleibe einfach bei der Wahrheit. Mit der Wahrheit kann man sich doch nicht in Widersprüche verwickeln.«

Stefan wünschte sich, der Anwalt wäre auch dieser Ansicht, doch Kluges Reaktion war verhalten.

»Im Prinzip haben Sie recht.«

Im Prinzip?, dachte Stefan, wieso nur im Prinzip? Kluge sprach weiter.

»Etwas kann wahr sein, aber unwahrscheinlich wirken, und daran merken Sie, dass Ihre Wahrheit nur dann etwas taugt, wenn sie auch glaubwürdig ist. Die Geschichte, dass Frau Ungemein quicklebendig ins Dunkle hineinspazierte, als Sie sie zuletzt sahen, sollte das Gericht überzeugen.« Kluge schüttelte den Kopf, als er Stefans Miene sah. »Sie müssen noch kein verzweifeltes Gesicht machen. Letztlich sind nicht wir, sondern die Vertreter der Anklage in der Pflicht. Unser Rechtssystem verlangt nicht, dass ein Beschuldigter seine Unschuld beweist. Es kommt darauf an, dass seine Schuld bewiesen wird.«

Wenn das eine Aufmunterung sein sollte, dann hielt sich ihre Wirkung auf Stefan in Grenzen. Er hatte sich mehr Optimismus erhofft.

An Jan Kluge ging die Enttäuschung seines Mandanten nicht vorüber. Er hätte ihm gern mehr Hoffnung gemacht, aber noch lieber sah er die Dinge realistisch. Er ließ sich von Stefan Rufnummer und Anschrift der Eltern geben. Aus seiner Aktentasche holte er Schreibpapier und zwei billige Kugelschreiber hervor. »Für Notizen und Briefe.« Stefan bedankte sich. Nun konnte er schreiben. Er erhob sich von seinem Stuhl. Der Anwalt sah zu ihm auf. »Sind wir durch?« Ja, Stefan fiel gerade nichts mehr ein, was er hätte fragen können. Sie gaben sich die Hand. »Ich halte Sie auf dem Laufenden.« Der Anwalt klopfte an die Tür, der Wachbeamte öffnete. Ein zweiter kam, um Kluge hinauszugeleiten. Im Gang stand ein Kaffeeautomat, den Stefan erst jetzt registrierte. Der Anwalt hätte ihm bestimmt einen Becher spendiert. Zu spät. Die Austeilung des Abendbrotes hatte er auch verpasst. Stefan hoffte, dass man ihm seine Portion in die Zelle gestellt hatte. Mit leerem Magen würde der lange Abend noch langweiliger werden. Immerhin hatte er jetzt eine Beschäftigung. Er sah auf den Stapel Papier in seiner Hand und dachte an Ruth.

19

Woran genau es lag, dass er seine Selbstverdächtigungen los war, konnte Georg nur vermuten. Ziemlich sicher hatten das seltsame Wiederauftauchen seiner Fahrradklingel und der anonyme Brief damit zu tun. Statt ihn noch stärker darüber grübeln zu lassen, ob er Carmens Mörder sein könne, hatten diese Dinge sein Gewissen entlastet. Irgendjemand wollte ihm etwas anhängen. Es gab einen Gegner da draußen. Jürgen Peters hatte diesen Verdacht ebenfalls geäußert, deswegen auch den Inhalt des Briefs verworfen, und da lag der Kommissar falsch, denn zum Sex mit Carmen war es ja gekommen. Für Georg gab die Klingel den Ausschlag. Die musste jemand Drittes in die Stiftstraße getragen haben, ihm selbst war es ganz sicher unmöglich gewesen. Die Klingel und die anonyme Denunziation ergaben allzu aufdringliche Fingerzeige. Georgs alte Staatsanwaltsnase roch förmlich die Absicht dahinter. Die Vorgänge machten ihn sicher, dass da ein Unbekannter ein böses Spiel spielte.

Er, Georg Ruh, hatte Carmen also nicht umgebracht. Der Gedanke berührte ihn jetzt nicht einmal mehr. Du könntest ruhig ein bisschen stärker erleichtert sein, ermahnte er sich und musste lächeln, bis ihn die Frage wieder packte, woher der Briefschreiber seine Information bezog. Die Existenz eines oder mehrerer Mitwisser war unangenehm. Hatte Carmen geplaudert? Das wäre irritierend. Erst verpflichtete sie ihn auf Stillschweigen gegenüber Friedrich Wagner, um dann eine andere Person einzuweihen? Vielleicht diesen Stefan, um ihm einen Stich zu versetzen. Zuzutrauen wäre ihr das. Und Stefan hatte alsdann das Wissen von Georgs Blitzaffäre mit Carmen an einen Freund oder Kumpan weitergereicht, der den Brief schrieb, als Stefan bereits hinter Gittern saß. Möglich war's. Möglich war aber ebenso gut, dass Carmen keineswegs geredet, sondern geschwiegen hatte wie Georg auch. Diese Variante ließ nur den Schluss zu, dass sie an dem Abend in der Kanzlei belauscht worden waren. Von einem verborgenen Mitarbeiter? Von der Putzfrau, die eigentlich frühmorgens kam, aber manchmal ihre Arbeit auch in den Abend verlegte?

Schade, dass er dieses Thema nicht mit Freddy diskutieren konnte. Georg sah auf die Uhr. Jeden Moment würde der Freund zum Kochen kommen. Weißwein und alkoholfreies Bier lagen kalt, in einem Sieb tropfte frisch gewaschener grüner Spargel ab. Mehr Vorbereitung hatte sich Georg nicht erlaubt, denn Friedrich bestand darauf, dass sie alles gemeinsam machten. Gemüse zu putzen, Kartoffeln und Zwiebeln zu schälen, Fisch oder Fleisch vorzubereiten, am Herd zu stehen und dabei zu reden und zu trinken und sich an der Gesellschaft des anderen zu erfreuen – das war schön. Keiner der beiden wollte darauf verzichten. Nur die Einkäufe hatten sie getrennt und ohne sich abzustimmen unternommen. Freddy wollte wie verabredet die Zutaten für die Vorspeise mitbringen, Georg sich um den Hauptgang kümmern.

Was dabei herauskam, war eine Überraschung. Das Risiko, zweimal etwas Ähnliches zu essen, nahmen sie in Kauf. Schlimmstenfalls gab es geräucherten Lachs als Vorspeise und gebackenen Lachs als Hauptgericht. Oder zweimal Teigwaren. Und wenn schon. An diesem Abend war die Gefahr gering.

Georg hatte Filets vom schwarzen Kabeljau und vom Seehecht gekauft und wollte sie mit Safran-Stampfkartoffeln, Spargel, jungem Kohlrabi und einer Vinaigrette kombinieren. Da er sich den Fisch vom Händler küchenfertig hatte putzen lassen, hielt sich der Aufwand in Grenzen. Am meisten Arbeit versprach die Zubereitung der Vinaigrette aus Tomaten, Fenchel, Zwiebel, Petersilie, Basilikum, Schnittlauch und – das war wohl der Clou – gerösteten Pinienkernen. Flüssigkeit lieferten Portwein, Balsamessig und Öl, abgeschmeckt wurde mit Pfeffer, Salz und Zitrone. Vielleicht war es ratsam, diese Sauce als Erstes in Angriff zu nehmen, damit sie ziehen konnte. Georg hatte keine Erfahrung damit. Im Internet, wo er das Rezept gefunden hatte, stand dazu nichts.

Es klingelte. Georg drückte den Summer und stand wartend in der Tür, als der mit zwei Tüten bepackte Freund die letzte Treppe hinaufstieg. Wagner, sonst immer im Anzug, sah salopp aus. Sie strahlten einander an.

»Komm rein, Freddy. Jacke aus, Schuhe aus, Latschen an, Pfoten waschen. Deine Tüten kannst du mir schon mal geben.« Georg fühlte sich vergnügt wie lange nicht mehr.

»Du machst Miene wie ein Teenager mit sturmfreier Bude, Schorsch«, neckte ihn Wagner.

»Ist die Katze aus dem Haus, tanzen die Mäuse auf dem Tisch«, gab Georg zurück und verschwand in die Küche, während Friedrich allen Anweisungen des Freundes gehorchte und ihm wenig später mit bequemem Schuhwerk und sauberen Händen nachfolgte. Der hatte inzwischen Freddys Einkäufe ausgepackt. Auf dem Tisch stand alles, was man für Nudeln mit Pilzen brauchte, dazu eine Flasche Rotwein.

»Frischen Knoblauch hättest du nicht mitbringen müssen, den habe ich noch, und den Rotwein wirst du besser allein trinken«, kommentierte Georg. »Soll ich die Flasche öffnen? Du kannst auch Weißwein oder ein alkoholfreies Bier bekommen.«

Sie stießen mit alkoholfreiem Bier an. Georg hatte vor, nüchtern zu bleiben, und Friedrich wollte nichts überstürzen. Es reichte, wenn er zu später Stunde etwas angedudelt war. Allein beschwipst zu sein, konnte unangenehm werden. Erst für den nüchtern Gebliebenen, der unweigerlich merkte, wenn der Angesäuselte vom Reden ins Labern kam, und am nächsten Morgen dann für den Trunkenen, der sich mit schlechtem Gefühl fragte, ob er eine komische Figur abgegeben hatte. Natürlich war Georg großzügig. Es würde ihn nicht kränken, wenn aus Friedrich ab einem gewissen Quantum der Alkohol sprach und nicht bloß die Euphorie über ihrer beider Freundschaft. Doch man sollte die Stimmungsebenen nicht zu weit auseinanderdriften lassen.

»Die Familiensache al-Madanī macht mir Sorgen.«

Wagner hatte sich mit Schneidbrett und Messer bewaffnet und sich als Erstes die Zwiebeln vorgenommen, doch sein Kopf steckte noch in der Kanzlei. Ein Sorgerechtsfall. Jessica al-Madanī, eine Mandantin, wollte sich von ihrem Mann, einem Iraner, scheiden lassen. Das Ehepaar lebte bereits getrennt, die Kinder, zwei Jungen im Alter von drei und fünf, wohnten bei der Mutter. Der Vater rang mit der Situation. Weder wollte er sich scheiden lassen noch die Erziehungsgewalt über seine Sprösslinge verlieren. Die Mutter strebte das alleinige Sorgerecht an, und angeblich hatte er gedroht, die Söhne zu seiner Heimatfamilie in den Iran zu bringen.

»Du nimmst die Drohung ernst?«, fragte Georg.

»Ich muss sie ernst nehmen, so aufgeregt, wie die Frau ist. Zeugen für die Drohung gibt es keine.«

»Vielleicht war das nur eine Äußerung im Affekt. Oder sie will seine Position im Sorgerechtsstreit schwächen.«

»Kann alles sein, Schorsch, auch wenn Frau al-Madanī auf mich glaubwürdig wirkt. Sie hat entdeckt, dass der Mann sich in den Besitz der Kinderreisepässe gebracht hat, und verständlicherweise ist das für sie ein Alarmzeichen.«

»Eine Kindesmitnahme gegen den Willen des anderen Elternteils ist Kindesentführung, der Vater würde sich strafbar machen.« Georg schnitt die Stielansätze aus den Tomaten und entfernte die Kerne. »Ich habe einen solchen Fall nie zur Anklage bringen müssen, und ich wäre auch nicht scharf darauf gewesen. Zu viel Drama, zu viel Verzweiflungstat. Was willst du unternehmen?«

»Jedenfalls nicht warten, bis es zu spät ist. Sind der Mann und die Jungs erst einmal weg, wird es schwierig, die Kinder zurückzuholen. Der Iran hat sich zwar dem Haager Übereinkommen über Kindesentführungen angeschlossen, aber ich würde es nicht auf die Probe ankommen lassen, ob das wirklich hilft. Wir können beim Amtsgericht vorsorglich verschiedene Anträge stellen, etwa auf Herausgabe der Reisepässe und darauf, das Aufenthaltsbestimmungsrecht der Kinder auf das Jugendamt zu übertragen.«

»Das wird die Stimmung zwischen Mann und Frau noch verschlechtern.«

»Ja, das wird es. Doch ich denke an die Stimmung, in die meine Mandantin gerät, sollten ihre Kinder verschwinden. Die Angst, die Sorge, die Unwissenheit über den genauen Verbleib. Schlaflose Nächte, beständige Unruhe, Appetitlosigkeit. Das ist wie Kranksein, nur schlimmer. Wenn ich das verhindern kann, dann will ich es versuchen. Meine Mittel als Anwalt sind beschränkt, und die, über die ich verfüge, schöpfe ich aus.«

Georg schnitt den Fenchel klein und putzte die Kräuter für seine Vinaigrette. Er überlegte.

»Du hast eben etwas Wichtiges gesagt. Die juristischen Mittel in einem solchen Fall sind beschränkt. Und wir verdienen zwar mit Ehe- und Familienkonflikten unser Geld, wissen aber beide, dass es besser wäre, es bräuchte uns Juristen nicht. Wie verfahren ist die Situation bei den al-Madanīs? Bestehen denn keine Chancen auf eine Verständigung der Noch-Eheleute?«

»Im Moment herrscht Funkstille. Sie reden nicht mehr miteinander. Jeder sieht nur seine eigenen Verletzungen, spürt nur die eigenen Wunden und Ängste. Und dann passiert, was so oft geschieht. Das Gespräch endet, und die Streitenden beginnen, auf ihre Rechte zu pochen. Ihre Haltung verwandelt sich. Sie werden von Vätern und Müttern, die das Glück ihrer Familie im Blick haben sollten, zu Leuten, die sagen: Dies und das steht mir zu! Also kommen sie zu uns gelaufen. Justitias Stunde schlägt. Aus Menschen werden Rechtssubjekte – und du weißt, Schorsch, Rechtsdenken hat sehr viel mit Besitzdenken zu tun.«

Wagner hatte sich in Schwung geredet. Er nahm einen Schluck Bier, stand auf, goss das Wasser von den eingeweichten Steinpilzen ab. Frische Kräuterseitlinge hatte er bekommen, aber bei den Steinpilzen hatte er mit getrockneten vorliebnehmen müssen. April war für Pilznudeln keine gute Saison.

Georg betrachtete den Freund mit Wärme. Freddy war mit Leidenschaft Anwalt, was ihn aber nicht hinderte, auch einmal mit Distanz auf die Rolle des Rechts zu sehen. Dafür schätzte ihn Georg. Wagner zweifelte keinen Moment daran, dass unter allen staatlichen Ordnungen die rechtsstaatliche die beste war. Er sah aber ebenso, dass sich mit dem Recht zwar Ansprüche durchsetzen, in der Regel aber keine Wunden heilen ließen. Rechtsmittel waren ein Notbehelf; sie kamen zum Zuge, wenn die normale zwischenmenschliche Verständigung versagte. Herr und Frau al-Madanī steckten in einer Sackgasse, aus der sie ohne fremde Hilfe nicht mehr herauskamen. Glücklich konnte eigentlich keiner der beiden mit dieser Lage sein.

»Hast du deiner Mandantin eine Mediation vorgeschlagen? Heutzutage gibt es doch für alles Berater, bestimmt auch solche, die sich auf Konflikte zwischen Partnern aus zwei Nationen oder Kulturen spezialisiert haben.«

»Die gibt es. Das Bundesjustizministerium empfiehlt auch eine Organisation, die vermittelnd bei drohenden oder schon geschehenen Kindesmitnahmen wirken könnte. Aber es sieht so aus, als sei mit dem Vater nicht zu reden.«

»Weil er Muslim ist?«

»Nein, weil er ein Egoist ist, der Machtansprüche durchsetzen möchte. Entschuldige, wenn das einseitig klingt, es ist jedoch bisher mein Eindruck von ihm.«

Georg nickte. Dann war in diesem Fall wohl mit Gesprächen allein nichts zu gewinnen. Miteinander zu reden half meistens, aber nicht immer. Ohne Verständigungsbereitschaft wurde es schwierig. Georg dachte an seine Gespräche mit Linda, die seit geraumer Zeit regelmäßig schiefliefen. Seine Ehe erschien ihm als heillos verkorkst, wenn er sich ihre letzten Wortwechsel in Erinnerung rief. Groll, Angriffslust, Bosheit, Gekränktsein, vielleicht gar Verachtung waren im Hintergrund gewachsen und schufen eine gereizte Stimmung. Bei den al-Madanīs war es wohl ähnlich. Es fehlte der gute Wille, zu einem Ausgleich zu kommen, weil die guten Gefühle füreinander fehlten. Wenn Liebe, Mitgefühl, Zuneigung, Sympathie, Wohlwollen, Freundlichkeit erloschen waren – wo sollte da der gute Wille herkommen? Aus der Vernunft? Aus moralischen Prinzipien? Philosophen mochten so denken. Für den Philosophen Immanuel Kant war der »gute Wille« die Kraft gewesen, sich von ethischen Grundsätzen leiten zu lassen, die der menschlichen Vernunft entspringen, frei von Leidenschaften. Mit »guten Gefühlen« hatte es dieser Philosoph nicht so.

»Freddy, hat Kant recht?«

»Wie bitte?« Freddy stand mittlerweile am Herd, schmorte seine Pilze und behielt die Nudeln im Blick, dass sie nicht zu weich kochten. Seine Gedanken mochten überall sein, aber ganz sicher nicht bei Immanuel Kant.

Georg erläuterte seine Frage. Ob Friedrich auch finde, dass man gegenüber einer Person guten Willens sein könne, ohne dabei gute Gefühle zu hegen.

»Das hat Kant gesagt?«

»Na ja, sinngemäß.«

»Und wofür ist das wichtig?« Wagner gabelte eine Nudel aus dem Wasser, pustete, um sich nicht zu verbrennen, und probierte. »Zwei Minuten noch, dann sind sie gerade richtig. Gibst du mir mal den Sauerrahm für die Pilze rüber? Und mach den Rotwein auf, bitte.«

Georg hatte den Eindruck, der Freund höre ihm nicht zu. Er nahm einen neuen Anlauf.

»Mein Lieber, ich weiß, dass du mit mir damals im Seminar über Rechtsethik nur gesessen hast, weil das eine Pflichtveranstaltung war. Aber ein bisschen Kant sollte doch hängengeblieben sein.«

»Klar, der kategorische Imperativ: Was du nicht willst, das man dir tu, das füg auch keinem andern zu. Stör ihn zum Beispiel nicht mit philosophischem Tiefsinn in der finalen Phase des Abschmeckens der Vorspeise.«

»Das ist nicht Kants kategorischer Imperativ, Freddy, was du da zitierst, sondern die Goldene Regel – eine sehr simple, volkstümliche Fassung.«

»Ja, sehr simpel, dafür aber für jedermann nachvollziehbar. Jetzt den Rotwein bitte.«

Georg reichte ihm die Flasche, Wagner goss einen Schuss in die Pilzpfanne, rührte um, kostete. »Einen Spritzer Zitrone noch und etwas frisch gemahlenen Pfeffer, und wir können essen.« Er nahm die große bunte Pfeffermühle vom Bord. »Schönes Stück. Habt ihr schon ewig, nicht wahr?«

»Ja, Freddy, haben wir. Soll ich die Nudeln abgießen?«

»Gern, lieber Schorsch, und wenn unsere Teller gefüllt sind, darfst du auf dein philosophisches Problem zurückkommen.«

Eigentlich hatte Georg den Faden verloren. Worauf wollte er hinaus? Der Philosoph war ihm bloß beiläufig in den Kopf geschossen. Es war egal, ob Kant glaubte, ein guter Wille sei von der Vernunft zu steuern und brauche keine guten Gefühle. Wichtig war, ob die al-Madanīs eben deswegen so auf Konfrontationskurs waren und ihren Konflikt nicht gutwillig lösen konnten, weil ihre Empfindungen schlecht waren. Und Georg fragte sich, ob dies auch schon für ihn und Linda galt. Aber seine eigene Ehe würde er erst einmal nicht thematisieren. Er trug Friedrich nur den allgemeinen Gang seiner Gedanken vor.

Wagner kaute mit dicken Backen, hörte in Ruhe zu, bevor er sprach. Wie so oft äußerte der Freund eine abweichende Meinung.

»Du meinst, im Konfliktfall al-Madanī kommen wir deswegen nicht weiter, weil Mann und Frau von negativen Gefühlen beherrscht sind. Dann sei es fruchtlos, an ihren guten Willen zu appellieren, denn der Wille hängt ab von der gefühlsmäßigen Basis.« Friedrich sah Georg fragend an, ob er ihn richtig verstanden habe. »Genau. Die Emotionen bestimmen die Ausrichtung des Willens. Ohne positive Gefühle kein positiver Wille.«

Wagner protestierte. »Das hieße doch, ich muss jemanden mögen, um den guten Willen zu haben, mich mit ihm zu einigen. Oder jedenfalls ein kleines bisschen mögen, sonst läuft gar nichts. Und das sehe ich anders. Denn selbst, wenn ich ihn hasse, kann ich doch so viel Vernunft aufbringen, dass ich erkenne, dass es besser für mich ist, einen Kompromiss mit ihm einzugehen.«

»Nehmen wir einmal an, Freddy, dass das für deine eigene Person stimmt. Dass du über deinen Schatten springen kannst. Wie erklärst du dir dann die Leute, die dermaßen verbockt sind, dass sich einfach nicht mit ihnen reden lässt?«

»Mit ihrem Charakter, nicht bloß mit ihren Gefühlen. Du kannst statt Charakter auch ein moderneres Wort nehmen: Persönlichkeitsstruktur. Wenn Navid al-Madanī der Typ Macho ist, für den ich ihn halte, dann will er einfach sein Ego und seinen Machtwillen durchsetzen. Oder denk an die extremen Fälle, denk an Psychopathen. Die kennen nur sich.«

»Du kannst den Charakter nicht von den Gefühlen trennen, Freddy. Bei Psychopathen wird das besonders deutlich. Sie sind unfähig zu Liebe und Mitgefühl. Mit ihrem Gehirn stimmt etwas nicht, ihnen fehlt eine bestimmte neurologische Verschaltung. Ich weiß nicht welche, denn ich bin kein Fachmann, aber der Punkt ist, dass sie sich nicht in jemand anderen einfühlen können. Solange sie nicht selbst betroffen sind, fühlen sie nichts.«

Georg sah Wagner an, die um seine erhobene Gabel gewickelte Nudel hatte er vergessen. Auch der Freund aß nicht mehr und überlegte.

»Das fällt doch auf, Schorsch, wenn jemand nicht fühlen kann, was mit einem anderen Menschen los ist. Seine Umgebung kriegt mit, wie kalt er ist, und wird ihn verabscheuen.«

»Nicht unbedingt, Freddy, denn ein Psychopath ist kalt, aber nicht blöd. Er will nicht auffliegen. Aufzufliegen ist seine größte Sorge. Darum studiert er in einer Tour seine Umgebung. Er lernt, in welchen Situationen Mitgefühl angebracht ist und wie man es zeigt. Kennst du den Film ›Malice‹?«

»Nein.«

»Nicole Kidman spielt darin eine Psychopathin, die beobachtet, wie ein Kind von einem Auto überfahren wird. Ihre einzige Sorge ist, sich ihre Schuhe nicht mit dem Blut von der Straße zu beschmutzen. Dann sieht sie, was der Tod des Kindes mit der Mutter macht. Deren Leid und Schmerz faszinieren sie, denn solche emotionalen Ausbrüche sind ihr fremd. In einer der nächsten Kameraeinstellungen sieht man, wie die Psychopathin vor dem Spiegel übt. Sie spielt den Schmerz der Mutter nach, damit sie bei passender Gelegenheit das richtige Verhalten abrufen kann.«

Wagner zweifelte nicht an der Monstrosität von Psychopathen, aber das Beispiel trug für seinen Geschmack zu dick auf.

»Das ist doch bloß Kino, Schorsch.«

»Nein, Freddy. Es ist eine filmische Umsetzung dessen, was die Forschung über Sozio- und Psychopathen erfahren hat. Kidman hat sich für diese Rolle von Robert Hare beraten lassen, dem international renommiertesten Fachmann auf diesem Gebiet. Die Szene, die ich meine, sieht man nur im Director's Cut. Aus der Version, die zuerst in die Kinos kam, wurde sie herausgeschnitten.«

»Was ich dir sage, Georg, das ist einfach zu krass.«

»Nochmal nein, Freddy, das ist die Realität. Du meintest, die Gefühllosigkeit eines Psychopathen müsse von seinen Mitmenschen entdeckt werden, und ich sage dir, dass dies nicht der Fall zu sein braucht, weil sich raffinierte Psychopathen ein Repertoire an Ausdrucksformen und Verhaltensweisen aneignen. Sie sammeln

Beobachtungen. Einige schauen eben deswegen gern Filme oder lesen Bücher oder durchstöbern anonym die sozialen Netzwerke. Auch ein Psychopath kann Gesten des Mitgefühls zeigen, nur fühlt er halt nichts dabei, sondern weiß bloß, wie's geht.«

»Ich stelle mir das anstrengend vor«, meinte Wagner. »Immerzu Reaktionen anderer beobachten und dann üben, üben, üben, um nicht aufzufallen.«

»Anstrengend ist es wohl wirklich, aber auch reizvoll, weil du andere Menschen umso besser manipulieren kannst, wenn du emotional nicht so stark beteiligt bist. Unter Führungskräften sollen sich überproportional viele Psychopathen befinden. Den Vogel schießt dabei das Bankenwesen ab.«

»Dann bin ich doch lieber Rechtsanwalt.« Wagner blickte auf den Teller seines Freundes. »Lass nicht alles kalt werden, Schorsch.«

Georg gehorchte, aß eine Weile schweigend, konnte sich aber eine abschließende Bemerkung nicht verkneifen.

»Mit deinem Vorgehen gegen Herrn al-Madanī liegst du zumindest richtig.«

Wagner sah ihn mit einem Blick an, der fragte: Und was genau meinst du jetzt?

»Na, dass du die juristischen Schrauben anziehst, die Pässe der Kinder einziehen lässt, das Amtsgericht einschaltest. So ungern ich das sage, aber bei manchen Leuten helfen nur Druckmittel. Erst, wenn sich ihre Position verschlechtert, fangen sie an einzulenken.«

»Danke, dass du mir den Rücken stärkst, Schorsch. Der Fall beschäftigt mich. Einer Kindesmitnahme möchte ich unbedingt vorbeugen.« Kurz schien es, als würde Wagner in seinen Befürchtungen versinken, dann schüttelte er sich und lächelte Georg an: »Was macht der Hauptgang?«

Nach dem Essen wechselten sie von der Küche ins Arbeitszimmer. Wagner nahm die halb geleerte Flasche Rotwein mit, schlug aber auch ein Glas vom Single Malt nicht aus, das ihm Georg zur Verdauung anbot. Sie saßen sich gegenüber, satt und entspannt, sprachen über Wagners Kinder, zwei Mädchen, beide noch schulpflichtig, beide mit 14 und 12 Jahren deutlich jünger als Georgs Sohn. Sarah, die Ältere, hatte seit kurzem einen Freund, was Freddy mit väterlichem Argwohn betrachtete, umso mehr, als Sarah sehr wortkarg wurde, wenn er Genaueres über ihre Beziehung zu dem jungen Mann wissen wollte. Mit Merle, der Kleinen, schien noch alles in Ordnung zu sein, doch natürlich war es nur eine Frage der Zeit, bis die Wirren der Pubertät auch sie erfassen würden. Wagner seufzte, und Georg betrachtete den Freund mit einer Mischung aus Belustigung und Mitgefühl.

»Ich habe es dir vorausgesagt, dass dich dein Vaterstolz noch in Schwierigkeiten bringen wird. Wie verhält sich denn Daniela dazu?«

»Ob meine Frau mich beruhigen kann, meinst du?« Wagner schüttelte den Kopf. »Sie findet, dass eifersüchtige Väter sehr gut zu Comedy-Figuren taugen, jedoch habe das Kino diese Thematik schon so sehr ausgereizt, dass sie mir die Rolle des Papas, der wie ein Wachhund die Tochter umkreist, nicht empfehlen könne.«

»Daniela möchte nicht, dass du dich lächerlich machst. Durchaus verständlich.«

»Aber sie übertreibt. Ich sehe mich nicht als Wachhund, der die Zähne fletscht, sobald sich ein männliches Wesen Sarah nähert. Ich mache mir bloß Sorgen.«

»Damit bist du anscheinend der Einzige in deiner Familie. Worüber sorgst du dich?«

»Ach, das kommt alles ein bisschen früh für mich.« Wagner hielt inne, denn Georg lachte laut.

»Mensch, Freddy, du solltest dich mal hören. ›Das kommt zu früh für mich.‹ Für dich? Kommt es für Sarah auch zu früh? Was ist mit ihren schulischen Leistungen?«

»Gut wie immer.«

»Na also, dann ist sie auf Kurs. Der Typ, mit dem sie gerade zarte Bande knüpft, wird sie schon nicht gleich schwängern. Sie ist ein kluges Mädchen, und die Mama vertraut ihr, so wie's aussieht.«

»Das verstehst du nicht, Schorsch. Du bist Vater eines Sohnes. Das ist etwas ganz anderes.«

Das mochte stimmen. Georg blieb stumm und nickte. Louis fiel ihm ein und zugleich der gemeinsame Abend mit dem Junior. Ins Kino zu gehen, war Friedrichs Idee gewesen, jetzt konnte er dem Freund berichten, dass er dessen Ratschlag beherzigt hatte. Er erzählte vom Film und dem Essen beim Griechen danach. Ein überraschend leichtes, harmonisches Zusammensein sei es gewesen. Freddy war erfreut, nahm Anteil an Georgs Bericht. Den Film kannte er, wunderte sich bloß, dass »Das finstere Tal« noch immer im Kino lief. Wo sie ihn denn gesehen hätten? Im Odeon, antwortete Georg, und dann platzte er mit der Neuigkeit heraus, dass Carmen Ungemein eine Schwester habe, jünger zwar, ihr aber ähnlich wie ein Zwilling. Er habe sie, im Foyer stehend, zuerst für Carmen gehalten.

»Hast du sie angesprochen?«, wollte Wagner wissen.

»Nein, wo denkst du hin«, erwiderte Georg.

»Wieso bist du dir dann so sicher, dass sie Frau Ungemeins Schwester ist?«

Mit einem Schlag war Georg in Nöten. Jetzt war der Moment gekommen, entweder schon wieder zu lügen oder Freddy von dem Besuch bei Kommissar Peters zu erzählen. Er entschied sich für die Wahrheit und überlegte fieberhaft, wie weit er gehen konnte.

»Sie heißt Lorena Trolle, ist vier Jahre jünger. Kommissar Peters hat es mir gesagt, als ich vorgestern Abend bei ihm auf der Wache war.«

»Du warst bei Peters? Hast mir gar nichts davon erzählt.«

»Entschuldige Freddy, aber wir haben uns seither ja auch nicht gesehen. Peters wollte mir etwas zeigen, und so bin ich nach dem Büro zu ihm gefahren. Er hat mir dann eine Fahrradklingel präsentiert, die vor Ungemeins Haus gefunden wurde, und mich nach meiner Meinung gefragt, wie ich als passionierter Fahrradfahrer die Möglichkeit einschätzen würde, dass ein Mörder ein Rad als Fahrzeug zum Tatort benutzt.«

Georg machte eine Pause. Wagner sah ihn schweigend an. Georg war sich bewusst, dass er seine Schilderung hier nicht abbrechen konnte. Es musste nur einer der beiden Kommissare noch einmal eine Nachfrage in der Kanzlei haben und mit Friedrich ins Gespräch kommen – die Sache mit dem anonymen Brief bliebe bestimmt nicht unerwähnt. Und dann stünde er, Georg, erst recht seltsam da, wenn er das vor dem Freund verschwiegen hätte. Er musste offen sein und zugleich eine Unschuldsmiene bewahren. Also sprach er weiter.

»Die Klingel war aber nicht alles. Peters hat ein anonymes Schreiben erhalten, worin mir ein Verhältnis mit Carmen Ungemein angedichtet wird.«

»Dir?« Wagner zog die Nase kraus. »Der Carmen-Verächter als Carmen-Liebhaber? Da kennt dich aber jemand schlecht. Bist du vernommen worden?«

»Nein, Freddy. Aber uns ist im Gespräch schnell klar geworden, dass mehr dahinterstecken muss als die Rache von jemandem, den ich als Staatsanwalt hinter Gitter gebracht habe. Wieso bringt mich der Briefschreiber in Verbindung mit Carmen Ungemein? Selbst wenn er mich beobachtet hat und mir nachgeschlichen ist und in Erfahrung bringen konnte, dass ich mittlerweile für dich arbeite, so reicht das nicht. Er müsste außerdem davon Kenntnis haben, dass Frau Ungemein deine Mandantin war und ich dadurch Gelegenheit hatte, sie kennenzulernen.«

Freddy goss sich Rotwein nach. »Und was folgert der Herr Hauptkommissar daraus?«

»Er ist sich unschlüssig, ob er das Schreiben für einen Racheakt oder für ein Ablenkungsmanöver halten soll, eine falsche Fährte, die den Mörder schützt.«

»Es könnte auch beides sein«, meinte Wagner. Für jemanden mit einer dreiviertel Flasche Rotwein und einem Glas Whisky im Leib funktionierte sein Denkapparat noch fabelhaft. »Der Mörder beging die Tat, um sie dir anzuhängen. Das Opfer war beliebig. Es ging nicht um Frau Ungemein, es geht nur um dich. Eine steile These, zugegeben, aber nicht völlig absurd.«

Georg war erleichtert. Friedrich war nun eingeweiht, aber er bohrte nicht nach. Gut, dass der Freund nicht nach dem Wortlaut der Denunziation gefragt hatte. Bei der Zeitangabe – Sex am »Vorabend der Tat« – hätte er stutzig werden können. Doch vielleicht ist das auch nur mein schlechtes Gewissen, das mich bangemacht, dachte Georg. Um skeptisch zu werden, müsste Freddy einfallen, dass an jenem Vorabend späte Post von Carmen gekommen und Georg im Büro gewesen war, um sie in Empfang zu nehmen, angeblich von einem Boten. Und dann müsste Freddy wittern, dass es sich bei dem Boten in Wirklichkeit um Carmen selbst handelte. Aber warum sollte der Freund Verdacht schöpfen? Er vertraute Georgs Worten doch.

Sie vertieften das Thema nicht weiter. Wagner richtete Grüße seiner Frau aus. »Daniela sagt, sie findet unseren Männerabend gut, und lässt fragen, wann du uns einmal wieder besuchst. Ich glaube, sie will dich zu ihrem vierzigsten Geburtstag einladen.« Georg dankte. Er mochte Daniela. Sie war hübsch, klug und hatte ein freundliches Wesen. Freddy hatte es gut getroffen.

Es ging auf elf Uhr. Eine Schreibtischlampe warf ihr begrenztes Licht. Die Zimmerecken lagen im Halbdunkel. Erinnerungen stiegen auf. Freddy goss den Rest der Flasche in sein Glas. Er sprach von dem Motorrad, das er mit Anfang zwanzig gefahren war. Einmal hatte vor einer Abbiegung der Gaszug geklemmt, er hatte das Tempo nicht zurücknehmen können und sich mit voller Geschwindigkeit in die Kurve gelegt. Die Yamaha, von der Fliehkraft erfasst, rutschte weg und schlitterte in Seitenlage über den Asphalt. Freddy war geistesgegenwärtig abgesprungen. »Ich wusste damals: Bloß weg von der Maschine, damit sie mich nicht erschlägt.« Georg kannte die Geschichte, die mit einem blutigen Knie und einer abgeschabten Lederjacke noch glimpflich abgegangen war. Er hatte bei anderen Gelegenheiten oft auf dem Sozius gesessen und sie hatten sich ein Versprechen gegeben. Sollte einer von ihnen bei einem Unfall so schwer verletzt werden, dass er nur noch mithilfe einer Herz-Lungen-Maschine weiterleben konnte, so sollte der andere den Stecker ziehen. Sie waren jung und erlebnishungrig und von überschwänglicher Selbstgewissheit. Ihre sehnsüchtigen Herzen wollten ein aufregendes Leben, und eigentlich war es ein Wunder, dass sie so etwas Vernünftiges wie Jura studierten.

Freddy stemmte sich aus dem Sessel hoch. Es fiel ihm nicht leicht. Er stützte eine Hand auf den Schreibtisch. »Darf ich mal?« Er hatte die Lampe erfasst und richtete nun ihr Licht auf das Regal, wo Georgs Musikanlage stand, schritt hinüber, ignorierte die CD-Sammlung und wollte in der Hocke die Schallplatten sondieren, landete aber auf dem Hintern. Ein kleines Lachen ertönte. Freddy studierte im Sitzen weiter. Er fand ein Album, raffte sich auf, kam auf die Füße. Georg erkannte »Face to Face« von Steve Harley und Cockney Rebel, die Doppel-LP mit Live-Mitschnitten ihrer Tour durch Großbritannien 1976/77. Er hatte die Band erst in den achtziger Jahren für sich entdeckt, als es sie schon nicht mehr gab. Friedrich holte die hintere Platte heraus, legte sie auf, nahm den Tonarm, führte ihn zum Plattenrand. Es gab ein hässliches Geräusch aus den Lautsprecherboxen, als die Nadel abrutschte. Der zweite Versuch klappte. Man hörte ein Knistern, das Geräusch der Nadel in der Tonrille, dann, allmählich lauter werdend, ein lärmendes Publikum, rhythmisches Klatschen und Rufe: *We want more! We want more!* Die Rufe verwandelten sich in Jubel, als die Band für die Zugabe auf die Bühne zurückkehrte, und das Kreischen hatte sich noch nicht beruhigt, als Steve Harley zu singen begann. Ungeschützt erhob sich seine Stimme, die Instrumente der Band schwiegen noch, es fehlte der orchestrale Bombast der Studioaufnahme. Dies hier war live und klang herb und noch emotionaler als sonst. Freddy lauschte. *Seeking a love,* sang Harley. Er zerlegte die Textzeilen in Intervalle, in Blöcke aus wenigen Worten, was ihnen einen eigentümlichen Nachdruck verlieh.

Seeking a love – to share – my pillow
Share – my dreams – and my undying need – to please

Das Piano setzte ein. Als Harley weitersang, sang Freddy mit.

Who'll come to me – to be – my woman
Fill – my heart – and my undying need – to please?

Auch Georg war aufgestanden, stimmte ein. Die Freunde wiegten sich in den Hüften, hoben die Arme, drehten sich umeinander und tanzten, während Harleys Elegie ihre Erinnerungen aufwühlte, sie noch einmal vierundzwanzig sein ließ, süß und schmerzlich und herrlich. Ein weiteres Stück folgte, immer noch tanzten sie, laut kamen die Songs aus den Boxen, diese Musik konnte man nicht leise hören. Sie überhörten das Klopfen an der Zimmertür, die aufschwang und eine Frau hereinließ.

Linda.

Ihre Stimme durchdrang den Raum.»Gibt es etwas zu feiern?«

Georg drehte den Verstärker leiser.»Bist du schon zurück? Ich habe dich erst nächste Woche erwartet.«

»Oder übernächste Woche«, ergänzte Freddy.»Oder über-übernächste. Über-über-übernächste ginge auch.« Er prustete los.

»Seid Ihr betrunken? Du fällst völlig aus der Rolle, Friedrich Wagner.« Lindas Ton war giftig.

Freddy sank in seinen Sessel. Lindas Attacke rührte ihn nicht. Seine Mundwinkel zuckten noch immer. Er sah belustigt aus.

Georg wiederholte seine Frage. Ob das Fasten-Seminar schon vorbei sei?

Keineswegs, antwortete Linda. Sie hole nur zwischendurch ein paar Sachen, denn man könne eine direkt anschließende Folgeveranstaltung buchen. »Mit Kraff habe ich schon gesprochen. Ich hänge noch eine Woche dran.«

»Na also!« Das war wieder Freddy.

Interessante Reihenfolge, dachte Georg. Der Ehemann erfährt es als Letzter. Mit dem Arbeitgeber ist bereits alles geklärt.

»Bleibst du über Nacht?«

»Nein, René wartet unten im Auto. Ich packe nur eine Tasche.«

Dass ihre Antwort einen gewissen Erklärungsbedarf offenließ, spürte Linda. »René ist ... er ist einer aus der Gruppe, er hat mich gefahren.«

Eine Pause entstand. Freddys Belustigung hatte sich verloren, er sah ernst drein. Auch Georg hatte den Eindruck, soeben eine nicht unbedeutende Information erhalten zu haben. Natürlich konnte dieser René, wenn er Linda fuhr, ihr bloß einfach einen Gefallen tun. War Georg eifersüchtig? Er konnte eine Empfindung dieser Art nicht in sich entdecken. Mehr als die Erwähnung einer Bekanntschaft, die Linda offensichtlich gemacht hatte, irritierte ihn, wie sie mit ihm sprach. Sie kam unverhofft spätabends durch die Tür und stellte ihn vor vollendete Tatsachen. Hallo Georg, ich bin gleich wieder weg, hole nur ein paar Klamotten, bleibe länger fort, Kraff weiß Bescheid, und da ist jemand, der mich fährt. Seine Ehe hatte anscheinend ein neues Verfallsstadium erreicht. Dies zu bemerken, hatte gewiss auch sein Gutes. Die Wahrheit ist dem Menschen zumutbar. Manchmal will man sie nicht wissen. Dann drängt sie sich irgendwann auf.

Linda sah ihren Mann an. »Also Georg, bis dann. Ich melde mich. Du bist ja jetzt im Bilde. Feiert noch schön.« Sie drehte sich um und verließ das Zimmer.

20

*L*iebe Ruth,

es fällt mir schwer, einen Anfang zu finden. Vielleicht erin-
nern Sie sich gar nicht an unsere kurze Bekanntschaft vor der
Oper.

Prüfend blickte Stefan auf das Blatt Papier in seiner Hand. Es war
eine Abschrift des Briefes, den er gleich nach dem Besuch seines
Anwalts begonnen und am Tag darauf auf den Weg gebracht hatte. Die Adresse der Empfängerin hatte er nicht vergessen. Ruth
Dömitz, Haydnstraße 5. Ewig lang hatte er mit dem Schreiben
zugebracht, Worte hingeschrieben und wieder gestrichen, Sätze
eingefügt, er hatte gezögert und gegrübelt. Die wärmsten Empfindungen stiegen in ihm auf, wenn er an diese Frau dachte, doch
er wollte nichts falsch machen. Eine schiefe Tonlage, eine dumme Vertraulichkeit konnte alles ruinieren. Allein schon die Anrede: »Liebe Ruth« – das passte doch besser als ein lockeres »Hallo«,
oder? Er las weiter.

Ohne Carmen hätten wir uns nie gesehen, und nun ist Car-
men tot, ermordet, was schrecklich ist. Sie waren mit ihr be-
freundet. Viel weiß ich nicht über diese Freundschaft. Carmen
ging nie in die Details, wenn sie Privates erzählte. Sie beide
haben sich wohl schon lange gekannt. Ich stelle mir vor, dass
Sie der grausame Tod Ihrer Freundin schwer getroffen hat.

Bei diesem ersten Absatz seines Briefes hatte Stefan darauf geachtet, nicht gleich von sich zu reden. Es war im Grunde unmöglich. Immerhin hatte er es geschafft, dass das Wörtchen »ich« erst im fünften Satz auftauchte. Er hoffte, dass er nicht aufdringlich wirkte. Ruth sollte sich wahrgenommen und angesprochen fühlen. Doch irgendwann musste er persönlich werden. Es wäre sonst unbegreiflich, wieso er ihr überhaupt schrieb. Stefan las seinen Brief bis ans Ende.

Werden Sie mir glauben, wenn ich Ihnen sage, dass auch ich erschüttert bin? Vielleicht schütteln Sie jetzt heftig den Kopf. Vielleicht hat man Sie eingeweiht, dass die Polizei mich als Mordverdächtigen festgenommen hat. Ja, ich schreibe Ihnen aus der Untersuchungshaft. Bitte glauben Sie mir, dass ich unschuldig bin. Mir liegt sehr daran. Und glauben Sie mir, ich könnte Ihnen nicht schreiben, wenn ich es getan hätte. Ich bin nicht der Typ, der es fertigbrächte, jemandem den Freund oder die Freundin zu rauben und sich hinterher dreist an diesen beraubten Menschen zu wenden und sich in seine Trauer einzuschleichen. Das wäre abscheulich. Mir ist sehr wohl bewusst, dass es seltsam wirken kann, dass ich Ihnen schreibe. Unser einmaliges flüchtiges Aufeinandertreffen reicht als Erklärung dafür nicht aus, und man kann mein Verhalten wahrscheinlich auch nicht damit rechtfertigen, dass Sie und ich über Carmen verbunden sind. Jedenfalls wünsche ich mir sehr, dass Sie mir meine Unschuld glauben, und es ist nun einmal so, dass ich oft an Sie denken muss. Darf ich weiterhin an Sie schreiben?
Das fragt, herzlich und mit Teilnahme,
Ihr Stefan Berg

Fast eine Woche war es her, dass er den Brief zur Weiterleitung abgegeben hatte. Zugeklebt. Das war nicht ohne Rüffel abgegangen.

»Der Umschlag muss offen sein«, hatte er zu hören bekommen. Natürlich, die Anstalt las mit. Er war jetzt ein Häftling, wie hatte er das nur vergessen können. Man bekam es bei jeder Gelegenheit zu spüren. Beim morgendlichen oder auch nächtlichen Wecken, bei der Essenszuteilung, bei der geringen Verfügung über Geld für den Knast-Einkauf, beim Hofgang. Überall Einschränkungen, Grenzen, Gängelei. Die bürgerlichen Freiheitsrechte galten nicht mehr für ihn. Dazu gehörte auch, vom Gericht extra angeordnet, die Aufhebung des Post- und Fernmeldegeheimnisses. Er durfte schreiben, so viel und so oft er wollte, nur durfte er nicht glauben, er sei frei in seinen Mitteilungen.

Stand in den Briefen eines Häftlings etwas, wovon der Kontrolleur glaubte, es gefährde die polizeilichen Ermittlungen, dann blieb der Brief beim Zensor hängen und kam als Belastungsmaterial in die Untersuchungsakten. Dennis hatte ihm das erklärt. Nur die Post an seinen Verteidiger durfte Stefan in einem verschlossenen Kuvert abgeben. Manche Gefangene versuchten, auf diese Weise Briefe an Angehörige oder Kumpane an der Zensur vorbeizuschmuggeln. Aber das war verboten – auch für den Anwalt, der eine Ordnungswidrigkeit beging, wenn er mitmachte. Trotzdem kam es immer wieder vor. Stefan hatte gegenüber Dennis gemeint, er könne auf einen solchen mitspielenden Anwalt gut verzichten, korrupten Menschen sei nicht zu trauen, doch Dennis hatte widersprochen und gesagt, es gebe Notlagen, in denen es auf jede Hilfe ankomme.

Eine Woche war noch keine lange Zeit. Stefan ertappte sich dabei, dass er bereits jetzt auf Antwort von Ruth wartete. Dabei hatte sie seine Zeilen wahrscheinlich noch nicht einmal erhalten. Vorher ging der Brief über den Tisch des Ermittlungsrichters und des Staatsanwalts. Erst wenn beide gelesen und nichts Verdächtiges gefunden hatten, wanderte er in die ganz normale Postzustellung. Angeblich waren Laufzeiten von bis zu drei Wochen für kontrollierte Sendungen keine Seltenheit. In wenigen Tagen hatte Stefan

Haftprüfung. Ging die Sache gut aus, dann kam er womöglich auf freien Fuß, bevor Ruth seinen Brief erhalten hatte.

Hätte er besser noch mit dem Schreiben warten sollen? Aber warum? Weil er ihr dann seine U-Haft vielleicht hätte verschweigen können? Weil ein U-Häftling als Briefeschreiber von vornherein eine schlechtere Figur machte als ein freier Mann?

Stefan schüttelte diese Überlegungen ab. Ruth gegenüber fühlte er eine Bereitschaft zu vollständiger Offenheit. Seine Einstellung mochte naiv sein. Aber gut, dann war er eben naiv.

Er freute sich auf die Hofrunde. Nachmittags wäre ihm lieber gewesen, denn die Nachmittage unter Verschluss ödeten ihn besonders an, doch die Anstaltsleitung hatte nun einmal für die U-Häftlinge in Haus B den Morgen angesetzt. Als der Schließer ihn abholte, hatte Stefan sein Bett gemacht und wartete aufbruchsbereit hinter der Tür. Mittlerweile kannte er das Ritual, hörte das Klirren der Schlüssel und die Stimmen der sich sammelnden Mitgefangenen auf dem Flur, trat nach Aufschluss zügig aus seiner Zelle, wartete auf Dennis, grüßte ihn mit den Augen und bekam einen Gruß zurück.

21

*B*ei ihrer Beerdigung war Carmen fast so einsam, wie sie es in ihrer Todesstunde gewesen war. Niemand von denen, die sich an ihren Gesellschaftsabenden so zahlreich eingefunden hatten, stand am Grab, als die Urne mit ihrer Asche ins Erdloch gesetzt wurde, kein Geistlicher sprach tröstende Worte, keine Eltern beklagten den frühen gewaltsamen Tod ihrer Tochter, keine Freunde gaben der Ermordeten das letzte Geleit. Einzig Carsten Ungemein und Kristiane Boettiger sahen zu, wie der Chef eines Bestattungsinstituts und sein Angestellter ihre Arbeit taten, ihnen kondolierten, die Schleife am einzigen Kranz richteten, der seinen Weg auf den Friedhof gefunden hatte, und endlich nach dem Spaten griffen. Als die erste Erde in die Grube fiel, wandten sich der Witwer und die Frau an seiner Seite ab, überquerten ein Stück Rasen bis zu dem asphaltierten Fußweg, der sie stracks zum Haupttor und damit hinweg vom Totenacker führte. Ungemein schwitzte. Mit seinem schwarzen Anzug und der Weste darunter war er für diesen frühsommerlichen Tag zu warm angezogen, der Hosenbund spannte und der Hemdkragen würgte ihn. Er öffnete einen Knopf und lockerte die Krawatte. Kristiane Boettiger blickte ihn mitfühlend an, dann ergriff sie lächelnd seine Hand: »Carsten, das wird schon.«

22

Noch war der Wetterumschwung nicht zu spüren, der auf einen ungewöhnlich warmen April nasskalte Wochen folgen ließ. Der 5. Mai fiel auf einen Montag und brachte an Rhein und Ruhr weiterhin Sonne mit Temperaturen um 20 Grad. In der islamischen Republik Iran ernannte an diesem Tag das Kultusministerium erstmals eine Frau zu einer Theater-Intendantin. Wenige Stunden zuvor war, aus Deutschland kommend, Navid al-Madanī mit seinen Söhnen auf dem Flughafen Teheran gelandet. Die Verfügung des deutschen Amtsgerichts, er solle die Reisepässe der Kinder abgeben, hatte beim Vater im Gegenteil bewirkt, schnellstens die Koffer zu packen und die beiden Jungen zu entführen. Als Georg gegen 14 Uhr von seiner Mittagspause zurückkehrte, herrschte in der Kanzlei Wagner ungewöhnliche Aufregung. Eine angespannte Frau Samson setzte ihn ins Bild: Jessica al-Madanī, nach zwei schlaflosen Nächten am Rande des Nervenzusammenbruchs, hatte sich vor einer Viertelstunde weinend an Friedrich Wagners Brust geworfen. Nun saßen die beiden in Wagners Büro und berieten das weitere Vorgehen.

Für die Kanzlei war es der erste Fall einer Kindesmitnahme. Georg sah Wagners Assistentin an, dass sie sich doppelt sorgte: um den Zustand der Mutter und den ihres Chefs. Es war eingetreten, was Friedrich Wagner mit aller Kraft hatte verhindern wollen.

Georg klopfte an, Wagner bat ihn herein, stellte ihn vor. Jessica al-Madanī war blass, ungeschminkt, die Stimme brüchig. Ihre geröteten Augen sahen den Neuankömmling hilfesuchend an.

Ich bin leider auch nicht der Retter, der deine Kinder zurückholt, dachte Georg, ich bin völlig ahnungslos, was jetzt zu tun ist.

»Wir werden einen Antrag auf Rückführung beim iranischen Justizministerium stellen«, sagte Friedrich. »Der Vater hat die Kinder am Samstag aus ihrer Wohnung entführt, als die Mutter kurz zum Einkaufen fort war. Wahrscheinlich hat er die Wohnung beobachtet.«

Hatte er denn einen Schlüssel? Die Frage lag Georg auf der Zunge, aber sie zu stellen wäre nutzlos gewesen. Geschehen war geschehen und nicht mehr zu ändern.

»Die Kinder müssen ihn hereingelassen haben«, fuhr Wagner fort. »Sie hatten Anweisung, bei Abwesenheit der Mama keinem Fremden zu öffnen und jedes Klingeln an der Tür zu ignorieren, aber er hat anscheinend vorher angerufen und ihnen sein Kommen angekündigt. Es gab einen Anruf mit unterdrückter Nummer auf dem Festnetztelefon in der Wohnung, das verrät der Telefonspeicher, und die Zeit passt.«

Friedrich Wagner referierte die Umstände der Entführung mit der Akribie eines polizeilichen Ermittlers. Vielleicht half ihm das, mit der Sache klarzukommen. Georg hatte Schwierigkeiten mit der Vorstellung, einen Fünfjährigen mit einem Dreijährigen allein zu Hause zu lassen, und sei es bloß für einen schnellen Einkauf. Er behielt diesen Gedanken für sich. Alleinerziehende Mütter hatten es schwer, alles zu erledigen, was nötig war, um ihren Alltag zu organisieren. Frau al-Madanī war sicher nicht die Einzige, die ihre kleinen Kinder notfalls für ein halbes Stündchen ohne Aufsicht ließ. Wenn das für ihn, Georg, nicht in Frage kam, war das seine Sache. Eines aber verstand er ganz und gar nicht.

»Warum hat die Polizei keine Fahndung ausgelöst? Sie haben doch bestimmt gleich die Polizei alarmiert, Frau al-Madanī, als Sie nach Haus zurückkamen und die Wohnung leer vorfanden?«

»Nicht gleich.«

Georg verstand sie kaum, so leise sprach sie.

»Navid hatte im Flur einen Zettel hinterlegt: ›Bin mit den Kindern Eis essen, musste sie mal sehen.‹«

»Und das haben Sie geglaubt?«

»Nein. Ich habe sofort schreckliche Angst bekommen, aber gedacht, eine Stunde gebe ich ihm. Wenn ich sofort zur Polizei laufe, sagt die, ich soll mich beruhigen, die drei seien vielleicht wirklich nur auf ein Eis weggegangen.«

»Und dann, nach der Stunde?«

»Als ich auf der Wache war, hieß es, der Vater werde den Kindern schon nichts antun.«

Wagner ergriff das Wort. »Das Problem ist, Georg, dass Herr al-Madanī zu diesem Zeitpunkt noch kein Delikt beging, wenn er die Kinder mitnahm. Über unseren Antrag, Frau al-Madanī das alleinige Sorgerecht zuzusprechen, hat das Gericht noch nicht entschieden. Auf dem Papier ist der Vater noch der gleichberechtigte Erzieher. Der Polizei sind die Hände gebunden, sogar jetzt noch.«

»Besteht Hoffnung, dass sich die drei wider Erwarten noch in Deutschland befinden?«

»Nein. Herr al-Madanī war so human, seine Frau heute Mittag aus Teheran anzurufen, damit sie nicht in Ungewissheit verbleibt. Vielleicht wollte er auch nur triumphieren.«

Bei ihrem Männerabend hatte Georg seinen Freund noch darin bestätigt, das Richtige zu tun, wenn er amtsgerichtliche Verfügungen gegen Navid al-Madanī erwirkte und so die Schrauben anzog, weil es dem iranischen Macho an gutem Willen für eine Lösung fehlte. War das falsch gewesen?

Es klopfte an der Tür. Frau Samson. Sie entschuldigte sich für die Störung, ging zu Wagner und sprach ihm leise ins Ohr. Der stutzte und verwies sie an Ruh. Frau Samson wiederholte ihren diskreten Vortrag: Eine Frau Dömitz sei am Empfang. Ohne Termin, aber sie sage, sie brauche nicht lange. Es gehe um ihre Freundin Carmen Ungemein.

»Übernimm das bitte, Georg, ich kann jetzt nicht«, sagte Wagner.

Ruh stand auf, verabschiedete sich. Er hätte Jessica al-Madanī gern mit Zuversicht versorgt, aber ihm fielen nur Floskeln ein. »Wir finden bestimmt einen Weg.« Das sagte sich so leicht und war so schwer zu garantieren. Die Mandantin nickte stumm.

Die Frau, die ihm vom Empfang her entgegensah, brachte Georg nicht mit Carmen Ungemein in Einklang. Ein ganz anderer Typ. Schlank, beinahe schmal, mittelbraunes Haar, das glatt auf ihre Schultern fiel. Ein offener Blick, interessiert, aber ohne die Beimischung weiblicher Signale, die Carmen so sehr beherrschte. Beim Näherkommen gewahrte er ihre Augenfarbe: grün.

Er reichte ihr die Hand, nannte seinen Namen, sie nannte den ihren.

»Ah«, sagte Georg, »Dömitz – wie der berühmte Admiral?«

Sie lächelte. »Nein, wie die Festung an der Elbe, wo der berühmte Dichter Fritz Reuter eine Haftstrafe absitzen musste. Der berühmte Admiral Dönitz schreibt sich mit n.«

»Tatsächlich?« Was für ein Lapsus. Es war ihm peinlich, mehr noch aber war er überrascht. »Schon komisch. Für mich hieß der Mann immer Dömitz. Einmal falsch gehört und zeitlebens falsch behalten.«

»Es gibt gröbere Fehlleistungen«, sagte sie. »Manche sind lustig. Da wird einem Kind ein Abendlied mit der Zeile vorgesungen ›Und aus den Wiesen steiget / Der weiße Nebel wunderbar‹, das Kind allerdings versteht ›Der weiße Neger Wumbaba‹ und hält jahrelang daran fest. Ich glaube sogar, ein Buch ist nach dieser Anekdote benannt.«

»Solche Hörfehler haben doch bestimmt einen Grund«, mutmaßte Georg. Er sah Ruth Dömitz erwartungsvoll an, als müsse sie die Antwort wissen.

Frau Samson wurde es ein bisschen zu viel. Was war das denn für eine Begrüßung? Die beiden stiegen von jetzt auf gleich in eine Erörterung ein, die mit Rechtsfragen gewiss nichts zu tun hatte.

Und nun sinnierte diese Dame gar über den Zusammenhang von psychischer Verfassung und Missverständnissen. Wollte Herr Ruh nicht langsam seine Plauderei mit ihr hinter geschlossene Türen verlegen? Noch hatten sich die beiden keinen Schritt vom Empfang wegbewegt.

»Möchten Sie Kaffee?«

Samson wartete, bis die zwei sie ansahen.

Die Dömitz fragte, ob sie zum Kaffee ein Wasser bekommen könne.

Aber ja doch, selbstverständlich, liebend gern, ohne Weiteres, jederzeit – sobald mein Empfang geräumt ist, sagte Samson. Nein, das sagte sie nicht. Sie sagte: »Ein stilles oder mit Sprudel? Still? Gut. Gehen Sie doch schon einmal vor in Ihr Büro, Herr Ruh, das Besprechungszimmer ist noch besetzt. Ich bringe die Getränke nach.«

Georg bat seinen Gast, Platz zu nehmen. Er öffnete die Fensterflügel, entschuldigte die schlechte Luft. Wenn Ruth Dömitz erstaunt war über die beengten Verhältnisse in seinem Büro, ließ sie es nicht merken.

»Was führt Sie her, Frau Dömitz?«

»Ich bin eine enge Freundin von Carmen Ungemein. Ihre Ermordung hat mich entsetzt. Wir kennen uns schon seit der Oberstufe. Da hieß sie noch Carmen Trolle. Die Jungs an der Schule nannten sie ›die Tolle‹. Ich war ihre Trauzeugin, als sie Carsten Ungemein heiratete.«

»Der fand sie wohl auch toll«, warf Georg ein.

»Ja, sehr. Aber Carsten war kein schwärmender Siebzehnjähriger mehr, sondern ein erwachsener Mann, reif, erfolgreich, vermögend, umsichtig, charmant. Er liebte sie. Ich mochte ihn sofort. Wir haben vieles gemeinsam unternommen, zu dritt, und später, als auch ich verheiratet war, zu viert.«

Sie warf einen Blick auf Georgs Ehering.

»Kennen Sie das, wenn sich zwei Paare so gut verstehen, dass sie zusammen Städtereisen machen, ins Kino und in die Oper gehen, sich regelmäßig besuchen, um zusammen zu kochen oder einfach nur so, um Spaß zu haben?« Georg schüttelte verneinend den Kopf, sie sprach weiter. »Einmal haben wir sogar für zwei Wochen ein Haus in Andalusien gemietet. Mein Ex-Mann und Carsten kamen vorzüglich miteinander aus. Bei und nach meiner Scheidung ergriff Carsten trotzdem meine Partei und kümmerte sich um mich, als ich eine schwere Zeit hatte.«

»Er half Ihnen ökonomisch?«, fragte Georg.

»Nein, wie kommen Sie darauf. Menschlich, nicht ökonomisch. Aber er hätte mir bestimmt auch mit Geld ausgeholfen, wenn es nötig gewesen wäre. Was ich sagen will: Während meiner Scheidung stand er mir bei, während seiner Scheidung von Carmen aber hielt ich Abstand zu ihm. Ich dachte immer, er würde das verstehen, weil er sich denken konnte, dass Carmen diese Einseitigkeit von mir verlangte. Solidarität unter besten Freundinnen, so etwas in der Art. Nach Carmens Ermordung habe ich ihn angerufen, auf seinem Handy, zweimal, dreimal, er ging nicht ran, beantwortete meine Nachrichten nicht.«

Sie holte tief Luft, hatte sich in eine Erregung hineingeredet.

»Keine Reaktion, trotz meiner Entschuldigungen auf seinem Anrufbeantworter. Und dann lese ich in der WAZ Carmens Todesanzeige und darin den Satz: ›Die Beisetzung fand in aller Stille im engsten Familienkreise statt.‹ Er hat Carmen begraben, ohne mir ein Wort zu sagen. Ich kapiere das nicht.«

Georg schwieg. Sie schwieg auch. Er hatte die Anzeige übersehen, hatte nicht einmal gewusst, dass Pathologie und Staatsanwaltschaft die Leiche der Ermordeten schon freigegeben hatten.

Es klopfte an der Tür. Frau Samson brachte Kaffee und eine Flasche Wasser mit zwei Gläsern. Georg bedankte sich, übernahm das Einschenken. Die Büroleiterin sah wieder angespannt aus. Gewiss saß Frau al-Madanī noch immer bei Freddy.

Als sich die Tür hinter Frau Samson schloss, nahm Ruth den Faden wieder auf.

»Carstens Schweigen, Carmens Beisetzung ohne alle Freunde, sogar ohne mich, das ist noch nicht alles. Gestern bin ich zum Reitstall gefahren. Sonntags waren wir gern zu zweit auf dem Gestüt Meiderich; ich schaute zu, wenn Carmen mit Banat auf der Koppel trainierte. Ein schönes Tier. Anhänglich. Auch mir gegenüber. Gestern also fahre ich hin. Banats Box war leer. Ich frage einen der Mitarbeiter, vermute, dass gerade jemand Banat am Halfter ausführt, damit er Bewegung hat. Als Antwort erhalte ich die Auskunft, der Hengst sei abgeholt worden, vor Tagen schon.«

Sie hielt einen Moment inne, sah Georg an. Der signalisierte ihr stumm, dass er einfach nur zuhörte.

»Mehr war gestern nicht zu erfahren. Die Gutsverwaltung hatte geschlossen. Heute Morgen habe ich dort angerufen. Erst wollte man sich nicht äußern, da ich nicht befugt sei, Auskünfte zu verlangen. Ich bekam aber doch immerhin heraus, dass Carsten das Pferd verkauft hat. Wissen Sie etwas darüber?«

»Nein«, erwiderte Georg. »Sollte ich?«

»Ihre Kanzlei hat Carmen im Scheidungsprozess vertreten. Sie müssen doch wissen, ob es erlaubt ist, dass Carsten so schnell Zugriff nimmt auf ihr Eigentum. Mir ist die rasende Eile rätselhaft, mit der er handelt, und dass er es – entschuldigen Sie das Wort, aber genau so erscheint es mir – klammheimlich tut.«

Georg betrachtete Ruth und überlegte, ob sie nur deshalb so empfindlich reagierte, weil sie sich von Carsten Ungemein gekränkt fühlte. Er verwarf den Gedanken. Sie wirkte nicht die Spur narzisstisch auf ihn. Verstört, ja, das mochte sein. Entsetzt über das Verhalten eines Menschen, der ihr vertraut und nah gewesen war. Rätselnd, woran es lag. Aber gekränkt, gar aus verletzter Eitelkeit?

Nein. Man musste ernst nehmen, was sie sagte. Erneut erstaunte ihn, dass sie mit Carmen eng befreundet gewesen war. Er hatte Carmen zugetraut, stutenbissig zu sein. Solche Frauen litten keine starken Freundinnen an ihrer Seite. Sie suchten sich eine Freundin, die sie bewunderte und die neben ihnen schlecht abschnitt, wenn beide gemeinsam auftraten. Ein Mauerblümchen oder eine Frau mit starkem Übergewicht und Komplexen. Ruth Dömitz war von allem das Gegenteil. Erfahren, selbstbewusst, attraktiv. Sensibel war sie auch. Und keine Frau, die mit ihren Vorzügen kokettierte. Vielleicht war es ja der Mangel an Koketterie, der Ruth für Carmen bekömmlich machte. Eine Ruth würde einer Carmen beim Flirten nie die Schau stehlen. Das konnte die Erklärung für diese Freundschaft sein. Oder er musste sein Urteil über Carmen korrigieren und zugeben, dass Carmen eine so starke Frau gewesen war, dass sie weibliche Konkurrenz neben sich duldete.

Georg bemerkte, dass er abschweifte. Frau Dömitz wartete auf seinen Kommentar.

»Frau Ungemeins Reitpferd fiel mit ihrem Tod an ihre Erben. Wer das ist, muss sich noch herausstellen. Der Witwer ist es in diesem Fall sicher nicht. Das Bürgerliche Gesetzbuch schließt aus, dass man einen Ehepartner beerbt, der die Scheidung eingereicht und die dafür notwendigen Bedingungen erfüllt hat. Rechtlich gibt es sehr wohl Einwände gegen Herrn Ungemeins Vorgehen. Aber zu einem Protest fehlt unserer Kanzlei das Mandat.«

»Lassen wir das Rechtliche. Was ist mit dem Moralischen, Herr Ruh? Hat Carmens Anwalt dazu auch eine Meinung? Sie waren doch ihr Anwalt, haben ihre Interessen vertreten und ihre Partei genommen, nicht wahr?«

»Ihr Anwalt war ich eigentlich nicht«, sagte Georg. Er fühlte sich unbehaglich bei diesem Geständnis. »Frau Ungemein war die Mandantin von Herrn Wagner, dem Kanzleiinhaber. Ich bin aber sehr vertraut mit dem Fall und kenne die Akten im Detail.«

»Jetzt weiß ich, wer Sie sind«, sagte Ruth. »Carmen hat Sie bei unserem letzten Treffen erwähnt. Sie sind der Zugeknöpfte.«

»So hat sie mich genannt?« Georg lachte verlegen. Der Gedanke an den Diwan in seinem Rücken ließ ihn erröten. Ruth gefiel seine Verlegenheit. Ein gestandener Mann, der wegen eines Wortes rot wurde. War er ein bisschen schamhaft? Sie fand es nett.

»Sie müssen einen ziemlich reservierten Eindruck bei Carmen hinterlassen haben. Erstaunlich, auf mich wirken Sie gar nicht so – zugeknöpft.« Sie betonte das Wort, es schien sie zu belustigen.

»Mir ist auch neu, dass ich das sein soll«, sagte Georg. »Könnte es sein, dass Ihre Freundin eine Neigung hatte, Eindrücke sprachlich zuzuspitzen und dabei ein wenig zu übertreiben?«

»Ist das noch eine Frage oder bereits eine Feststellung? Carmen war bekannt für ihre Direktheit. Wenn Sie öfter persönlich mit ihr zu tun hatten, werden Sie das wissen.«

»Herr Wagner hat mich nur selten zu einem Termin mit ihr hinzugeholt. Wie kamen Sie denn mit Frau Ungemeins Direktheit zurecht? Man muss sich doch wohl sehr mögen, sonst bekommt man leicht eine Zuspitzung in den falschen Hals.«

»Ich zählte nicht zu Carmens Zielscheiben. Und mit Direktheit bin ich fast täglich in der Schule konfrontiert, das übt.«

»Für eine Lehrerin hätte ich Sie jetzt nicht gehalten«, sagte Georg.

»Ich bin in der schulischen Sozialarbeit, also Sozialpädagogin. Praktisch heißt das: Beschäftigungstherapeutin und Aufsicht in den Mittagspausen, Kummerkasten, Krisenhelferin, Konfliktlöserin, Projektleiterin und noch einiges mehr.« Sie strich sich die Haare hinter das Ohr, sah ihn an, lächelte. »Dafür hätten Sie mich noch weniger gehalten, oder?«

»Auf Anhieb nicht«, gab Georg zu. »Aber ich frage mich gerade, ob das nur deswegen kommt, weil ich irrigerweise annahm, die beste Freundin der reichen Unternehmergattin Carmen Ungemein müsste einen ähnlichen Lebensstil pflegen. Das war ein dummes Vorurteil, bitte entschuldigen Sie.«

»Sie müssen sich nicht entschuldigen.«

»Was ist mit Drogen, Gewalt, Kleinkriminalität«, fragte George, »haben Sie damit auch zu tun?«

»Meistens nur mittelbar. Für die Drogen- und Gewaltprävention hole ich Vereine ins Haus, die auf diesem Gebiet arbeiten. Warum fragen Sie, spielen Drogen und Gewalt im Familienrecht eine Rolle?«

»Als Ursache oder Folge familiärer Zerrüttung ist man sicher auch als Familienanwalt manchmal damit konfrontiert. Ich dachte aber eher an meinen Berufsanfang zurück, als ich mich als Staatsanwalt vorübergehend noch mit dem Jugendstrafrecht befassen musste.«

»Sie sind Staatsanwalt?«

Georg meinte bei Frau Dömitz eine Veränderung der Tonlage zu hören.

»Gewesen. Und ich war kein harter Hund, wenn Sie das jetzt vielleicht vermuten. Im Jugendstrafrecht müssen wir uns mit Tätern beschäftigen, die noch nicht strafmündig sind. Im Vordergrund steht der Erziehungsgedanke.«

»Ich weiß«, sagte Ruth. »Letztlich ziehen Sie und ich doch am selben Strang, nicht wahr?«

Jetzt klang Frau Dömitz spöttisch, fand Georg. Er sagte bloß: »Ich bin erleichtert, dass Sie die Dinge so sehen.«

Sie lachte herzlich. Der Spott war weg. Er war überrascht, wie gut sie umschalten konnte.

»Möchten Sie noch etwas Kaffee?«

»Eine halbe Tasse wäre nett.«

»Kann ich Sie einen Moment alleinlassen?« Georg stand auf, verließ das Zimmer. Sie vermutete, er würde nur kurz die Sekretärin beauftragen, doch es dauerte länger. Ruth sah auf die Uhr. Vor fast einer Stunde war sie gekommen. Eigentlich wollte sie noch auf den Friedhof. Dann müsste sie jetzt gehen. Sie drehte den Kopf, betrachtete das schmale Bücherregal neben der Tür. Dicke Bände, bei einigen konnte sie die Titel von ihrem Platz aus lesen. Gesetzessammlungen und Fachlexika. Langweilig. Ein gelbes Reclam-Heft, das obenauf lag, erregte ihre Neugier. Sie lauschte, ob sich auf dem Flur Schritte näherten, wischte dann die Hemmung beiseite. Wenn er sie warten ließ, durfte sie sich ein bisschen umsehen. Sie ging zum Regal, nahm das Heft. Heinrich von Kleist,»Die Marquise von O...« Sie blätterte. Angestrichen hatte er nichts, doch einige Seiten hatten Eselsohren.

Die Tür ging auf. Beinahe hätte sie Ruth in den Rücken geschlagen. Georg trug ein Kännchen aus Porzellan. Er registrierte, wie sie mit dem Heft in der Hand am Regal stand, es nun zurücklegte.»Frisch gebrüht.« Er goss ihr ein, dann auch sich. Jedem eine volle Tasse. Sie sagte nichts, ging zu ihrem Stuhl zurück. Setzte sich.»Danke. Riecht gut, Ihr frisch Gebrühter.«

»Kleist«, sagte Georg.»Hatten Sie den auch in der Schule?«

»Nur seinen Michael Kohlhaas«, sagte sie.

»Die ›Marquise von O...‹ kennen Sie also noch nicht?«Er ging hinüber zum Regal, kam mit dem Heft zurück.»Dann schenke ich Ihnen das Büchlein. Und Sie berichten mir bei Gelegenheit, ob Ihnen die Geschichte gefiel.«

Sie sah ihn an. Forschend? Er konnte es nicht einordnen. Lächelte sie an. Hob seine Tasse, als würde er auf ihr Wohl trinken.

»Das werde ich tun.«

Eine späte Antwort. Sie hatte ganz schön lange für diese Worte gebraucht. Er würde sie also wiedersehen. Nein, das hatte sie ihm nicht bestätigt. Nur, dass sie ihm Rückmeldung geben würde. Sie konnte ihn auch bloß anrufen oder ihm schreiben, was sie von der Marquise hielt.

Sie tranken ihren Kaffee. Eine dritte Tasse schlug sie aus. Trotz des offenen Fensters drangen die Geräusche der Stadt nur gedämpft herein. Eine Amsel zeterte, Georg vermutete, die Elstern seien wieder im Hof.

Ruth hatte ebenfalls gelauscht.

»Hört sich an wie Nesträuber-Alarm.«

Die Amsel gab keine Ruhe. Schrill und anhaltend schrie sie ihre Empörung heraus. Georg dachte an die von Kummer und Verlustangst schon ganz aufgelöste Jessica al-Madanī.»Wir haben gerade einen Kindesmitnahme-Fall«, hörte er sich sagen.

»Durch Vater oder Mutter?«, fragte Ruth.

»Durch den Vater.« Nun, da er das ausgeplaudert hatte, konnte er ruhig ergänzen, dass der Mann seine zwei kleinen Söhne zur Heimatfamilie in den Iran verbracht hatte. »Meistens sind es die Frauen, die bei einer Trennung der Eltern die Kinder mitnehmen.«

Georg war überrascht. »Wissen Sie das durch Ihre Arbeit?«

»Jein«, sagte Ruth. »Aus der Fachliteratur und Kollegengesprächen. An unserer Schule ist mir kein Fall bekannt.«

Ob Ruth wohl Kinder hatte? Georg verschob die Frage auf ein andermal.

»Ihre Kanzlei wird Hilfe brauchen«, fuhr sie fort. »Suchen Sie nach einem Verein, der sich auf grenzüberschreitende Mediation versteht. Aber da sage ich Ihnen sicher nichts Neues.«

»Gar nichts Neues. Juristen brauchen die Hilfe der Sozialpädagogen, das habe ich heute Nachmittag gelernt.« Er grinste ein bisschen.

»Es gilt ja auch umgekehrt«, gab sie zurück. Sie zögerte, bevor sie weitersprach, sah ihn dann direkt an. »Auf welche möglichen Rechtsverstöße muss ich achten, wenn ich einen Gefangenen in Untersuchungshaft besuche?«

Das Telefon klingelte. Georg sah auf das Display, entschuldigte sich bei Ruth und hob ab. »Friedrich? Nein, ich komme zu dir rüber. In zehn Minuten, reicht das?« Er lauschte in den Hörer. »Gut, bis gleich.«

»Ihr Chef will Sie sehen. Ich halte Sie auf.« Ruth machte Anstalten, sich zu erheben.

»Mein Chef hat Geduld mit mir. Warten Sie. Zu Ihrer Frage: Das steht alles in den Besucherregeln der JVA. Halten Sie sich an die Auflagen, kann Ihnen nichts passieren. Nichts reinschmuggeln, nichts rausschmuggeln, das gilt zuoberst.«

»Was ist, wenn mir der Gefangene im Vertrauen gesteht, schuldig zu sein – muss ich das anzeigen?«

»Nein, müssen Sie nicht, obwohl ich das als Staatsanwalt sehr begrüßt hätte. Wenn er Ihnen die Planung eines Verbrechens gestände, dann müssten Sie dies zur Anzeige bringen. Aber wenn Sie Kenntnis erlangen von Straftaten, die schon begangen worden sind, dürfen Sie schweigen. Wollen Sie denn jemanden in U-Haft besuchen?«

»Ich bin mir nicht sicher.«

Sie erzählte ihm von dem Brief, den Carmens mutmaßlicher Mörder ihr geschickt hatte. Der Schreiber beteuere seine Unschuld. Ein sympathischer Mann. Sie habe ihn flüchtig kennengelernt, als er Carmen von der Oper abgeholt habe.

Wieso er sich ausgerechnet an sie wende, wollte Georg wissen. Ruth wusste darauf keine Antwort. Vielleicht habe er sonst niemanden. Er schreibe nur, es sei ihm wichtig, dass sie ihm seine Unschuld glaube.

»Dass er sie manipulieren will, schließen Sie aus?«

»Möglich wäre es. Nur fühlt es sich nicht so an. Sein Brief hat so etwas Ungeschütztes. Und zu was sollte er mich manipulieren wollen?«

»Ein Alibi werden Sie ihm nicht verschaffen, das wird er nicht erwarten, dafür ist es zu spät. Aber er könnte Sie dahin bringen, dass Sie ihn für einen herzensguten Menschen halten. Wenn es ihm gelänge, dass in der Hauptverhandlung die beste Freundin des Opfers aufsteht und sagt, sie halte ihn für unfähig, so eine grausame Tat zu begehen – das wär' doch schon was.«

Fast bereute Ruth, Georg von dem Brief erzählt zu haben. Stefans Zeilen hatten sie nicht unberührt gelassen. Vor der Oper hatte er so jungenhaft auf sie gewirkt. Sollte er unschuldig sein, so hatte er doch Beistand verdient. Herr Ruh verdarb ihr diese wohlwollende Regung.

Georg sah den Schatten über ihr Gesicht wandern. Eine Missstimmung hatte er nicht auslösen wollen.

»Sie würden ihm gern glauben, oder?«

»Irgendwie schon.«

»Und dabei störe ich gerade, nicht wahr?«

Sie schüttelte den Kopf. Nicht als Antwort, sondern über sich selbst. »Ich habe Sie um Rat gefragt, und dann mag ich nicht, was ich höre.« Sie lachte. »Selbst schuld.« Ein Blick auf ihre Uhr. »Die zehn Minuten sind bestimmt um. Sie bekommen noch Ärger, wenn ich Sie weiter aufhalte.«

»Dafür gern.« Er stand mit ihr auf. »Ich bringe Sie zur Tür.«

»Sie können mich nach vorn bringen und mir zeigen, wo die Toilette ist. Aber dann warten Sie bitte nicht, sonst muss Herr Wagner mitwarten.«

Er vergewisserte sich, dass sie den Kleist mitnahm. Wies ihr im Flur den Weg und verabschiedete sich. Freddy war mittlerweile allein, wie sich herausstellte. Er las im Haager Übereinkommen über Kindesentführungen. Eine erste Erkenntnis hatte er bereits gewonnen. Den Antrag auf Rückführung müssten sie innerhalb eines Jahres stellen, teilte er Georg mit, sonst gingen die Gerichte davon aus, dass sich die Kinder am neuen Ort eingelebt hätten. Leitend für Gerichtsurteile, wohin das Kind gehöre, sei dessen »gewöhnlicher Aufenthaltsort«. Der sei bisher Deutschland und das spreche für den Anspruch der Mutter. Frau al-Madanī habe er diesen Trost mitgegeben, doch er zweifle, dass die Beruhigung lange anhalte. Auf dem Heimweg sei sie allein, und zuhause empfange sie eine leere Wohnung.

»Schorsch, ich glaube, ich werde das Mandat abgeben.« Friedrich sah zerquält aus. »Frau al-Madanī verdient einen Anwalt, der sich auf internationale Familienkonflikte spezialisiert hat. Ich werde jemand Passendes suchen und ihr einen Anwaltswechsel vorschlagen. Ich kenne mich weder mit dem iranischen Rechtssystem aus, noch spreche ich Farsi. Wenn diese Frau eine Chance bekommen soll, dass ihre Kinder wieder bei ihr leben, dann braucht sie jemand wirklich Kompetentes. Ich bin das nicht.«

23

*B*DSM.

Wer in der Runde kannte das Kürzel nicht? Peters ließ seinen Blick über die Kollegen wandern. Als seine Augen bei Bernd Grütters landeten, stupste der die junge Beamtin neben sich an und übersetzte: »Bund Deutscher Sportlicher Mädchen, Sektion Fesselspiele und Peitschentraining.«

Einige lachten. Die Angestupste fand den Witz offenbar nur blöd. »Hast du ein Problem mit sexueller Abweichung, Bernd? Oder noch nie etwas gehört über den Zusammenhang von Lust, Schmerz, Dominanz und Unterwerfung?«

Bevor Grütters mit einer Anzüglichkeit antworten konnte, griff Peters ein.

»Kollegen, die Lage ist nur halb zufriedenstellend. Wir haben einen Verdächtigen in U-Haft, es könnte für eine Mordanklage reichen, aber die würde sich nur auf Indizien stützen. Die Spuren am Tatort sind dem Beschuldigten nicht zuzurechnen. Viele Fingerabdrücke im Haus, aber keine an den Objekten, die der Täter bewegt hat, und somit auch keine von Stefan Berg. Keine Erdpartikel aus dem Vorgarten an seinen Schuhen, die Laboranalyse erbrachte nichts. Die Mordwaffe wird wohl unauffindbar bleiben. Ich an seiner Stelle hätte das Ding demontiert und auf verschiedene Mülltonnen verteilt. Niemand denkt sich etwas dabei, wenn er einen Holzstab oder ein Stück Draht in einer Tonne liegen sieht. Finde die mal jetzt auf der Müllkippe wieder.«

Peters sah Schwarz an.

»Volker und ich sind uneinig über den Charakter des Täters. Ich halte Berg für emotional instabil, leicht zu verletzen, leicht zu provozieren. Wir haben auf seinem Laptop drei nicht abgeschickte E-Mails gefunden, in denen er sich bei Carmen Ungemein beklagt, sie sei hochmütig und achte ihn nicht. Der Ton ist wütend. Aber gewagt, ihr die Meinung zu sagen, hat er dann doch nicht, sonst würden die Mails nicht noch im Entwürfe-Ordner stecken. In der Browser-Chronik ist der mehrfache Besuch von BDSM-Websites belegt. Das verweist auf sadomasochistische Neigungen. Was, wenn er das Opfer damit bedrängte, sie aber kein Interesse an seinen Spielchen hatte? Zu den Kränkungen, die er sowieso ständig von ihr erfuhr, käme dann noch die Zurückweisung auf sexuellem Gebiet. Er hat Frau Ungemein nachweislich im Hotel Ludwig geschlagen. Das gibt er sogar zu. Nüchtern war er nach dem letzten Tête-à-Tête mit ihr auch nicht mehr, die beiden hatten Sekt auf dem Zimmer. Also für mich bleibt er der Hauptverdächtige. Volker sieht das anders.«

Schwarz nahm das Wort.

»Es ist alles eine Frage der Gewichtung. Nehmen wir die drei wütenden E-Mails, die nicht abgeschickt wurden. Für Jürgen heißt das: Bei Berg hat sich was angesammelt, es kam zum Affektstau und irgendwann zur Explosion. Aber vielleicht hat es ihm auch gereicht, seinen Ärger hinzuschreiben, um sich zu beruhigen. Oder Berg hat sich entschlossen, lieber mit Frau Ungemein zu reden. Wir wissen das nicht. Ebenso der Besuch von BDSM-Websites. Wie stark ist Bergs Interesse daran, hat er Vergnügen an sadomasochistischen Praktiken oder war er bloß neugierig? Wir haben keine weiteren Hinweise darauf, dass er Teil der BDSM-Szene ist.«

»Keine Spielzeuge im Schrank?«

»Nein, Bernd, nichts dergleichen. Und selbst wenn, was würde daraus folgen? Doch nur, dass Berg seine Phantasien auslebt und nicht staut. In der BDSM-Szene läuft nichts ohne Regeln. Alles muss einvernehmlich geschehen. Es geht nicht um wirkliche

Macht- und Gewaltausübung, wenn ein Partner den anderen wie einen Hund an die Leine nimmt. Eine BDSM-Halsfessel ist Spiel, eine Garotte ist blutiger, mörderischer Ernst. Dazwischen herrscht keine Verbindung.«

»Ich glaube, das haben wir jetzt verstanden, Volker«, sagte Grütters. »Aber gegen Stefan Berg sprechen doch viel gewichtigere Sachen: Er hätte ein Motiv, er war mit dem Opfer in der Mordnacht zusammen, er hat kein Alibi.«

»Das Motiv überzeugt mich nicht. Und klar war er mit dem Opfer zusammen, die beiden hatten ja auch eine Affäre. Was ist mit dem fremden Haar, das die Spurensicherung an der Toten gefunden hat? Was ist mit Kristiane Boettiger, die den Abend mit Carsten Ungemein verbrachte, zur Tatzeit aber bereits wieder allein war?«

»Das Haar kann nicht von der Boettiger stammen, Volker, es hat eine männliche DNA«, sagte Peters.

»Dann vielleicht von Ungemein.«

»Ungemein hat ein Alibi, wie du weißt.«

»Ja, dafür, dass er gegen Mitternacht in sein Hotel kam. Aber niemand hätte ein so starkes Motiv wie er. Sein Bauunternehmen steckt in ökonomischen Schwierigkeiten, und die Scheidung wäre ihn teuer zu stehen gekommen.«

»Das mag stimmen, Volker. Du verfolgst diesen Ansatz seit dem Tag, als wir Ungemein in seiner Firma aufgesucht haben. Ich habe ein anderes Bild von dem Mann. Wir haben das schon damals im Auto diskutiert.«

»Da wusste ich noch nichts vom Baustopp im Bunten Kiez«, warf Schwarz ein.

»Nun hör mal«, sagte Peters. »Wir hatten doch beide nach dem Besuch bei Frau Boettiger den Eindruck, dass Carmen Ungemein für sie noch immer eine Rivalin war. Den Grund hat sie selber geliefert, als sie ihre Vermutung äußerte, dass Carsten Ungemein seine Frau noch liebt. Und da soll er seine Carmen nur wegen

Geldproblemen umgebracht haben?« Peters lehnte sich im Stuhl zurück.

»Was ist mit Georg Ruh?« Volkers Frage belebte die Aufmerksamkeit der Anwesenden im Raum.

»Was soll mit ihm sein? Wir waren uns alle einig, dass da jemand einem verdienten Staatsanwalt nach seinem Abtritt ans Bein pissen wollte.«

Nein, dachte Volker. Wir waren uns nicht alle einig. Du hast es mit Ruh besprochen und am Tag danach vor der versammelten Mannschaft verkündet, wie wir die Dinge zu sehen haben. Du hast es noch nicht einmal zugelassen, dass Ruh, als ich ihm auf den Zahn fühlen wollte, mir direkt antwortete. Nur wagt es niemand hier, dich deswegen zu kritisieren.

»Vielleicht waren wir mit unserer Einschätzung ein wenig voreilig, Jürgen«, sagte Volker behutsam. »Mir geht es doch nur darum, dass wir den Kreis der Verdächtigen offenhalten, solange wir keine gerichtsfesten Beweise gegen Stefan Berg besitzen.«

»Das tun wir, Volker, das tun wir.«

Nach der Sitzung rief Volker Schwarz bei der Kriminaltechnik an. Ein Graphologe hatte die anonyme Zuschrift analysiert, jedoch nur die Anfangsvermutung bestätigt: Die Botschaft habe ein Rechtshänder mit der linken Hand zu Papier gebracht. Wegen der absichtsvollen Verstellung lasse die Schrift kaum Rückschlüsse auf die Person zu. Druckbuchstaben seien ohnedies wenig aussagekräftig. Es fehle der Fluss und damit der Rhythmus, das dynamische Element. Die Buchstaben seien eher gemalt als geschrieben worden, langsam und kontrolliert, wobei der Schreiber das Wacklig-Zittrige extra hineingebracht haben könnte, um vorzutäuschen, er sei gänzlich ungeübt. Für einen geübten Schreiber sprächen jedoch die geringe Schriftweite und der geringe Druck, den der Verfasser auf seinen Stift – einen gewöhnlichen Kugelschreiber – ausgeübt habe. Hätte der Schreiber keine Übung, würden seine

Buchstaben weiter auseinander auf dem Blatt stehen und die Ansatzpunkte wären stärker betont.

Soweit der Graphologe. Die Sprachanalyse hatte ihn bestätigt: Es komme dem Text bei aller Kürze ein gewisses Niveau zu. Schwarz staunte, als er das hörte. »Polizei irrt. Anwalt Georg Ruh hatte mit Opfer Sex am Vorabend der Tat« – was sollte daran niveauvoll sein? Das sei doch einfach nur kurz und bündig. Eben deshalb, wurde er belehrt. Der Text sei »konzis«, aber nicht ruppig. Na, wenn der Gutachter das meinte. Mit Fremdwörtern ließ sich sowieso alles Mögliche behaupten.

Bei wem wäre anzufangen, wenn man den Kreis der Verdächtigen ausdehnen wollte? Die Kollegen hatten Gäste ausfindig gemacht, die häufig an Carmens Gesellschaftsabenden anwesend gewesen waren, und sie nach ihrem persönlichen Verhältnis zur Gastgeberin und nach ihren Beobachtungen gefragt. Das Ergebnis der Recherche war dürftig gewesen. Niemand hatte von Streitereien berichten können oder davon, dass Carmen einige Gäste auf eine Weise behandelt hatte, die auf eine engere, betont freundschaftliche oder gar intime Beziehung hinwies. Natürlich schloss das eine solche Beziehung nicht aus. Sie ließ sich verstecken, wenn die Betreffenden in Gesellschaft vorsichtig blieben. Vielleicht sollte man sich an diese Freundin, diese Ruth Soundso, halten, ob sie tiefere Einblicke gewonnen hatte. Aber das hätte sie bei den Befragungen bestimmt längst geäußert. Hatte eigentlich die Putzfrau etwas mit den Gesellschaftsabenden zu tun gehabt, vielleicht Gläser gespült oder Geschirr abgeräumt?

Schwarz verspürte wenig Neigung, die Ermittlungen in diese Richtung auszudehnen. Carmen Ungemein hatte ihre Gäste wahrscheinlich nur der Prominenz wegen eingeladen. Für ein Mordmotiv war da wenig zu holen, sagte ihm sein Instinkt. Trotzdem überwand er sich, wenigstens die Putzfrau anzurufen. Ihre Handynummer stand in der Akte. Volker musste ein bisschen suchen, weil er sich den Namen der Frau nicht gemerkt hatte.

Frau Woźniak erinnerte sich an ihn. Er sei der junge Herr Kommissar, nicht wahr? Ob er anrufe, weil sie wieder in der Stiftstraße arbeite? Die Auskunft überraschte Schwarz. Es stellte sich heraus, dass Frau Woźniak von Herrn Ungemein, der sie von früher kannte, weiterbeschäftigt wurde. Der Bauunternehmer war also aus seinem Hotel ausgezogen und in sein Stadthaus zurückgekehrt. Schwarz hätte das gern anstößig gefunden, dabei war es durchaus legitim. Die Kriminaltechnik hatte den Tatort nach zwei Tagen freigegeben. Für Ungemein bestand keine Notwendigkeit, sich weiter ein teures Hotel zu leisten.

Hätte es die Pietät geboten, den Ort zu meiden, wo seine Frau ermordet worden war? Es gab Menschen, die hielten es nicht aus, nach einem Einbruch weiterhin in ihrer Wohnung zu leben. Carsten Ungemein hingegen zog nach einem Mord in sein Haus zurück. Ein besonderes Haus, gewiss. Ein Haus, an dem sein Herz hing, nach allem, was man so hörte, und an dessen Planung er seinerzeit viel Engagement gewendet hatte, damit es Carmen gefiel.

Und trotzdem … Schwarz störte sich daran. Bevor er auflegte, fragte er Frau Woźniak noch, ob sie eine Frau Boettiger kenne. Ja, erhielt er zur Antwort, sie treffe die Dame gelegentlich morgens an, wenn sie zum Putzen komme. Frau Boettiger wohne dort aber nicht, falls der Herr Kommissar das meine. Schwarz erwiderte nichts. Was nicht ist, kann noch werden, dachte er.

Grübelnd hing er am Schreibtisch fest, bis er es satthatte. So kam er nicht vom Fleck. Er musste an die Luft. Auf dem Flur traf er Jürgen Peters, der sehr beschäftigt schien. Umso besser. Dem Chef würde es nicht gefallen zu hören, dass Volkers Gedanken schon wieder bei Carsten Ungemein gelandet waren. Erst recht würde ihn Jürgen nicht zu Ungemeins größter Baustelle begleiten wollen. Der Gedanke, sich die Lage im Bunten Kiez anzusehen, war Volker erst gekommen, als er vom Schreibtisch schon aufgestanden war. Er hatte das Ende des Flurs fast erreicht, da hörte er Peters' Stimme in seinem Rücken.

»Nimm Lena mit, Volker.«

Der Alte war doch ziemlich wachsam. Gut, die Jacke über meiner Schulter hat ihm verraten, dass ich außer Haus gehe und nicht bloß aufs Klo. Aber woher weiß er, dass ich ermitteln will? Das weiß ich ja selbst erst seit einer Minute.

Volker drehte sich um, hob die Hand, signalisierte Zustimmung. Wenn Jürgen wollte, dass er die Yelken mitnahm, dann nahm er sie eben mit. Allein wäre er sowieso nicht gefahren. Die eiserne Regel polizeilicher Ermittlungen lautete: Nie allein, immer mindestens zu zweit. Das erhöhte nicht nur die Sicherheit im Außeneinsatz. Es war auch besser, wenn bei Befragungen ein zweiter Kollege dabei war, der bestätigen konnte, dass die Aussage des Befragten korrekt aufgenommen und dabei kein unzulässiger Druck ausgeübt worden war. Lena Yelken war die Jüngste im Morddezernat. Der Chef wollte wahrscheinlich, dass sie so viele Erfahrungen sammelte wie nur möglich.

Im Wagen sprachen sie über die zurückliegende Sitzung. Ob Bernd schon immer so plumpe Witze gemacht habe oder dies erst tue, seit sie im Team dabei sei, fragte Lena. Schon immer, sagte Volker. Sie solle nicht alles auf sich beziehen. Bernds Sprüche seien zwar flau, aber letztlich harmlos. Flau und nervig, korrigierte Lena. Bernd erinnere sie an ihre Schulzeit. In der 9. Klasse habe sie einen Lehrer gehabt, der sie, wenn sie morgens mal zu spät kam, gern mit den Worten begrüßte:»Na, Frau Yelken, auch schon Segel gesetzt?« Was daran so schlimm sei, fragte Volker. Das erkläre sie doch gerade, schnaubte Lena.»Yelken« heiße auf Deutsch»Segel«. Sie möge keine Wortspiele mit ihrem türkischen Familiennamen. Dieser Lehrer sei echt penetrant gewesen. Und Bernd Grütters habe ein ähnliches Niveau.

Volker lenkte das Gespräch in andere Gefilde. Er hätte Lena noch raten können, sich im Kollegenkreis lockerer zu machen, aber die junge Beamtin wirkte gerade nicht so, als sei sie für solche Ratschläge empfänglich. Außerdem mochte Volker ihr Temperament.

Die vielen Dienstjahre, die Bernd Grütters vorweisen konnte, hatten Lena nicht gebremst, ihn zurechtzuweisen, als ihr etwas gegen den Strich ging. Mal sehen, ob sie draußen in der freien Wildbahn ähnlich agierte. Keinen falschen Respekt vor Autoritäten zu haben, war ja richtig. Nur unvorsichtig sollte sie besser nie werden. Beim Autofahren gab sie immerhin weniger Gas als beim Reden. Volker genoss es, sich chauffieren zu lassen. Wenn er mit Peters unterwegs war, überließ ihm der Chef regelmäßig das Steuer. Eine Änderung der Sitzordnung war auch mal schön. Als sie sich der Großbaustelle näherten, folgte Lena einem Kieslaster. Das ersparte ihnen die Suche nach der Zufahrt. Ein Teilstück des Hauptweges auf dem riesigen Gelände war asphaltiert worden, er endete nach hundert Metern in von Spurrillen zerfurchten Erd- und Sandwegen.

Sie fuhren die »Hier baut«-Tafeln ab, die vor den einzelnen Objekten aufgestellt worden waren. Volker las die Namen der Bauträger: Woelck & Partner, Bertram, Osmani, dann Ungemein, Ungemein, noch einmal Woelck und wieder Ungemein. Bei Woelck, Bertram und Osmani drehten sich die Kräne und die Trommeln großer Betonmischer, Fassaden und Gerüste wuchsen in den Himmel, man hörte Hämmern und Bohren und sah zahlreiche Arbeiter am Werk. Von Ungemeins Baustellen ruhten alle bis auf eine. Volker wies Lena an, hinter einem schwarzen Mercedes-Geländewagen zu parken. Den dazugehörigen Fahrer entdeckte er in zwanzig Meter Entfernung. Carsten Ungemein sprach mit einem Arbeiter, wies mit beiden Armen in die Höhe, wobei er die Hände merkwürdig verschränkt hielt. Schwarz und Yelken stiegen aus.

»Was bringt Sie ausgerechnet auf meine Baustelle, Herr Kommissar?« Ungemein zeigte Überraschung, als er die Polizisten kommen sah. »Sie hätten mit meiner Sekretärin einen Termin in der Firma vereinbaren sollen. Hier kriegen Sie nur schmutzige Schuhe.«

Sie begrüßten sich. Schwarz stellte seine Begleitung vor. Der Bauunternehmer entschuldigte sich, ihnen nicht die Hand geben zu können. Er habe sich an einem Eisenträger verletzt. Seine rechte Hand hielt ein blutiges Papiertaschentuch auf die Wunde an der Linken gepresst. Den Arbeiter schickte er fort.

»Ich wollte Sie nach den Gesellschaftsabenden Ihrer Gattin fragen«, sagte Schwarz. »Anfangs haben Sie beide zu den Abenden doch gemeinsam eingeladen, nicht wahr?«

Ungemein bestätigte das. Ob es, fragte Schwarz, an den Veranstaltungen je zu Missstimmungen gekommen sei? Er wisse von keiner, gab Ungemein an. Jedoch sei er seit längerem nicht mehr dabei.

Schwarz nickte verständnisvoll. Für seine nächste Frage bat er um Entschuldigung. »Wissen Sie von Gästen, die Intimbeziehungen zu Frau Ungemein unterhielten?«

»Wenn, dann umgekehrt, Herr Kommissar. Meine Frau war diejenige, die Beziehungen unterhielt, wenn es welche gab. Sie fing sie an und beendete sie, wenn es ihr passte. Aber um Ihre Frage zu beantworten: Ich weiß von keinen solchen Fällen.«

Schwarz zog seinen Block hervor, machte sich eine Notiz. Ungemein wurde neugierig.

»Wollten Sie im Kreis der Gäste ermitteln? Sie haben doch schon einen Verdächtigen eingesperrt.«

»Wir verfolgen eine Reihe von Spuren, Herr Ungemein. Auch wenn vieles auf den Inhaftierten hinweist, so ist er noch nicht verurteilt.«

Der Arbeiter kehrte zurück und brachte eine Mullbinde. Yelken schaltete sich ein.

»Lassen Sie mich das machen.«

»Bitte gern. Da kommt die Kripo extra auf meine Baustelle, um mich zu verarzten.«

Ungemein streckte seine Linke vor, das Taschentuch fiel in den Sand. Die Wunde sah unangenehm, aber nicht dramatisch aus, ein Schnitt von zwei Zentimetern Länge, der immer noch kräftig blutete. Yelken verband sie fachmännisch.

»Besser wäre, Sie desinfizieren das noch. Wirkt zwar sauber, doch vielleicht ist Rost hineingelangt. Ein Eisenträger, sagten Sie, nicht wahr?«

»Ein Endstück mit scharfem Grat, um genau zu sein«, sagte Ungemein. »Jedenfalls vielen Dank für Ihre fachfrauliche Hilfe.«

Schwarz machte eine Gebärde über das Gelände hin. »Viel Betrieb ist nicht auf Ihren Baustellen. Die Konkurrenz wirkt, als sei sie weiter voran. Ist das kein Problem?«

»Nein, Herr Kommissar. Wir werden die Fristen ohne weiteres einhalten.«

»Also sind Sie nicht im Verzug?«

»Keineswegs.« Ungemein lächelte. »Sie müssen nicht alles glauben, was in der Zeitung steht.«

Schwarz blieb hartnäckig. »Da stand, Sie hätten kein Geld mehr.«

»Na, na, Herr Kommissar, das sind jetzt Ihre Worte. Sie formulieren ja schärfer als die Journalisten. Ich hatte einen kleinen finanziellen Engpass, nichts Ungewöhnliches in unserem Gewerbe. Wenn Sie die WAZ richtig gelesen hätten, wüssten Sie das.«

Na also, dachte Volker. Jetzt wird er ein bisschen pampig. Völlig ungewöhnlich für diesen stets so wohlerzogen auftretenden Herrn. Seine schwache Stelle ist getroffen. Der Arbeiter, der die Mullbinde gebracht hatte, stand wartend ein paar Schritte entfernt. Bestimmt hörte er alles mit.

Ungemein setzte erneut ein Lächeln auf. »Brauchen Sie mich noch? Nein? Dann entschuldigen Sie mich jetzt bitte. Sie können mich jederzeit anrufen. Ihr Chef hat meine Handynummer.«

Er gab Yelken die Hand, dankte ihr erneut, gönnte Schwarz einen herzhaften Händedruck, wandte sich um, winkte dem Arbeiter, mitzukommen, und verschwand im Inneren des Rohbaus, der noch nicht über die erste Etage hinausgekommen war.

Schwarz folgte ihm mit den Blicken, während er ein Tütchen hervorzog. Er bückte sich und packte das Taschentuch ein.

24

*B*ei Prozessen vor Gericht gab es den Freispruch aus Mangel an Beweisen. Bei U-Häftlingen vor dem Ermittlungsrichter müsste dieses Prinzip doch auch gelten, hatte Stefan gedacht. Es stellte sich als Irrtum heraus. Die Haftprüfung wurde zum Desaster. Jan Kluge tat sein Möglichstes, pochte darauf, dass die Ermittlungsakten außer schwachen Indizien nichts zu bieten hätten, was gegen Herrn Berg spreche, und machte Angebote: Sein Mandant sei bereit, eine elektronische Fußfessel zu tragen, wenn man ihn während der laufenden Ermittlung entlasse; er würde sich auch täglich auf einer Polizeiwache melden, wenn das zusätzlich nötig sei. Vergebens. Der Richter blieb ablehnend, der Staatsanwalt lächelte zufrieden.

Wie sein Verteidiger vorausgesagt hatte, nahm man Stefan den Abschied von Carmen am Eingang des Parks nicht ab. Der Richter hatte einen Ausschnitt aus dem Stadtplan vorliegen, der die Stiftstraße und die Umgebung zeigte. Der Beschuldigte müsse doch zugeben, wie unglaubwürdig es sei, dass ein Mann eine Frau des Nachts durch eine einsame Grünanlage laufen lasse, so kurz vor ihrem Haus. Er zitierte aus den Akten. Laut Aussage des Nachtportiers des Grand Hotels habe Carmen gar nicht nach Hause gefahren werden, sondern ein Taxi nehmen wollen, und Stefan habe sich energisch gegen sie durchgesetzt. Wahrscheinlich habe er ebenso energisch bestimmt, wo sie aussteigen müsse. Falls er sie tatsächlich vor dem Park abgesetzt habe, dann bloß, um mit seinem Auto nicht vor der Haustür des Opfers gesehen zu werden.

In jedem Fall habe sich Stefan Zeit verschafft, um in Carmens Vorgarten in Stellung zu gehen, während sie den Umweg durch den Park machte.

Das liege auf der Hand, ergänzte der Staatsanwalt. Das sei bloß eine Hypothese, widersprach Kluge. Er sage die Wahrheit, beteuerte Stefan, der auf Geheiß Kluges eigentlich ruhig sein sollte, aber nicht an sich halten konnte: Er sei unschuldig, er könne einer Frau nichts antun.

Auch das wisse man im Hotel Ludwig besser, konterte der Staatsanwalt süffisant.

Stefan schwieg daraufhin. Wer bereit war, ihn wegen einer Ohrfeige zum Gewalttäter zu stempeln, der war sowieso voreingenommen. Diese sogenannte Haftprüfung, die kaum mehr als eine Viertelstunde beanspruchte, bezeugte doch nur, dass die Polizei feststeckte. Eine Haftentlassung aus Mangel an Beweisen hatte er erwartet. Die gab es nicht, sondern eine Fortsetzung der Haft – und zwar ebenfalls aus einem Mangel heraus: aus Mangel an anderen Verdächtigen. Würde das reichen, um ein Hauptanklageverfahren gegen ihn zu eröffnen? Bitte nicht!

Kluge, der sah, dass Stefan Panik bekam, versuchte ihn zuversichtlich zu stimmen, bevor es zurück in die Zelle ging. Noch sei gar nichts entschieden. So ein Quatsch, entfuhr es Stefan. Er schüttelte die Hand ab, die ihm Jan Kluge beruhigend auf die Schulter legte. Entschieden sei in jedem Fall, dass er sich auf eine längere U-Haft einzurichten habe.

Seitdem waren vier Tage verstrichen. Bald drei Wochen saß Stefan nun schon im Zimmer zur vergitterten Aussicht. Immer noch keine Post von Ruth. Für den Nachmittag hatte sich erneut Jan Kluge angekündigt. Bei Kluges letztem Besuch in der JVA hatte der Anwalt ein Geschenk seiner Eltern dabeigehabt, einen Block mit viel zu schönem Schreibpapier, hadernhaltig, und den alten Kugelschreiber seines Vaters, den schwarz-grünen, den Stefan schon als Junge bewundert hatte, Marke Pelikan. Die Gabe hatte ihn gerührt.

Sein Verteidiger komme um 16 Uhr, war Stefan mitgeteilt worden. Also wieder zur Abendbrotzeit. Nicht schlimm. Das Essen würde ihn nach seiner Rückkehr in der Zelle erwarten. Durch das offene Fenster wehte frischer Zigarettenrauch herein. Anscheinend zog Dennis eine durch. Stefan stand auf, trat ans Gitter. Seine Annahme bestätigte sich. Der Rauch kam von links. Mehr war von Dennis nicht zu sehen. Stefan sprach ins Blaue hinein.

»Genießt du die Pause, Nachbar?«

»Die Pause vom Leben? Ich kann mir Besseres vorstellen.«

Stefan, den Kopf dicht vor dem Gitter, griff nach einem der Stäbe. Der Stahl fühlte sich kühl und leicht rau an. »Mein Anwalt kommt nachher.«

»Was will er denn schon wieder? Haftprüfung hattest du doch gerade.«

»Ich hoffe, er hat ein paar Nachrichten für mich, wie es meinen Leuten geht.«

Hinter den Wolken kam die Sonne hervor und warf ihr Licht auf die Zellen. Der Schatten des Fenstergitters zerteilte Stefans Arm in mehrere Abschnitte. An seinem Handgelenk leuchteten die Härchen blond. Von Dennis zog erneut Rauch herüber, ein tanzender Schwaden, der rasch verwehte.

»Ich hätte auch gern eine Freundin, die draußen auf mich wartet.«

»Da beneidest du den Falschen. Aber warum hast du keine?«, fragte Stefan.

»Frauen finde ich schon, nur nie was Dauerhaftes.« Dennis nahm einen Zug. »Hör mal, fürs Fenster ist das kein so gutes Thema.«

Das stimmte. Man wusste nie, wen man bei dieser Art der Unterhaltung alles mit unterhielt. Fenstergespräche sollten sich besser um Dinge drehen, die jeder hören durfte. Einen Schlauch müssten wir haben. Stefan fiel der lange Gartenschlauch seiner Großmutter ein. Der konnte über den Rasen hin, um die Ecke der Laube herum und bis hinten zu den Tomaten ausgerollt sein, trotzdem hatte er als Junge alles gehört, was am anderen Ende hineingeflüstert wurde. Für Augenblicke sah er sich auf dem schwarzerdigen Pfad neben dem Tomatenbeet hocken, die Füße nackt und staubig, die Kniekehlen verschwitzt, mit nichts am Leib als einer Turnhose, den Schlauch abwechselnd vom Mund zum Ohr führend. Kindertage. Die Pause vom Leben, wie Dennis ihre Zwangsruhe genannt hatte, ließ die entferntesten Erinnerungen aufsteigen. Er kannte das sonst nur von ausgedehnten Urlauben. In der dritten Ferienwoche begann er zuverlässig von alten Klassenkameraden zu träumen oder schrieb eine Mathearbeit, die ihn aus dem Schlaf holte, weil er für sie – wie meistens – nicht genug geübt hatte.

»Ich hau mich hin.« Das war wieder Dennis. Die Zigarette war aufgeraucht. Auch Stefan verließ das Fenster. Jetzt mochte es 13 Uhr sein. Zeit für einen Riegel von der Tafel Schokolade, die er sich gestern bei seinem ersten Einkauf geleistet hatte. Er brach den Streifen in Stücke, schob sich das erste in den Mund. Schön lutschen, nicht kauen. Teile es dir ein, dehne den Genuss aus. Das dritte Stück kaute er dann doch, ehe er sich versah. Nicht nur Zunge und Gaumen, auch die Zähne verlangten ihren Anteil. Die Gier wollte dieses spezielle Erlebnis, wie es war, Schokolade zu zermalmen, zu verschlingen. Richtig gut war das erst mit vollen Backen. Aber dazu hätte sich Stefan einen ganzen Riegel auf einmal in den Mund stecken müssen. Er bremste sich.

So öde die langen Nachmittage auf der Zelle auch waren, mit der TV-Radio-Kombination ließen sie sich besser ertragen. Stefan hatte in Freiheit nie besonders viel ferngesehen, und wenn, dann nur abends. Es tagsüber zu tun, stieß ihn ab. Tagsüber hatte man tätig zu sein. Die Zeit war ihm zu schade gewesen für die Glotze. Im Knast war das anders. Reste des alten Widerwillens waren immer noch da; er hätte es besser gefunden, die Zeit unter Verschluss mit Lesen oder Lernen oder mit etwas Schöpferischem zu verbringen. Aus der Gefangenenbücherei hatte er sich einen Roman und ein

Englisch-Lehrbuch ausgeliehen, aber als er sie auf der Zelle hatte, fehlte ihm die Lust. So landete er doch vor dem Bildschirm, einem lächerlich kleinen Viereck mit einer Diagonale von geschätzt 14 Zoll.

Die banalsten Sendungen ließ er vorbeiflimmern, das Gerät nur eine Armlänge von seinen Augen entfernt, den Kopf in die Hand gestützt, ein Gefühl von Nebel im Kopf. Der Gefängnisalltag machte ihn lethargisch. Für seinen Antrag, Sport treiben zu dürfen, vor zwei Tagen gestellt, rechnete er sich nur geringe Chancen aus. U-Häftlinge erhielten selten Zugang zum Kraftraum. Vor allem wenn sie nicht schon seit Wochen eingesperrt waren, überließ man sie ihrem Schicksal, in der Zelle die Zeit totzuschlagen. Es war richtig, darauf hinzuweisen, dass ein Gefangener in U-Haft noch nicht verurteilt sei und für ihn die Unschuldsvermutung zu gelten habe. Aber es war Unsinn, so zu tun, als sei U-Haft nicht so schlimm wie Strafhaft. Das stumpfe Dahocken war eine schwere Strafe.

Das Geräusch der Schlüssel holte ihn aus seiner Lethargie. Er vertauschte die Latschen mit Sportschuhen, einer Leihgabe der JVA. Für Jan Kluge musste das reichen. Sein einziges eigenes geschlossenes Paar Schuhe, die Slipper, behielt sich Stefan für formelle Termine vor. Bei der Haftprüfung im Amtsgericht, im Sitzungszimmer des Richters, hatte er sie angehabt. Und er würde sie auch bei der nächsten Prüfung anziehen. Wann war die überhaupt?

Er fragte das den Anwalt gleich als Erstes. Sie saßen wieder im selben Zimmer, Kluge hatte ihm einen Kaffee aus dem Automaten im Gang spendiert.

»Beantragen kann ich eine erneute Haftprüfung jederzeit. Der Termin aber findet nicht eher statt, als bis drei Monate U-Haft verstrichen sind«, erläuterte Jan Kluge. »Und zwischen einer mündlichen Anhörung und der nächsten müssen jeweils zwei Monate liegen.«

Stefan war sofort aufgebracht. »Soll das heißen, dass Sie sich bereits jetzt auf eine erfolglose Prüfung nach der anderen einstellen?«

Kluge wehrte ab. Er habe nur Herrn Bergs Frage korrekt beantworten wollen. Stefan beruhigte sich nicht so schnell. Alles in ihm empörte sich gegen die Aussicht, in der U-Haft zu verrotten, während Carmens Mörder frei herumlief. Wenn die Polizei unfähig ist, richtig zu ermitteln, muss das jemand anders übernehmen, fuhr es ihm durch den Kopf.

»Gäbe es einen weiteren Verdächtigen, müsste man mich freilassen, oder?«

»Ganz so einfach ist es nicht. Der Tatverdacht gegen diese Person müsste so dringend sein, dass der Verdacht gegen Sie entfällt. Dann allerdings wären Sie unverzüglich aus der Haft zu entlassen.«

Darauf hinzuarbeiten, wäre doch besser, als schicksalsergeben auf die nächste Haftprüfung zu hoffen, fand Stefan. Er war unschuldig, er war unbescholten, er hatte nichts im Gefängnis zu suchen. Mit seinem Beruf war er ein nützliches Mitglied der Gesellschaft, und pünktlich Steuern zahlte er auch. Damit konnte es allerdings bald vorbei sein. Der Haftaufenthalt fraß an seinem Einkommen. Er regte sich schon wieder auf. Während des Hofgangs habe er gehört, welche Entschädigung ein zu Unrecht verknasteter Mensch in Deutschland erhalte. 25 Euro pro Tag. Das sei doch ein schlechter Witz.

»Und was ist, wenn meine Praxis pleite geht, weil ich hier sitze?«

Die 25 Euro seien Schmerzensgeld, antwortete Kluge. Verlange er zudem einen Ausgleich für seinen Verdienstausfall, müsse er ihn einklagen. Einfach sei das nicht. Der Staat zeige sich bei Entschädigungen gern von seiner knausrigen Seite.

»Aber das geht doch nicht!« Etwas Würgendes griff nach Stefans Kehle. Seine Existenzsorgen wuchsen ins Riesenhafte. Kluge musste ihn unbedingt rasch hier rausholen. Eine Eingabe an höherer Stelle machen. Und bei der Polizei vorsprechen, dass die Ermittlungen nicht auf ihn fixiert blieben. Er versuchte das dem Anwalt so dringlich wie nur möglich vorzustellen. Der verstand seine Not, enthielt sich aber jeden Versprechens, das doch nur falsche Hoffnungen geschürt hätte. Die Strafprozessordnung gebe den Gang der Dinge vor. Daran könne kein Verteidiger vorbei. Man müsse konstruktiv mit der Lage umgehen. Er habe, wie versprochen, mit Herrn Bergs Eltern geredet und ihnen den ersten Schrecken nehmen können. Es seien reizende, sehr um ihren Sohn besorgte Menschen. Das habe es ihm erleichtert, auch ökonomische Fragen zu berühren. Mit gutem Erfolg.

»Ihr Vater hat angeboten, sich um Ihre Praxis zu kümmern.«

»Waaas will mein Vater?« Stefans Ton und Haltung signalisierten das blanke Unverständnis. »Mein Vater war Beamter der Stadtverwaltung. Und jetzt will er unternehmerische Entscheidungen treffen?« Ein Kopfschütteln unterstrich Stefans Abwehr. Kurzes Nachdenken. »Lieb gemeint ist das ja.« Seine Stimme verlor das Hitzige. »Wirklich nett von Papa, aber er kann doch nicht meine Verantwortung übernehmen.«

»Sie verstehen das falsch, Herr Berg. Die Zügel sollen Sie in der Hand behalten. Die Frage ist, wie man das regeln kann, wenn Sie hier kaltgestellt sind.« Kluge hielt inne, suchte Stefans Blick. Was jetzt kam, sollte Berg ohne inneren Aufruhr erwägen. »Sie müssten ihrem Vater Vollmacht erteilen, so dass er gegenüber ihren Mitarbeitern und nach außen als Geschäftsführer auftreten kann. Dabei würde er Ihre Richtlinien umsetzen und regelmäßig an Sie als den Eigentümer berichten, mit welchem Erfolg. Ja, ich weiß, was Sie einwenden wollen«, – Kluge hob die Hand – »für regelmäßige Berichte darf Ihr Vater Sie gar nicht oft genug kontaktieren. Darum würde ich versuchen, bei Gericht eine Ausdehnung seines Besuchsrechts hier in der JVA zu erwirken und könnte, wann immer das nicht ausreicht, als Mittelsmann fungieren, soweit das mit meinen Pflichten als Strafverteidiger verträglich ist.«

Was Kluge da entwickelte, hörte sich nicht mehr so absurd an wie anfangs gedacht. Welche Wahl bleibt mir, fragte sich Stefan. Mit meinem Vater habe ich im Grunde noch Glück. Wie, wenn er Industriearbeiter gewesen wäre? Oder als Techniker oder Dienst-

leister angestellt? Dann besser ein Verwaltungsbeamter. Als Büro-
krat konnte er Geschäftsbriefe schreiben, Saldenlisten führen, gewiss auch Rechnungen stellen und sich in den Umgang mit den
Krankenkassen einfuchsen. Recht ordentliche Vorbedingungen
für das, was ihn erwartete. Fraglich nur, wie lange die Praxis ohne
dritten Physiotherapeuten durchhielt – denn Patienten behandeln
konnte der Vater ganz sicher nicht.

Ziemlich selbstsicher, dieser Jan Kluge. So überzeugt davon, dass
er mit seinem Vorschlag Gehör finden würde, dass er schon ein
Schriftstück vorbereitet hatte. Den fett gedruckten Titel konnte Stefan auch über Kopf lesen: »Handlungsvollmacht«. Der Anwalt schob
das Papier über den Tisch. Eine Seite, zwei kurze Absätze. Stefan las:

*Die Vollmacht erstreckt sich auf alle Geschäfte und Rechts-
handlungen, die zur Aufrechterhaltung des laufenden Betriebs
der Praxis für Physiotherapie, Inhaber Herr Stefan Berg, notwendig sind.*

Dann folgten Einschränkungen im Juristendeutsch, trocken und
von umständlicher Deutlichkeit. Stefan fand nichts an dem Text
auszusetzen. »Wir können das ja auch immer wieder anpassen«,
sagte Kluge. Die Urkunde hatte der Anwalt gleich in dreifacher
Ausfertigung dabei. Stefan unterschrieb, der Vater hatte das schon
überall getan. Jan Kluge setzte seinen Namen als Zeuge dazu. Dafür würde er bestimmt eine Extragebühr berechnen, dachte Stefan.
Trotzdem überwog sein Gefühl der Dankbarkeit.

Er nahm einen Schluck von dem Kaffee, der inzwischen lau-
warm war. Auch heiß hätte das Gebräu nur mittelmäßig ge-
schmeckt, doch es bot eine Abwechslung gegenüber der Plörre, die
Viktor zu den Mahlzeiten ausschenkte. Der Anwalt verstaute zwei
Exemplare der Vollmacht in seiner Aktentasche. Das dritte sollte
bei Stefan verbleiben. Am besten, er gab es zu seiner Habe in die
Kammer. Für die Aufbewahrung in der Zelle war das nichts.

25

Ohne sie geht es mir besser, fand Georg. Seit ihrer Rückkehr hatte er Linda nur zweimal gesehen, mehr oder weniger zwischen Tür und Angel. Seine Frau hatte in der Rhön ein paar Pfunde verloren, dafür aber offenbar eine Bekanntschaft gewonnen. Das würde ihre häufige Abwesenheit erklären. Sie hat jetzt einen Neuen. Sicher diesen Mann, der sie gefahren hat, als sie spätabends noch aufkreuzte, um Utensilien für die verlängerte Fastenkur zu holen. Er blickte auf die Uhr: zwanzig nach fünf. Die Geschäfte waren noch eine Weile geöffnet. Vor den Besorgungen könnte er in Ruhe einen Espresso trinken. Die Vorstellung, den Kaffee von einem Whisky begleiten zu lassen, lockte ihn. Tu das nicht, Georg, ermahnte er sich. Kaum lässt dich der schwarze Hund mal für ein paar Tage los, wirst du unachtsam.

Georg schob den Gedanken an Whisky beiseite und ließ auch den Espresso fürs Erste ungetrunken. Wenn er die Einkäufe gleich erledigte, konnte er es sich hinterher umso gemütlicher machen. Er hatte für den Abend nichts Großes vor. Eine Kleinigkeit kochen, ein bisschen lesen oder fernsehen. Wäschewaschen durfte er nicht vergessen. Unterhosen und T-Shirts wurden knapp. Bevor er ging, belud er noch schnell die Maschine im Bad, wählte die Einstellung für Buntwäsche, 40 Grad, öffnete die Wasserzufuhr und drückte den Startknopf. Seit er seine Hemden selber bügeln musste, trug er vermehrt Pullover. Ich werde eine Zugehfrau brauchen, dachte Georg, wenn ich weiterhin so viel Zeit im Büro verbringe.

Im Supermarkt war Hochbetrieb. Feierabend-Stoßzeit. Andrang an den Wurst- und Käsetheken, Schlangen an den Kassen. Georg war selten so zeitig hier, er kam meist erst kurz vor Ladenschluss. Das Gute war, dass die Bestände an Obst- und Frischgemüse um diese Zeit noch immer aufgefüllt wurden. Nach 20 Uhr nahm die Auswahl rapide ab. Diesmal bekam er alles, was auf seiner Liste stand. Vor dem Regal mit Salzgebäck zögerte er, tat dann aber doch eine Tüte in seinen Wagen. Schließlich fuhr er täglich mit dem Rad. So ein paar Extra-Kalorien würde er schnell verbrennen. Außerdem wusste Georg aus Erfahrung, wie das war, wenn sich der Wunsch nach etwas zu knabbern, den er im Laden unterdrückte, später vor dem Fernseher wieder meldete. Dann würde er bereuen, nichts eingekauft zu haben. Zum Fernsehen oder zum abendlichen Lesen gehörte etwas zu trinken und knuspern. Zu oft hatte er die häusliche Entspannung auf diese Weise praktiziert. Sein Gehirn hatte das so gelernt. Und nun war es dahingehend programmiert. Sicher, es war keine ideale Angewohnheit. Doch sollte eine Umprogrammierung nötig sein, dann nicht schon heute Abend. Heute Abend würde er es sich einfach nett machen. Vorfreude erfüllte Georg.

Dem Obdachlosen draußen, der weit genug vom Eingang entfernt bettelte, dass ihn die Marktleitung nicht vertreiben konnte, gab er zwei Euro. Der Mann bedankte sich und sah Georg an dabei, wünschte ihm einen guten Abend, munter beinahe, als handle es sich um einen Austausch unter Nachbarn. Vielleicht lebte er noch nicht lange auf der Straße und hatte Hoffnung, seinem harten Dasein zu entkommen. Georg wünschte es ihm in Gedanken. Obdachlosigkeit war eine Schussfahrt in Verwahrlosung, Krankheit und Abhängigkeit. Ohne irgendeine Droge ließ sich das Leben auf der Platte kaum aushalten. Trotzdem gab es welche, die keine Säufer oder Junkies wurden. Der Mann am Supermarkt hatte nüchtern und ziemlich manierlich ausgesehen.

Du hättest ihn fragen können, wie es ihm geht, sagte sich Georg. Du hast es nicht getan, weil du es gar nicht so genau wissen willst. Denn von einem großen Elend zu erfahren und dann nichts dagegen zu tun, wie wäre das? Es würde die Anteilnahme hohl klingen lassen. Wie Voyeurismus – als hättest du bloß aus Neugier gefragt. Wer fragt, läuft Gefahr, sich etwas aufzuladen. Mitleid könnte sich melden oder das Gewissen könnte mahnen, Verantwortung zu übernehmen. Das fremde Schicksal würde zur eigenen Last. Auch darum, nicht bloß aus Geiz oder Ekel, schlagen so viele Passanten einen Bogen um die Bettler oder gucken weg, wenn sie vorbeigehen.

Schade, dass Friedrich nicht da war. Wie so oft, wenn Georg das Psychologisieren anfing und beim Allgemeinmenschlichen endete, bezog er den Freund in seinen Gedankengang ein, fragte sich, was Freddy wohl dazu sagen würde, genauer, was dieser wohl abmildernd äußern würde, denn Friedrich sagte eigentlich nie etwas, was eine Überlegung verschärfte, alles Thesenartige war ihm fremd. Es war Freddy zuzutrauen, dass er für seine Person gar keine Belastung darin sah, sich schlimme Schicksale erzählen zu lassen. Er würde voller Mitgefühl zuhören, ohne dass es ihm das Herz beschwerte. Und warum? Weil er nichts von der Geschichte auf sich beziehen würde. Freddy konnte das. Er identifizierte sich nicht mit fremdem Leid. Er engagierte sich mit aller Kraft, wie im Fall der Kindesmitnahme al-Madanī, und er litt, wenn er seinen Pflichten nicht so nachkommen konnte, wie er es für richtig hielt. Aber gerade weil er nicht vor Mitleid zerfloss, sondern es bei Mitgefühl beließ, blieb er handlungsfähig.

Georg sah immer wieder Menschen, die sich mit der Unterscheidung zwischen Mitgefühl und Mitleid schwertaten. Und es war leichter, mit dem Verstand zu begreifen, dass es da einen Unterschied gab, als seine Empfindungen zu kontrollieren und Mitgefühl ohne Mitleid zu praktizieren, wenn es darauf ankam.

Er nahm beide Einkaufstüten in die linke Hand und schloss die Haustür auf. Im Treppenhaus kam ihm ein Mann mit zwei Koffern entgegen. Georg kannte den Mann nicht, er wartete auf dem Podest im Erdgeschoss und trat beiseite, um ihn durchzulassen, erntete ein knappes Danke und einen forschenden Blick. Etwas an der Szene irritierte ihn, doch erst, als der Fremde vorüber war und Georg, ihm nachblickend, das farbige Band sah, das sich um einen der Koffergriffe schlang, fiel der Groschen: Das waren Lindas Koffer, der eine zumindest. Er selber hatte das Band an den Griff geknotet, damit sie das Gepäckstück leichter identifizieren konnten, wenn es im Flughafen bei der Ausgabe über das Rollband lief.

Auf die Idee, dass der Fremde ein Dieb sein konnte, der sich gerade mit fremdem Gut aus dem Staub machte, kam Georg nicht einmal für eine Sekunde. In gespannter Erwartung legte er die restlichen Treppen bis zur oberen Etage zurück. Seine Wohnungstür stand offen. Er trat ein, setzte seine Einkäufe an der Garderobe ab, ging weiter bis zum Wohnzimmer.

Ein Wäschekorb stand in der Mitte des Raumes, halb gefüllt mit Gegenständen, die – offenkundig für den Abtransport – in Zeitungspapier eingewickelt waren. Linda, gebeugt über den Tisch, war gerade dabei, ein Bild des Künstlers Thorsten Brinkmann in eine Decke einzuschlagen, »Berta von Schwarzflug«, ein frühes Werk aus der Reihe von Brinkmanns Porträts ohne Gesicht. Die Stelle, wo der Fotodruck an der Wand gehangen hatte, war leer.

»Was tust du da?«

Georgs Stimme ließ Linda zusammenfahren. Sie richtete sich auf, sah ihn an. Ihr kurzes Erschrecken verflog bereits wieder.

»Ich packe ein paar Dinge zusammen, die mir wichtig sind.«

»Dass du packst, sehe ich. Aber wo willst du damit hin?«

»Erst einmal zu René.« Sie strich sich eine Strähne aus der Stirn.

»Was wird das, Linda – ziehst du aus, zu einem anderen Mann? Trennen wir uns jetzt?« Es war nicht so, dass Georg schwer von

Begriff gewesen wäre. Er wollte Linda nur nicht ohne ein klares Bekenntnis von dannen ziehen lassen.

So schnell tat sie ihm nicht den Gefallen.

»Du gehst doch sowieso längst deine eigenen Wege, Georg, kein Grund zur Aufregung, finde ich.« Linda wandte sich wieder dem Bild zu.

»Der Brinkmann bleibt hier.« Georg versuchte, ruhig zu bleiben.

»Ach, bestimmst du das?« Linda wurde laut. Sie rief. »Moni, kommst du mal?«

Es dauerte einen Moment, dann erschien die Freundin in der Wohnzimmertür.

»Oh, hallo.« Sie musterte Georg.

Der grüßte zurück: »Guten Tag, Monika.« Georg wahrte die Form. Er nannte Menschen bei ihrem Namen, wenn er sie ansprach, auch die, die er nicht gut leiden konnte, und gerade jetzt, das gestand er sich ein, war ihm Lindas Moni doppelt widerlich. Allein schon, wie sie tat, als hätte sie im Konflikt zwischen ihm und Linda etwas zu melden.

»Streitet Ihr?«

Halten Sie sich raus, hätte Georg am liebsten gesagt. Er kannte die Frau kaum. Linda kam ihm zuvor.

»Meinem Mann passt nicht, dass ich ein paar Sachen mit zu René nehme.«

Georg widersprach. Es gehe nicht um irgendwelche Sachen, sondern um ein Kunstwerk, das ihm sein bester Freund vor ein paar Jahren zu Weihnachten geschenkt habe.

»Dir geschenkt?« Linda klang entrüstet. »Wir beide haben das von Friedrich bekommen. Das Bild gehört dir so gut wie mir, aber mir hat es immer mehr als dir bedeutet, und das weißt du auch.«

»So ein Unsinn, geredet hast du ganz anders. Die Farben seien dir eigentlich zu düster. Fast hätte ich es in mein Arbeitszimmer gehängt, doch das wolltest du auch nicht.« Entgegen seiner Absicht begann Georg sich aufzuregen. »Rufen wir doch Freddy an und fragen ihn, für wen er das Bild gedacht hat. Deine Freundin kann dann gleich Zeugin sein.«

Ihrer Miene nach zu urteilen, schien Linda der Vorschlag gar nicht zu gefallen. Monika, die das sah, sprang ihr zur Seite.

»Das ist doch klar, was wir da zu hören bekommen. Wenn, wie Sie ja selbst sagen, Ihr bester Freund ein Urteil fällen soll, wird das natürlich zu Ihren Gunsten ausfallen, vor allem, wenn er weiß, dass zwischen Ihnen und Ihrer Frau nicht mehr alles rund läuft.«

»Nun ist aber Schluss, Frau Plietsch.« Georg war Monikas Nachname wieder eingefallen. »Der Brinkmann gehört mir und er verlässt diese Wohnung nicht. Und Friedrich Wagner wird, sollten meine Frau und ich uns vor Gericht um das Bild streiten müssen, an Eides statt versichern, wem es gehört.«

»Sind Sie aber garstig, Herr Ruh. Das ist ja noch unangenehmer, als wenn Sie volltrunken sind.«

Georg war verblüfft über diese Frechheit. »Ich kann mich nicht erinnern, Ihnen jemals angetrunken, geschweige denn volltrunken begegnet zu sein.« Kaum hatte er das gesagt, dämmerte es ihm. Monika war doch nicht etwa …?

Doch, sie war. In jener Nacht, als sich Georg nach dem missglückten Abendbrot mit Linda in den zweiten Filmriss seines Lebens getrunken hatte, war sie bei seiner Heimkehr in der Wohnung gewesen. Als seelische Stütze ihrer Freundin, die sie angerufen hatte, sobald Georg sich auf dem Weg zu Arthur befand. Man sah Linda an, dass sie es genoss zu erzählen, wie Georg bei seiner Rückkehr, Möbel im Flur anrempelnd, die beiden Frauen aufgescheucht und zu Beobachtern seines Rausches gemacht hatte.

Die nachträgliche Beschämung brachte ihn tatsächlich für einen Moment in die Defensive. Dann jedoch fand er, was er gehört hatte, interessant.

»Wie spät war es, als ich damals nach Hause kam?«

»Seltsame Frage«, meinte Linda. »Halb eins, vielleicht dreiviertel eins. Wofür soll das wichtig sein?«

»Nur für meine Erinnerung.« Georg überschlug im Geiste, was ihm Leopold über die Taxifahrt gesagt hatte. Kurz vor zwölf hatten sie den Leo zu Hause abgesetzt. Blieb also ein offenes Zeitfenster von einer halben, maximal einer dreiviertel Stunde. Sehr wenig Zeit für einen Mord in der Stiftstraße. Beruhigend zu wissen, auch wenn Georg dieser speziellen Beruhigung längst nicht mehr bedurfte.

Es klingelte an der Tür.

»Das wird René sein, er kommt unten nicht rein. Lass mal, ich geh öffnen.« Monika verschwand im Flur.

»Das ist ja der reinste Truppenaufmarsch«, spottete Georg. »Gleich zwei Helfer für nur ein paar Sachen. Aber ich verstehe, es sollte schnell gehen. Am besten, ich komme nach Hause und du hast das Wichtigste schon ausgeräumt und bist wieder weg, nicht wahr?«

Er machte zwei Schritte auf Linda zu, sie wich zurück. Georg lachte.»Keine Sorge, ich tu dir nichts. Aber das hier kommt in die Sicherheitsverwahrung.« Er nahm das Bild vom Tisch, um es in sein Zimmer zu tragen. Linda stellte sich ihm nicht in den Weg. Er wollte ihr auch keine Zeit dazu lassen. Sie sagte keinen Ton. Das würde nicht lange anhalten. Vom Flur aus konnte er Monika durch die offene Wohnungstür auf dem Podest stehen sehen. Sie beugte sich über das Geländer. Jemand kam herauf. Georg hörte eine männliche Stimme, verstand aber nur Monikas Antwort.

»Ja, er ist da.«

Genau, dachte Georg. Ich bin jetzt da und habe ein Auge auf euch. Er brachte das Bild in sein Zimmer, zog innen den Schlüssel ab und verschloss die Tür von außen.

Unter seiner Beobachtung bekam Lindas Räumaktion etwas Gehemmtes. René fühlte sich unwohl bei der Sache, das merkte man. Er fasste nichts an, stand herum und wartete, dass die Frauen ihn zum Tragen brauchten. Eigentlich kein unsympathischer Typ. Et-

was älter, etwas rundlicher, etwas kleiner als Georg. Beim Reinkommen hatte er Georg mit »Herr Ruh« angesprochen und, wahrscheinlich mehr aus Verlegenheit, ihm sogar die Hand gereicht.
Eine weiche und doch kräftige Hand. Bestimmt handelte es sich
bei René um den Masseur, dessentwegen Monika besonders gern
an die Fasten-Yoga-Kur fuhr. War Linda unter seinen Massagegrif-
fen für ihn entflammt?

Georg amüsierte die Vorstellung. Als die drei die Wohnung
verlassen hatten, sah er sich um. Im Schlafzimmer standen die
Schränke offen. Linda hatte fast ihre gesamte Garderobe mitgenommen. Das Bettzeug war weg. Im Bad fehlte – natürlich – ihre
Kosmetik. Der einzige Fön fehlte auch, dazu die beiden großen
Badetücher. Das machte nichts, er kam auch so zurecht. Erst
später bemerkte Georg, dass es keine Fotos von Louis mehr gab.
Die hatte sie also ebenfalls eingesackt. Welche Eile! Konnte sie
nicht bis zu ihrem regulären Auszug aus der Ehewohnung warten – falls sie denn wirklich richtig ausziehen wollte? Aus der Küche, aber das sah Georg erst am nächsten Morgen, war die bunte
Pfeffermühle verschwunden. Immerhin keine unberechtigte An-
eignung. Die Mühle gehörte Linda wirklich, anders als Thorsten
Brinkmanns »Berta von Schwarzflug«. Freddy war damals extra
nach Hamburg gefahren, ins Szeneviertel auf der Fleetinsel, um
bei einem Galeristen, der sich dort in einem Hinterhaus mit Haut
und Haaren der zeitgenössischen Kunst verschrieben hatte, für
den Freund die »Berta« zu erwerben. In seinem Zimmer musste
Georg ein Loch für Dübel und Schraube bohren, ein Nagel war
ihm nicht sicher genug. Das Bild gefiel ihm am neuen Ort fast
besser als am alten.

Zwei Tage darauf meldete sich Ruth bei ihm. Georg saß an seinem Schreibtisch in der Kanzlei, als das Telefon klingelte und Frau
Samson fragte, ob sie ihn mit Frau Dömitz verbinden dürfe. Genau
genommen fragte sie nicht einfach, sondern sagte: »Ich habe hier
eine Dame für Sie in der Leitung. Ruth Dömitz. Sie wissen schon,

die Freundin unserer ermordeten Mandantin, die neulich zum Kaffeetrinken hier war. Möchten Sie das Gespräch annehmen?«

Georg lachte. Freddys Assistentin hatte eine beispiellose Art, jemanden zu rüffeln, wenn sie etwas missbilligte. Von wegen »zum Kaffeetrinken hier«. Georgs lange Sitzung mit einer Frau, die keine Mandantin war und durch das Gespräch auch nicht zu einer wurde, hatte Samsons Aufmerksamkeit geweckt, das war zu hören. Er ließ sich mit Ruth verbinden. Sie begrüßten einander. Georg freute sich, ihre Stimme zu hören. Es war ein jähes Gefühl, wie eine Wallung, nicht wirklich überraschend, aber doch so, also wollte ihm sein Unterbewusstsein ein Signal geben. Ob sie wegen Frau Ungemein anrufe? Sie verneinte. Dann also wegen der Marquise von O...?

Darauf sie: »Wir hatten eine Abmachung, Herr Ruh, nicht wahr?«

»Und Sie halten sich dran, Frau Dömitz, da bin ich froh. Würde es Ihnen etwas ausmachen, mir Ihr literarisches Urteil bei einer Tasse Tee mitzuteilen?«

»Gern. Aber wie kommen Sie auf Tee? Das vorige Mal gab's Kaffee.«

Vielleicht war das ein bisschen indiskret gegenüber Frau Samson, aber Georg konnte sich nicht bremsen, Ruth die Worte der Sekretärin zu zitieren. Sie wirkte erheitert, das hatte er gehofft, denn es lockerte die Stimmung zwischen ihnen. Man konnte sich sogar einbilden, nun bereits ein wenig verbunden zu sein. Verbunden im Unrecht eines, geschäftlich betrachtet, unnützen Kaffeetrinkens, das durch Samsons Bemerkung den Anstrich eines privaten Beisammenseins erhalten hatte.

Während Georg, wohl wissend, dass er dabei übertrieb, noch das angenehme Gefühl dieser Verbundenheit auskostete, zog Ruth am anderen Ende der Leitung bereits die Konsequenzen aus der Reaktion der Sekretärin: Herrn Ruhs Kanzleizimmer falle ja wohl als Teestube aus, sie wäre dafür, sich in der Innenstadt zu treffen, ob er das Grünbaum kenne, wie es denn mit halb sechs wäre, schaffe er das? Sechs Uhr ginge auch.

Wie unkompliziert diese Frau war. Georg spürte, dass das Gefallen wuchs, das er schon beim ersten Treffen an Ruth gefunden hatte. Weiß der Teufel, aber als sie das Grünbaum vorgeschlagen hatte, war ihm ihre Augenfarbe wieder eingefallen. Schon seltsam, welche Sprünge seine Gedanken machten. Er hätte nichts dagegen gehabt, sie jetzt gleich zu sehen, sagte jedoch:

»Halb sechs könnte knapp werden, und ich möchte Sie nicht warten lassen. Also um sechs?«

Mit einem »Schön, bis dann« legte sie auf. Das war eine rasche Verabredung und ein kurzes Gespräch gewesen. Hoffentlich brachte sie nachher ein bisschen mehr Zeit mit.

Die Akte, die er sich nun noch vornahm, las er zerstreut. Mehr als einen groben Umriss des Falles hatte er zwar nicht erhalten wollen, doch nicht einmal dafür langte seine Aufmerksamkeit. Nach zwei Seiten wusste er kaum, was er gelesen hatte. Georg fing von vorn an, nahm einen Stift in die Hand, ermahnte sich, Notizen zu machen. Das half, wie es auch schon bei anderen Gelegenheiten geholfen hatte. Formulierungen finden zu müssen, zwang die Gedanken in die Spur. Man konnte beim Schreiben sachlich werden und den Kopf von privaten Dingen abziehen. Eine gute Dreiviertelstunde lang brachte er Stichworte und Sätze zu Papier, dann regte sich der Wunsch nach einem Kaffee. Georg sah auf die Uhr. Erst halb vier. Er ging in die Küche, kam mit einem Cappuccino zurück, öffnete das Fenster, setzte sich auf die Fensterbank, genoss die frische, maikühle Luft, rührte versonnen in der Tasse, trank in kleinen Schlucken, ließ sich Zeit.

Zehn vor vier.

In der Küche hatten sie eine Spülmaschine, aber Georg spülte seine leere Tasse von Hand, trocknete sie ab, stellte sie in den Schrank, wischte auch gleich mit einem feuchten Lappen die Anrichte ab.

Drei Minuten vor vier.

Mit einem Seufzen nahm er die Arbeit an der Akte wieder auf. Eine Scheidungssache, längst nicht so komplex, wie es der Fall Ungemein gewesen war. Kein Wunder, es ging ja auch um bedeutend weniger Geld. Georg las und schrieb, hartnäckig, diszipliniert, verbot sich jede Abschweifung, brachte auf diese Weise die Lektüre zu Ende, überflog seine Aufzeichnungen, war zufrieden. Nun hatte er doch geschafft, was er an diesem Nachmittag wenigstens hatte schaffen wollen.

Kurz nach halb fünf.

Eine gute Zeit, um sich frischzumachen. Einmal mehr pries er Freddy in Gedanken für das beim Umbau erhalten gebliebene Badezimmer und die Möglichkeit, in der Kanzlei die Garderobe zu wechseln. Im Spiegel kontrollierte Georg Kinn und Wangen. Der leichte Bartschatten, der sich seit dem Morgen gebildet hatte, war tolerabel. Zu glattrasiert wollte er gegenüber Ruth gar nicht auftreten. Er duschte, entschied sich gegen ein Hemd und beließ es bei T-Shirt und Pullover. Ein letzter Gang in sein Zimmer, um den Schreibtisch für die Putzfrau leerzuräumen, dann griff er nach seiner Windjacke.

Zehn nach fünf. Frau Samson hatte ihn im Bad verschwinden und wieder herauskommen sehen, aber nun war sie fort, und am Empfang hielt eine andere Sekretärin die Stellung bis zum Büroschluss. Georg war das recht, auf diese Weise umging er eine neugierige Musterung seines Erscheinungsbildes, denn dass er ein Weilchen im Bad gebraucht hatte, war der Samson gewiss nicht entgangen. Er gab kurz Bescheid, dass er jetzt gehe und heute nicht mehr zurückkehre, aber auf dem Handy erreichbar sei.

Zum Grünbaum war es mit dem Fahrrad nicht weit; Georg rechnete mit weniger als einer Viertelstunde. Er fuhr langsam, um nicht ins Schwitzen zu kommen und die frische Dusche zu ruinieren. Trotzdem war er zwanzig Minuten vor der verabredeten Zeit da. Das Lokal war gut besucht, die meisten Gäste saßen bei Kaffee und Kuchen, nur wenige nutzten es, dass die Küche rund um die Uhr auch warme Gerichte anbot. Die Frage der Bedienung, ob er reserviert habe, musste Georg verneinen. Hätte er daran denken sollen, obwohl Ruth das Grünbaum vorgeschlagen hatte? Eine Reservierung auf den Namen »Dömitz« gab es ebenso wenig. Der Tisch neben dem Zugang zur Toilette war noch frei, den aber lehnte Georg ab und wartete lieber, bis Gäste, die gerade die Rechnung orderten, ihre Plätze verließen.

Ruth kam um fünf vor sechs, er sah sie sofort beim Hereinkommen, winkte ihr, stand auf und war unsicher, ob er ihr aus der Jacke helfen sollte. Vielleicht war sie Feministin? Er riskierte den Versuch, und sie ließ es sich gefallen. Zuletzt hatte er das bei Carmen getan. Ruths glatte braune Haare, die über den Jackenkragen fielen, hatten so gar nichts gemein mit der schwarzen Mähne ihrer toten Freundin, und sie roch auch anders. Nicht schlechter, nur anders.

Sie nahmen Platz und sahen sich an.

»Wollen wir wirklich Tee trinken?«, fragte Georg. »Wie steht es um Ihren Appetit? Ich könnte etwas Warmes vertragen und hätte nichts gegen ein Glas Wein.«

Ruth stimmte zu, wünschte aber Wasser zum Wein; sie hätten hier im Grünbaum einen ziemlich passablen Riesling, was Herr Ruh dazu meine? Der war mit allem einverstanden, und sie studierten die Speisekarte, bestellten, stießen an, als der Wein kam.

Die Musterung, der Georg bei Frau Samson entgangen war, widerfuhr ihm nun bei Ruth. Ob ihm seine Arbeit zwischendurch den Besuch von Schwimmbädern erlaube und dies der Grund gewesen sei, warum sie sich nicht schon um halb sechs hätten treffen können?

Da er verständnislos stutzte, sagte sie: »Ihre Haare sehen feucht aus.«

»Noch immer?« Georg fühlte nach. »Tatsächlich, aber vom Schwimmen komme ich nicht.« Er berichtete ihr den Hintergrund, erzählte vom Kanzleibadezimmer und rühmte Friedrich Wagners

Klugheit und Menschenfreundlichkeit. Ruth hörte zu. Vielleicht hatte er ihretwegen geduscht? Sie lächelte und sagte nichts.

»Nun also«, sagte Georg, »wie fanden Sie Kleists Marquise?«

»Intensiv.« Ruth suchte nach einem Beispiel. »Wie der Vater sich mit seiner Tochter versöhnt, die er zuvor verstoßen hat« – sie stieß prustend die Luft aus – »mein lieber Schwan, was für eine Szene!«

»Knapp vor dem Inzest«, sagte Georg. »Hoch libidinös unter einem Schleier von Tränen. Was Kleist sich da erlaubt hat, über die Lust eines Vaters an seiner erwachsenen Tochter zu schreiben, und vor allem, wie der Autor das macht ... ich kann es nur bewundern.«

Ruth nickte. »Als würde die Rührung des Vaters, der bei der Tochter Abbitte leisten muss, ihn direkt in die Erotik spülen. Erst dachte ich, dass Kleists Leser vor zweihundert Jahren keinen sehr großen Skandal darin gesehen haben. Aber im Internet fand ich, die Meinungen über die ›Marquise von O...‹ seien auseinandergegangen. Die Urteile über den Text reichten von ›abscheulich‹ bis ›herrlich‹.«

Als die Bedienung das Essen brachte, waren Georg und Ruth noch immer mit der Novelle beschäftigt. Jeder von ihnen zitierte Formulierungen, die ihn besonders berührten. Ruth hatte es angetan, wie Kleist von der »gebrechlichen Einrichtung der Welt« sprach. Eine existenzielle Zartheit drücke sich darin aus, ein Bewusstsein davon, wie leicht das große Ganze in Scherben gehen könne, wenn wir nicht achtgäben. Gebrechlich eingerichtet sei auch unsere Innenwelt, unsere psychische Verfassung. Ihr komme es vor, sagte Ruth, als kündige sich Kleists Selbstmord hier bereits an. Hatte er nicht in seinem Abschiedsbrief von sich selbst als von jemandem gesprochen, dem auf Erden nicht zu helfen war?

Georg fand das eine kühne, aber einleuchtende These. Ob sie nun auch seinen Lieblingssatz hören wolle? Der beziehe sich auf den Moment, nachdem sich die Marquise gegen ihren Vater durchgesetzt habe, der ihr die Kinder wegnehmen wollte. Und lauten würde er folgendermaßen – Georg sammelte sich und zitierte:

»Durch diese schöne Anstrengung mit sich selbst bekannt gemacht, hob sie sich plötzlich, wie an ihrer eigenen Hand, aus der ganzen Tiefe, in welche das Schicksal sie herabgestürzt hatte, empor.«

»O, sogar auswendig, Georg, Kompliment. Was fasziniert dich so an diesem Satz?«

Beglückt registrierte er, dass sie ihn duzte.

»Das kann ich dir sagen. Die Marquise macht hier das, was die moderne Psychologie die Erfahrung von Selbstwirksamkeit nennt. Als sie ihre Kinder schnappt und gegen den Willen des Vaters mit sich nimmt, erlebt sie an sich eine Stärke, die sie überrascht und beschwingt. Eben noch fühlte sie sich schwach, nun merkt sie mit einem Mal, wozu sie fähig ist. Und das hilft ihr mehr, als ihr jeder Zuspruch von außen helfen könnte.«

»Kennst du diese Erfahrung?« Ruth sah ihn ernst an, bevor sie eine zweite Frage nachschob: »Oder suchst du sie?«

»Es gab Zeiten, da hätte ich sie extrem gut gebrauchen können«, gestand Georg. »Mittlerweile habe ich sie nicht mehr ganz so nötig, wäre aber immer noch dankbar, wenn ich mich einmal in der Stärke wie die Marquise erleben dürfte.«

»Das klingt nach einer Krise, die nur halbwegs überstanden ist.«

Er griff nach seinem Weinglas, nahm einen Schluck, zögerte mit der Antwort und sagte endlich: »Halbwegs überstanden, ganz überstanden – wer kann das schon wissen. Dafür ist wohl noch nicht genug Zeit verstrichen.«

Er blickte auf. Ruths grüne Augen ruhten unverwandt auf ihm. Wollte sie, dass er weitersprach?

»F41.2 – sagt dir das etwas?«

»Nein, was soll das sein, eine Produktionsziffer?«

Georg wirkte belustigt. »Gar nicht übel, dein Vorschlag. F41.2 ist ein ärztlicher Diagnoseschlüssel und steht für ›Angst und depressive Störung, gemischt‹. Aus Sicht der Pharmakonzerne könnte es aber ebenso gut eine Produktionsanweisung sein. Nämlich für tonnenweise Psychopharmaka. Mit F41.2 lässt sich wahnsinnig viel Geld verdienen. Sobald die Ärzte ihren Rezeptblock zücken, rollt der Rubel.«

»Ich höre zweierlei heraus, Georg«, sagte Ruth, die ruhig blieb, als seine Stimme ins Sarkastische wechselte. »Du bist schlecht auf die Pharmaindustrie zu sprechen. Und du bist oder warst an einer Angststörung und Depression erkrankt. Das tut mir leid. Kennst du die Ursache, warum es dazu kam?«

»Überlastung wahrscheinlich. Zu viel Verantwortung. Es allen recht machen wollen, vor allem den eigenen hohen Ansprüchen.«

»Ich kenne mich da nicht gut aus«, sagte Ruth. »So, wie du es sagst, klingt es nach einem Burnout und als hätte dein Beruf Schuld.«

»Ob Depression oder Burnout – das sind alles sehr weite, dehnfähige Begriffe, die über individuelle Krankheitsbilder gestülpt werden. Ich mag sie immer weniger. Und am Beruf allein lag es wohl nicht. Wahrscheinlich habe ich auch privat gegen den Strich gelebt und mir Enttäuschungen nicht eingestanden.«

»Der Ring da an deiner Hand ist ein Ehering, nicht wahr?«

Georg verstand, was Ruth damit sagen wollte. Er griff nach dem Ring, drehte ihn an seinem Finger.

»Eigentlich könnte ich ihn auch abnehmen. Meine Ehe löst sich gerade auf.« Er hörte auf zu sprechen, überlegte, ob er von Linda und ihrer Rolle für seine Erkrankung erzählen sollte, hatte dann aber keine Lust, seiner Frau in einem Gespräch mit Ruth Raum zu geben. »Du hast diese Erfahrung ja schon gemacht. Wie lange liegt deine Scheidung zurück?«

»Drei Jahre.«

»Kinder?«

»Keine Kinder. Frag mich nicht, woran es liegt. Wir haben einfach den richtigen Moment verpasst.«

»Gibt es das?«, fragte Georg. »Oder verpasst den richtigen Moment nur, wer gar nicht richtig Kinder will?«

»Du fragst wie eine Frau.«

Er lachte. »Tue ich das?«

»Ich glaube schon«, meinte Ruth. »Männer behandeln die Kinderwunsch-Frage doch eher oberflächlich. Sie bohren nicht nach.«

»Wir können das Thema wechseln«, sagte Georg.

»Das müssen wir nicht. Wahrscheinlich hast du recht. Irgendetwas hat uns gebremst. Ob mich mehr als ihn, ist nun auch egal. Wie war es bei dir?«

Georg berichtete von Louis. Er fasste sich kurz. Ihr Gespräch wanderte weiter, sie sprachen über seine Arbeit für die Kanzlei Wagner, wie stolz er als Staatsanwalt gewesen sei und, nach einer Phase des Haders, wie froh nun über den beruflichen Wechsel auf einen Posten, der ihm weniger Prestige, aber auch weniger Stress eintrug. Die Flasche Riesling war bald geleert, ein Dessert schlug Ruth aus, mit Espresso aber war sie einverstanden, lobte rückblickend den Kaffee, den Georg im Büro gekocht hatte, woraufhin er sie lächelnd eine Schmeichlerin nannte. Als die Bedienung die Rechnung brachte, hatten sie auch das Thema Haustiere gestreift, Georg hatte verneint, eine Katzenallergie zu haben, und nach dieser erfreulichen Auskunft waren sie auf Musikvorlieben zu sprechen gekommen.

»Wir sollten draußen weiterreden«, sagte Georg, »unser Tisch wird gebraucht.« Im Grünbaum schlug die Stunde der warmen Mahlzeiten, Abendgäste hatten die Kuchenesser abgelöst, und es herrschte Hochbetrieb. Georg sah auf die Uhr, zwei Stunden waren wie im Nu verflogen. Ruth ließ sich in die Jacke helfen. Vor der Tür war es noch hell, vor neun Uhr würde die Dämmerung nicht einsetzen. Nur die Maienluft war empfindlich kalt.

Während Georg sein Rad neben Ruth herschob, um sie ein Stück des Weges zu bringen, sah sie der nächsten Opernpremiere entgegen, versprach sich Überraschungen von der Neuinszenierung von Donizettis »Der Liebestrank«, ein Stück, das Georg unbekannt war, was er zugab, und sie wischte sich zu seiner Beunruhigung plötzlich eine Träne aus dem Auge. Carmen, sagte sie. Ihren letzten gemeinsamen Abend hätten sie in der Oper verbracht. Zwei Tage vor ihrer Ermordung.

Sie blieb stehen, brauchte nun doch ein Taschentuch, um sich zu schnäuzen. Georg wartete, bis sie die Fassung zurückgewonnen hatte, bevor er etwas sagte.

»Ich glaube, ich muss mich bei Ihrer toten Freundin entschuldigen, Ruth.«

»Wir sind mittlerweile beim Du, Georg.« Sie bekam ein schwaches Lächeln zustande. »Ist es so schlimm, weswegen du dich entschuldigen musst, dass du jetzt ins Siezen zurückfällst?«

»Ich kannte Carmen ja nur flüchtig«, sagte Georg, »und mich hat irritiert, als ich dann in den Akten las, sie führe einen Salon. Bei den wenigen Malen, die ich sie in der Kanzlei erlebt habe, wirkte sie auf mich nicht so …«

Er suchte nach einem Wort.

»So bildungsinteressiert?«, fragte Ruth. »Meinst du das?«

Georg nickte, erleichtert, dass sie ihm die Bezeichnung abnahm.

»Und dass Carmen mit mir in die Oper ging, ändert jetzt deine Ansichten über sie? Das muss es nicht. Für Carmen waren der Salon und ihre Operngänge gesellschaftliche Ereignisse. Sie bestätigten ihren Rang als Teil der städtischen Prominenz. Sie genoss das alles, sie kannte sich mit der Etikette gut aus, und wenn sie manchmal ein bisschen zu direkt war, nahm ihr das niemand ihrer Gäste übel, dazu kamen sie alle viel zu gern in die Stiftstraße. Carmen war durchaus klug, aber besondere Leidenschaft für die Themen der Vorträge bei ihr zu Hause oder für die klassische Musik hegte sie nicht.«

Sie waren an der Haltestelle angelangt, von wo aus Ruth den Bus nach Hause nehmen wollte. Fünf Minuten blieben ihnen. Georg fühlte sich lebendig wie lange nicht mehr. Er genoss jedes Wort, das sie noch wechselten. Der Bus kam, die Tür beim Fahrer öffnete sich. Ruth legte ihre Hand auf seinen Arm. »Danke für die schöne Einladung, Georg. Auf ein nächstes Mal, ja?«

26

Zweimal war er nicht zum Hofgang erschienen, am dritten Tag war Dennis wieder dabei. Stefan hatte sich schon Sorgen gemacht. Rief er durchs Fenster hinüber, kam keine Antwort. Mehr als die Auskunft, dass Dennis viel im Bett liege, war nicht zu kriegen gewesen. Selbst der Hausarbeiter Viktor, der das Essen austeilte, verfügte über keine weitergehenden Informationen. Ja, normale Mahlzeiten bekäme er schon, hatte Viktor zu Stefan gesagt, aber vielleicht schütte Dennis die Hälfte ins Klo. Bei dieser Bemerkung hatte Viktor gegrinst. Die Hausordnung verbot, Essensreste über die Toilette zu entsorgen. Wegen der Ratten, die davon angelockt wurden. In Knästen mit Rattenplage stellten die Häftlinge nachts ihren mit Wasser gefüllten Putzeimer aufs Klo, um den Biestern den Weg zu versperren.

Dennis sah nicht viel anders aus als sonst, als er nun wieder auf dem Hof erschien. Er wusste, dass einige Augenpaare ihn musterten, hielt sich aufrecht und fügte sich in die Rundgänge ein. Nach zehn Minuten jedoch hatte er genug und musste sich setzen. Stefan betrachtete ihn mitfühlend.

»Was hast du?«

»Einfach schlechte Tage. Erst war mir übel, und dann Migräne. Ich kenne das schon.« Dennis wollte aus seinem Zustand keine große Sache machen. Er lenkte ab, sprach über Geld und schnelle Autos und wie gern er beides besitzen würde.

Die Mausaugen hefteten sich an Stefan. »Du kannst dir deine Wünsche bestimmt erfüllen.«

Stefan wollte keinen falschen Eindruck entstehen lassen. »Nur weil ich mich als Physiotherapeut selbständig gemacht habe und einen Alfa fahre, bin ich noch kein reicher Mann.«

»Dass du einen Alfa fährst, hast du mir noch gar nicht erzählt.«

Warum auch?, dachte Stefan für eine Sekunde, es ist doch nicht wichtig. Oder willst du mich anpumpen? Aber dann ging er diesem Gedanken nicht weiter nach und erklärte sich Dennis' Bemerkung als simple Neugier.

Erinnerungen fielen ihn an.

»Meine erste Alfa-Fahrt war mit einem Taxi. Im Urlaub mit meinen Eltern. Wir sind nach Verona mit dem Zug gefahren und wollten mit dem Bus weiter zum Gardasee, aber die Busfahrer streikten, und mein Vater sprang über seinen Schatten und wir nahmen ein Taxi. Ein schneeweißer Alfa. Ich saß mit Mama auf der Rückbank. Das Auto roch gut, rollte gut, hatte ein schönes Armaturenbrett und einen spritzigen Motor. Ich war elf, fand es großartig und nahm mir vor, später auch diese Marke zu fahren. Wie Jungs halt so sind.«

»Dieser Junge steckt ja wohl noch immer in dir«, sagte Dennis lächelnd.

Stefan nahm das Lächeln als Wohlwollen. Das berühmte Kind im Manne. Solche Regungen kannte Dennis von sich bestimmt auch. Und es stimmte, was er sagte. Stefan hätte mühelos weitere Jungs-Wünsche nennen können, die immer noch in ihm lebten. Das war doch ein sympathischer Zug, oder? Besser als Menschen, die mit fortschreitendem Alter versteinerten. Stefan wollte schon Dennis in diese Überlegung einbeziehen, da fielen ihm Carmens Abschiedsworte ein: »Werd' erwachsen.« Er schwieg. »Kleiner Stefan« hatte sie ihn genannt. Ihre Herablassung konnte so verletzend sein. Er spürte, wie sich noch einmal die alte Wut in ihm regte, ein bisschen nur, nicht mehr heftig. Sie ist tot, sagte er sich.

»Was ist mit dir?« Dennis sah ihn an. »Habe ich etwas Falsches gesagt? Du ziehst so ein komisches Gesicht.«

»Nein, alles in Ordnung«, wehrte Stefan ab. »Gehen wir noch 'ne Runde mit? Die Bewegung tut dir sicher gut. Wenn es dir zu viel wird, machen wir wieder Pause.«

Die Mittagszeit hielt eine Überraschung für Stefan bereit: Beim Stationsdienst lagen zwei Briefe für ihn. Auf dem einen erkannte Stefan sofort die gestochene Handschrift seines Vaters, der zweite ließ sein Herz klopfen, als er ihn umdrehte und den Absender las. Endlich Post von Ruth! Sie hatte ihm tatsächlich geschrieben. Der Brief war bereits geöffnet worden. Er hielt den Umschlag andächtig in der Hand, bevor er das Schreiben herauszog, ein einzelnes Blatt, das nur wenige Zeilen enthielt:

Lieber Stefan,
Ihr Brief hat mich überrascht. Um ehrlich zu sein, ich wusste
erst nicht, wie ich mich dazu verhalten soll. Vor der Oper, in
unserem kurzen Gespräch, hatten Sie offen und freundlich auf
mich gewirkt. Dann las ich in der Zeitung, jemand sei als Tat-
verdächtiger festgenommen worden. Ich dachte an Sie, denn
das Alter schien zu passen, aber ich wehrte meinen Verdacht
auch ab. Nun wollen Sie mich darin bestärken, Sie für un-
schuldig zu halten. Wenn Sie das tatsächlich sind und wenn
Ihnen so viel an meinem Urteil liegt, dann sollte ich mir ein
klareres Bild verschaffen, als es ein Austausch von Briefen ver-
mag. Wie das aussehen könnte, muss ich mir noch überlegen.
Ich melde ich.
Kopf hoch!

Es folgte die Unterschrift. Ohne Grußformel. Aber wie hätte sie auch grüßen sollen – herzlich, so wie er in seinem Brief? Immerhin konnte sie nicht ausschließen, es doch mit dem Mörder ihrer Freundin zu tun zu haben. Lies genau, was da steht, ermunterte sich Stefan. Du hast gleich beim ersten Treffen offen und freundlich auf sie gewirkt, und sie wehrt sich gegen den Verdacht, du könntest der Täter sein.

Das war doch mehr, als er erwarten durfte. Am Ende rief sie ihn sogar dazu auf, standhaft zu bleiben und sich nicht niederdrücken zu lassen. Das war wie Beistand.

Stefan fühlte, wie er in eine leichte Hochstimmung geriet. Was Ruth wohl damit meinte, dass ihr ein Austausch von Briefen nicht genügte? Wollte sie ihn sehen?

Sein Vater schrieb Beruhigendes. Er habe die Geschäftsleitung der Praxis übernommen, alles gehe seinen Gang. Zurzeit bringe er die Bücher auf Vordermann, Buchführung sei wohl nicht die Stärke des Sohnes. Typisch Papa, dieser Kommentar. In den Worten meldete sich nicht nur der ehemalige Verwaltungsbeamte, der vorgab, besser zu wissen, wie man Bücher führt. Vordringlich war, Stefan das Gefühl zu vermitteln, seine Abwesenheit von der Praxis habe sogar einen Vorteil, und sei es auch bloß die Erledigung des Papierkrams.

Den Angestellten, schrieb der Vater weiter, habe er gesagt, Stefan sei während seines auswärtigen Aufenthalts erkrankt und brauche eine Pause. Patienten, die nachfragten, erhielten zur Antwort, er hänge im Ausland fest. Eine ältere Dame bedaure sein Fehlen besonders. Sie habe gern mehr wissen wollen und ihrer Hoffnung Ausdruck verliehen, dass es ein west- oder nordeuropäisches Land sei, von wo Stefan nicht wegkomme. Über Süd- und Osteuropäer, das sei ihrem Vortrag zu entnehmen gewesen, habe die Dame ein entschieden kritisches Urteil. Ob viele seiner Patienten so meinungsstark seien? Der Vater nannte keinen Namen, aber Stefan glaubte zu wissen, von wem die Rede war. Den Brief beschlossen Grüße von seiner Mutter. Sie sei voller Zutrauen in seine baldige Freilassung. Offenbar hatte sie sich etwas gefangen.

Den Nachmittag verbrachte er ohne Fernsehen. Ein Radiosender spielte Klassik. Normalerweise hätte er etwas anderes gesucht, doch diesmal war Klassik genau das, wonach ihm der Sinn stand.

Er legte sich aufs Bett, die Arme hinter dem Kopf, und rief sich Ruths Gesicht ins Gedächtnis. Das war gar nicht so einfach. Sie blieb ein bisschen verschwommen. Braune lange Haare, das wusste er noch genau. Wie lang? Schulterlang ungefähr. Auf zwei Zentimeter kam es nicht an. Ihre Nase? Gerade und eher schmal. Der Mund? Er wusste es nicht. Bestimmt ein schöner Mund. An die Augenfarbe hatte er keine Erinnerung, dafür war es vor der Oper auch schon viel zu dunkel gewesen. Aber der Ausdruck dieser Augen hatte zu ihrer Art zu sprechen gepasst – anziehend und offen war beides. Er summte mit, als die Streicher im Radio das Thema ihres Stücks wiederholten, patzte aber. Es blieb beim Versuch.

In Gedanken ging er Ruths Brief noch einmal durch. Sollte er ihr gleich antworten? Er ging an den Schrank, holte den Füllfederhalter heraus. Für Herzenssachen war der Pelikan genau das Richtige. Er saß vor dem leeren Blatt, kam aber über »Liebe Ruth, Ihre Zeilen freuen mich sehr« nicht hinaus. Endlich merkte er, was ihn bremste. Sie hatte geschrieben, dass sie sich bei ihm melden würde. Dem vorzugreifen, indem er tätig wurde, fühlte sich falsch an. Er wollte sie nicht bedrängen.

Für die Zeit von 17 bis 18 Uhr war Duschen angesetzt. Stefan nahm frische Wäsche und Socken aus dem Spind, als er auf dem Gang die ersten schlagenden Türen hörte. Stimmen wurden laut, Rufe ertönten. Bald darauf ging auch in seiner Tür der Schlüssel. Der Wärter schloss auf und ging weiter. Für eine Stunde war nun Aufschluss. Man konnte sich frei auf den Fluren bewegen, sich sogar besuchen. Längst nicht alle Gefangenen verließen sofort ihre Zelle. Es bestand kein Grund zur Eile. Jede der drei Etagen des Blocks besaß Gemeinschaftsduschen, auf die sie sich verteilen konnten.

Am Abend waren die Fenstersprecher leiser als sonst. Von der Nachbarzelle zog wie üblich Zigarettenrauch herüber. Dennis. Das Mausgesicht war ein netter Kerl, aber niemand, mit dem Stefan über sein Seelenleben hätte reden mögen. Es reichte, dass er ihm die Geschichte seiner kindlichen Begeisterung für Alfa Romeo erzählt hatte. Tiefere Einblicke in sein Gemüt sollte er Dennis besser nicht gestatten. Da musste er aufpassen. Die Einzelhaft ließ sein Bedürfnis nach Austausch und Freundschaft wachsen. Er hatte gehofft, bei einem der täglichen Hofgänge einen Führer durch die Gefahren des Knastes zu finden, einen Berater und Mentor. Seit seiner Jugend trug er eine nie ganz erfüllte Sehnsucht nach Übereinstimmung und Bewunderung mit sich herum. Er wusste, dass er einen Zug ins Schwarmselige hatte, kannte ihn bisher aber nur aus seiner Neigung zu Frauen. Diese Selbsterkenntnis schien ihm wertvoll. Schreib auf, wie alles gekommen ist, sagte er sich, Schritt für Schritt, beim ersten Kontakt mit Carmen angefangen, und erinnere dich an die Regungen, die dich bewegten: Begehren, Neugier, Spannung, diffuse Erwartung des Unbekannten.

Sehnsucht kann eine Falle sein.

Auf dem Tisch lag noch der Schreibblock, auf dem er die dann doch nicht geschriebene Antwort an Ruth begonnen hatte. Der Füllhalter musste auch dort liegen. Er hatte versäumt, die Sachen vor dem Duschgang wieder einzuschließen. Die Gefangenen konnten Vorhängeschlösser für ihre Schränke mieten, es war eine Empfehlung für die Zeiten, in denen die Zellen offenstanden und der Insasse draußen war, zum Beispiel beim Duschen, und Stefan war der Empfehlung gefolgt und hatte sich ein Schloss aushändigen lassen. Seinen billigen Kugelschreiber schloss er nie ein, den sah er gleich, als er sich umblickte. Doch wo war der Füller? Nicht auf dem Tisch, nicht unter dem Tisch. Unters Bett gerollt war er ebenso wenig, im Bord an der Wand abgelegt hatte er ihn auch nicht. Stefan schloss den Spind auf und suchte dort, um ganz sicher zu gehen. Nichts. Er hob sogar die Matratze an und prüfte, ob der Füller unter die Zudecke gerutscht war.

Nichts, nirgendwo. Die Zelle musste während seiner Abwesenheit Besuch gehabt haben. Stefan hätte heulen mögen. Mensch Papa, dein Pelikan.

27

*D*ie Katze schnurrte. In dieser Position, langgestreckt direkt unter der Schreibtischlampe, die sie beschien, während Ruth direkt neben ihr etwas las oder schrieb, befand sie sich allzu gern. Sie genoss beides, die Wärme des Lichts und die Gesellschaft der Frau, die bisweilen die Hand ausstreckte und ihr mit aufgesetzten Fingernägeln die Stirn kraulte, was das Schnurren verstärkte. Alle Tiere machten es sich gern bequem, Katzen jedoch schienen besonders darauf zu achten, komfortable Ruheplätze zu finden. Ruth dachte an den Hund zurück, einen Rüden, der nach der Trennung bei ihrem Ex-Mann geblieben war. Sam hatte seine Lieblingsplätze gehabt, aber wenn man es von ihm verlangte, legte er sich auch auf kalte Fliesen. Hunde waren folgsam, Katzen eigen. Wenn Ruth nicht aufpasste und die Schlafzimmertür offenließ, fand sie Adina auf dem Bett wieder, wo sie eigentlich nicht liegen durfte, weil sie Auslauf hatte. Wäre Adina ein reiner Stubentiger gewesen, wäre ihr das Bett erlaubt gewesen, so aber scheuchte Ruth die Katze jedes Mal von den Kissen. Einmal hatte Adina eine Taube gerissen und den Kadaver in die Wohnung geschleppt, eine eklige Angelegenheit. Sie jagte bestimmt noch andere Tiere. So reinlich sie auch war, so brachte doch dieses Wissen Ruth dazu, der Katze Grenzen zu ziehen. Der Platz unter der Schreibtischlampe, den sie ihr erlaubte, war die große Ausnahme.

Als Ruth den Stuhl zurück rückte und sich erhob, war auch Adina sofort auf den Beinen, sprang mit einem Satz vom Schreibtisch hinunter und lief voraus in die Küche. Die Katze wusste, was kam. Ruth nahm den Futternapf, säuberte ihn von angetrockneten Resten und öffnete eine Dose, während ihr Adina mit hochgerecktem Schwanz um die Beine strich. Das Schnurren, das nun einsetzte, war mehr ein Brummen, es kam tief aus der Brust, erwartungsvoll, und wurde lauter, wenn Ruth sie ansprach, lockend und mit Tönen, als sei es etwas besonders Appetitliches, was da in den Napf gelöffelt wurde. Wie sie brummte, hätte man glauben können, der Katze laufe das Wasser im Maule zusammen. Sie drängte sich sofort herbei, noch bevor der Napf den Küchenboden berührte, fraß gierig, obwohl es weit und breit niemanden gab, der ihr das Futter streitig machte. Ruth sah ihr zu, freute sich an Adina, befüllte auch den Wassernapf frisch, aus dem die Katze allerdings nur selten trank. Durst schien sie kaum zu haben. Auch das war mit Sam anders gewesen.

An der Tür läutete es. War das schon Georg? Gegen 19 Uhr wollte er sie abholen kommen, dafür jedoch wäre er jetzt, wie sich Ruth mit einem Blick auf die Uhr vergewisserte, noch eine Viertelstunde zu früh. Ein Mann wie er wusste doch sicherlich, dass es schlimmer ist, bei jemandem zu Haus zu früh aufzukreuzen als zu spät. Stünde sie noch vor dem Spiegel, beschäftigt mit dem Make-up oder der Frisur, machte das nur Stress. Allerdings hatte Georg mit ihr nur einen Spaziergang geplant, dafür musste sich Ruth nicht großartig aufhübschen. Was in dieser Hinsicht zu tun war, hatte sie gleich nach der Heimkehr von der Schule erledigt.

Sie öffnete die Tür. Eine Frau stand davor. Fremd-vertraute Gesichtszüge, gerahmt von einer schwarzen Mähne. Ruth stutzte, doch bevor sie richtig erschrecken konnte, verflog die Gefahr der Verwechslung und sie erkannte die Person.

»Lorena …, du?«

»Hallo Ruth. Kann ich reinkommen?«

Ruth zog die Tür weiter auf. Carmens Schwester nahm das als Antwort und trat ein.

»Nett hast du es hier.«

Ruth verstand, dass Lorena etwas Freundliches sagen wollte. Als sie sich das letzte Mal gesehen hatten, hatte Ruth als Ehefrau in einer Wohnung gelebt, die um einiges großzügiger gewesen war als ihr jetziges Zuhause.

»Setz dich. Kann ich dir etwas anbieten?«

Lorena schüttelte den Kopf.

»Mit mir hättest du nicht gerechnet, oder?« Sie sah aus, als würde sie keine Antwort auf ihre Frage erwarten.

»Du hast mit Carmen gebrochen«, erwiderte Ruth. »Jetzt ist sie tot, und du tauchst wieder auf. Einen Zusammenhang muss es geben, aber er verbirgt sich mir noch.«

»Schieb nicht alles auf mich, Ruth. Carmen hat es verdient, dass man mir ihr bricht. Sie war eine schlechte Schwester, und sie hat Papa in den letzten Wochen vor seinem Tod nicht besucht, obwohl sie wusste, wie krank er war. Mama hat das bis heute nicht verwunden.«

Ruth schwieg. Es brachte nichts, über diese alten Geschichten zu diskutieren. Lorena hatte unter Carmen gelitten, das stimmte. Die vier Jahre Ältere hatte sie übervorteilt und gepiesackt. Carmen selber hatte Ruth lachend erzählt, wie sie mit ihrer kleinen Schwester »Tauschen« gespielt hatte, wann immer Lorena ein Geschenk erhielt, das auch der Großen gefiel. Am Ende bekam Carmen, was sie wollte, zum Beispiel die neue Geldbörse, die eine Tante zu Lorenas Geburtstag mitgebracht hatte, und die gutmütige Kleine gab sich mit dem alten Portemonnaie Carmens zufrieden. Ruth hatte nie gewusst, wie dramatisch sie solche Geschichten nehmen sollte. Und was Carmens Verhalten gegenüber dem sterbenskranken Vater anging, so schien sie dafür gravierende Gründe zu haben. Ruth hatte einmal versucht, ihre Freundin zu einem Besuch am Krankenbett zu bewegen, war jedoch auf grimmige Ablehnung gestoßen. Darüber reden wollte Carmen auch nicht, im Gegenteil, das Einzige, was Ruth zu hören bekam, war ein schroffes »Halt dich da raus« gewesen, und das mit einer Schärfe, die zwischen den beiden Freundinnen sonst nie aufkam.

»Kannst du dich an den verschlungenen Goldring mit dem grünen Stein erinnern, den Carmen früher trug?«, fragte Lorena.

»Sehr gut. Carmen hat ihn immer wieder mal getragen, nicht nur damals, als es noch keinen Carsten gab, der ihr Schmuck schenkte. Eine goldene Schlange mit einem kleinen Smaragd.«

»Genau den«, sagte Lorena. »Carmen hat ihn von unserer Mutter bekommen und die ihn von ihrer Mutter.«

»Und jetzt hättest du ihn gern – oder will ihn eure Mutter zurück?«

»Er soll in der Familie bleiben, sagt Mama, und nun, da meine Schwester tot ist ...«

»... wärest du dran, ihn zu tragen«, vollendete Ruth den Satz.

»Findest du das befremdlich?« Die Frage klang scheu.

»Weder befremdlich noch habgierig, wenn du glaubst, dass ich das denke.«

Lorena nickte. Sie strich sich eine Haarsträhne hinter das Ohr. Für einen Moment sah sie aus wie ein junges Mädchen, das erleichtert ist, sich aber noch fragt, ob es äußern darf, was es äußern möchte. Die Ähnlichkeit mit Carmen verflog.

Sie ist wirklich ein anderer Typ, dachte Ruth. Zarter. Nachdenklicher.

»Bist du wegen des Rings hier, Lorena? Ich habe ihn nicht.«

»Das habe ich auch nicht erwartet. Ich wollte nur ...«

Es klingelte erneut an der Tür.

»Ich bin verabredet«, sagte Ruth, während sie aufstand, »aber bleib bitte sitzen.«

Sie ging öffnen. Georg begrüßte sie mit einem Strahlen. Ob er reinkommen dürfe oder ob sie gleich loswollten?

»Komm bitte herein, Georg. Ich habe Besuch. Carmens Schwester ist da.« Und da er erstaunt wirkte, setzte sie hinzu: »Ich bin genauso überrascht wie du.«

Georg folgte ihr. Er hatte nicht damit gerechnet, schon bei der zweiten Verabredung Ruths Wohnung zu Gesicht zu bekommen. Es hätte ihn nicht gewundert, wenn sie einen neutralen Treffpunkt vorgeschlagen hätte. Aber sie hatte ihn einfach gefragt, ob er sie zu Hause abholen könne. Ihm war das recht.

Ruth machte die beiden Besucher miteinander bekannt. Von Georg nannte sie nur den Namen, Lorena stellte sie ihm als Schwester ihrer Freundin Carmen vor. Georg sprach ihr sein Beileid aus.

Lorena schien es natürlich zu finden, dass er wusste, was mit Carmen passiert war. »Hat Ruth es Ihnen erzählt?«

»Das musste sie nicht. Ich arbeite in der Kanzlei, die Frau Ungemein für ihre Scheidung anwaltlich vertreten hat.«

Lorena ließ ihren Blick zwischen Georg und Ruth wandern. Es war ihr anzusehen, dass sie überlegte, ob sich die beiden über Carmen kennengelernt hatten.

»Waren Sie mit der Scheidung meiner Schwester befasst, Herr Ruh?«

»Hauptsächlich mit den Schriftsätzen fürs Gericht, Frau Trolle. Persönlich kannte ich Ihre Schwester nur flüchtig.«

»Aber dann kannten Sie die Streitpunkte. Halten Sie es für möglich, dass Carmens Ermordung mit der Scheidung zu tun hat?«

Das war eine heikle Frage. Georg wollte nicht mit seiner Einschätzung so zitiert werden, als habe er irgendeine Autorität in dieser Sache.

»Ich vermute, niemand kann sich diesem Gedanken entziehen. Das ist doch das Erste, was einem einfällt. Eine Scheidung bedeutet Streit, oft jedenfalls, Streit schafft böses Blut. Außerdem geht es um eine nicht unbeträchtliche Summe Geldes. Die Polizei wird das alles erwogen und geprüft haben. Aber sie hat nicht den Ehemann verhaftet, sondern jemand Drittes.«

»Hältst du Carsten etwa für den möglichen Mörder, Lorena?«

Aus Ruths Stimme klang Abwehr, aber auch Spannung.

»Ich halte ihn jedenfalls nicht für den großen Unternehmer mit Herz, den Helden des sozialen Wohnungsbaus, als den ihn die Presse gefeiert hat.«

»Das war nicht meine Frage«, sagte Ruth. »Ich habe immer gerätselt, was du gegen deinen Schwager hast. Oder hast du bloß deine Abneigung gegen Carmen auf Carsten übertragen?«

»Wundert mich gar nicht, dass du ihn in Schutz nimmst. Ihr habt euch ja glänzend verstanden.« Lorena merkte, dass sie heftiger wurde, und nahm sich zurück. »Ach, entschuldige, ich bin nicht zum Streiten gekommen.«

»Sondern wegen des Rings«, sagte Ruth.

»Ja, aber nicht, weil ich dachte, du hättest ihn. Ich wollte nur wissen, ob er noch existiert, bevor ich Carsten danach frage.«

Alle drei schwiegen. Georg fühlte sich unbehaglich. Ungewollt erhielt er Einblicke in persönliche Beziehungen, die ihn nichts angingen. In die Stille hinein sagte Lorena:

»Ich war auf dem Friedhof.«

Sie sah vor sich auf den Boden. Ihre Stimme klang belegt, als sie fortfuhr:

»Es ist ein ganz pflegeleichtes Grab. Bloß mit Efeu bepflanzt. Noch nicht einmal ein Grabstein. Da hätte Carsten sich doch gleich für eine Baumbestattung entscheiden können, wenn er eine kostengünstige Lösung suchte.«

Ruth widersprach. »Der Efeu ist vielleicht nur eine Übergangslösung, Lorena, bis der Grabstein kommt. Jetzt ist es dafür noch zu früh. Das Erdreich muss sich erst setzen. Erst dann kann ein Stein aufs Grab. Sonst sackt er ab und steht schief.«

»Ist das wirklich so?« Lorenas Blick ging zu Georg hinüber, als suche sie ein unabhängiges Urteil. Er nickte bestätigend. Sie schien das zu beruhigen. Ruth, die es wahrnahm, war angenehm überrascht von Lorenas Anteilnahme und sagte ihr das.

»Dafür, dass du mit Carmen gebrochen hast, bewegt dich ihr Grab aber ziemlich.«

Lorena starrte schon wieder auf den Boden. Sie brauchte einen Moment, bevor sie reagierte. »Ich verabscheue meine Schwester nicht über den Tod hinaus, Ruth.« Sie ließ die Schultern hängen. Nun sah sie doch mitgenommen aus.

Zu ihrem Spaziergang kamen Ruth und Georg erst mit einer dreiviertel Stunde Verspätung. Der Abend war mild, und bis zum Einbruch der Dunkelheit würde es noch ein Weilchen dauern. Ruth erzählte von Lorena, die ein Teenager gewesen war, als sie sie kennengelernt hatte. Zeugin der Reibereien zwischen den Schwestern war sie nur gelegentlich gewesen, für mehr hatte sie Lorena zu selten gesehen. Wie das mit den kleineren Geschwistern von Freunden und Freundinnen halt ist: Man bekommt mit, dass es sie gibt, interessiert sich aber nicht für sie. Lorena jedoch fiel im Freundeskreis der großen Schwester auf, weil sie Carmen wie ein Zwilling glich, aber keiner sein konnte. Die vier Jahre Altersunterschied stachen damals stärker ins Auge als später im Erwachsenenalter.

»Warst du nicht verblüfft, als du vorhin reinkamst und sie sahst?«, fragte Ruth.

Georg verneinte.

»Ich habe sie neulich schon gesehen, als ich mit Louis im Kino war. Da habe ich allerdings in der ersten Sekunde gedacht, Carmen sei von den Toten auferstanden.«

»Und warst dir sofort sicher, dass es die Schwester und nicht jemand Fremdes sei? Denn sie angesprochen und gefragt hast du ja wohl nicht, sonst hättet ihr euch heute anders begrüßt.«

Georg fühlte sich an das Gespräch mit Freddy erinnert, als er dem von seinem Kinoerlebnis berichtet hatte. Ruths Nachfrage ähnelte der, die der Freund gestellt hatte. Zum Glück brachte ihn diesmal die Frage in keine Klemme. Er konnte ohne weiteres sagen, dass er durch die Polizei von der Existenz einer Schwester Carmens erfahren und bei Lorenas Anblick seine Schlussfolgerungen gezogen habe.

»Du hättest sie aber heute auf das Kino ansprechen und fragen können, wie ihr der Film gefallen hat. So eine kleine Plauderei unter Cineasten lockert doch gleich die Stimmung.«

Georg sah Ruth irritiert an. Für einen Themenwechsel von Carmens Grab zur Filmkritik war es doch nun wahrlich nicht der rechte Zeitpunkt gewesen. Beinahe hätte er das gesagt, da sah er den Schalk in Ruths Augen.

»Du willst mich hochnehmen, Frau Dömitz.«

»Und du, Georg Ruh, willst du mich nicht endlich küssen? Als du vorhin mit breitem Lächeln vor meiner Wohnungstür standst, sahst du aus wie einer, der sich das für den Abend vorgenommen hat.«

Georg musste lachen, bevor er sich zu ihr beugte. »Ich gestehe, du hast mich erkannt.«

28

Sie hatten einen zweiten Hauptverdächtigen. Volker Schwarz fühlte Zufriedenheit, dass Jürgen Peters genau diese Worte wählte, um den Laborbefund im Kreis der kleinen Mordkommission zu präsentieren: »Kollegen, wir haben einen zweiten Hauptverdächtigen.« Schwarz war skeptisch gewesen, ob Peters dem Ergebnis der Analyse wirklich eine so starke Bedeutung beimessen würde. Zu sehr schien der Chef auf Stefan Berg fixiert zu sein, und von Anfang an hatte er versucht, seinem jüngeren Mitarbeiter den Verdacht auszureden, den Schwarz gegen Carsten Ungemein hegte. Noch als Schwarz ihm sagte, er habe ein Taschentuch mit dem Blut des Bauunternehmers und wolle es ins Labor geben, hatte Peters bloß spöttisch genickt und Volker das Gefühl vermittelt, es komme sowieso nichts heraus dabei. Aber nun wussten sie, dass das unbekannte Haar auf dem Jackenkragen der toten Carmen Ungemein von ihrem Mann Carsten stammte.

Natürlich war das kein Beweis für den Mord. Haare konnten sich sehr lange auf Kleidungsstücken halten. Wenn Carmen die Jacke selten getragen und seit dem Auszug ihres Mannes aus der Stiftstraße nicht abgebürstet hatte, dann hatte sich dieses dunkle weiche Körperhaar womöglich monatelange dort auf dem Jackenkragen befunden, wo es die Spurensicherung schließlich pflückte. Es war unwahrscheinlich, dass Carmen es so lange übersehen hatte, denn ein Kragen ist eher ein Präsentierteller als ein Versteck, aber möglich war es schon.

Peters jedenfalls hatte sich mit dieser Möglichkeit nicht weiter aufgehalten. Er lobte Schwarz vor den Kollegen für die gute Spürnase und gab neue Direktiven aus: Die Nachforschungen seien ergebnisoffen weiter zu betreiben, der U-Häftling Berg bleibe im Visier, jedoch müsse jetzt vordringlich das Alibi von Carsten Ungemein überprüft werden. In das ehemalige Hotel des Unternehmers führen er und Schwarz. Bernd Grütters, Lena Yelken und zwei weitere Kollegen wies er an, sich in der Nachbarschaft von Kristiane Boettiger umzuhören. Schwierig sei, dass die Mordnacht bereits gut vier Wochen zurückliege. Selbst wenn sich ein Zeuge finden lasse, der etwas Ungewöhnliches beobachtet hatte, werde er wohl kaum noch auf Anhieb das Datum wissen. Die Kollegen sollten ihr Möglichstes tun, dem Gedächtnis von Boettigers Nachbarn auf die Sprünge zu helfen.

Sie saßen schon im Auto, da griff Jürgen Peters den frühen Verdacht von Volker Schwarz gegen Carsten Ungemein noch einmal auf. Offenbar wurmte es den Chef doch, dass er diesen Verdacht so leichtfertig verworfen hatte.

»Sag mal, Volker, wieso hast du eigentlich so hartnäckig an Ungemein festgehalten? Nur, weil ein gehörnter Ehemann bei einer Beziehungstat ganz vorn auf der Liste der Verdächtigen steht? Oder war's dein Bauchgefühl?«

»Von beidem etwas«, gab Schwarz zurück. »Aber besonders zu denken gab mir unser Gespräch mit diesem Herrn Ruh, den du so schätzt und der mal Staatsanwalt gewesen ist, jetzt aber Erfahrungen im Familienrecht sammelt. Erinnerst du dich, als er davon sprach, wie teuer die Scheidung für Ungemein kommen könnte, womöglich bis hin zur Gefährdung der Baufirma? Er sagte etwas, was ich mir wörtlich aufgeschrieben habe. ›Kein Unternehmer möchte so geschieden werden.‹«

»Und da war für dich das Motiv klar?«

»Ruhs Einschätzung hat mich beeindruckt. Hinzu kam der Artikel in der WAZ, der Probleme beim Bauprojekt Bunter Kiez thematisierte. Du hattest zwar davon gesprochen, Ungemein sei nicht der Typ, der wegen Geld morden würde – er sei dies so wenig wie du oder ich, hattest du gesagt. Aber richtig geglaubt hatte ich das nie. Und nach dem Zeitungsartikel und der Bemerkung von Herrn Ruh wurde ich noch misstrauischer.«

»Aber du weißt, dass Ungemein gleichwohl unschuldig sein kann?«

Was das nun wieder sollte. Schwarz ließ ein »Na klar« hören und schüttelte innerlich den Kopf über Peters, dass der so etwas Selbstverständliches sagte. Der Chef kämpfte wohl weiterhin mit seinem alten Bild von Carsten Ungemein. Der Perspektivenwechsel schmeckte Peters nicht. Aber er handelte immerhin professionell. Sonst wären sie jetzt nicht auf Spurensuche unterwegs.

Im Hotel ließen sie sich das Zimmer zeigen, das Ungemein als Dauergast bewohnt hatte. Es war eine kleine Suite mit abgetrenntem Schlafbereich und lag im zweiten Stock. Dass Ungemein aus dem Fenster geklettert war, um für den Mord das Hotel heimlich zu verlassen, konnten die Ermittler ausschließen.

Es musste eine andere Möglichkeit geben, ungesehen am Nachtportier vorbeizukommen.

Sie fuhren mit dem Fahrstuhl bis ins Untergeschoss. Der Hotelmanager, unangenehm berührt von ihrer Anwesenheit, aber dienstbeflissen, erläuterte ihnen den Zugang zur Tiefgarage. Hinaus aus dem Hotel kam man immer, hinein kamen die Gäste mit der Chipkarte, die ihnen als Zimmerschlüssel diente. Von 23 Uhr bis 5 Uhr früh jedoch wurde dieser elektronische Eingang abgeschaltet. Nachtschwärmer, die in dieser Zeit von der Tiefgarage aus ins Hotel wollten, mussten eine Videosprechanlage benutzen. Dann öffnete ihnen der Portier.

»Was ist mit Ungemeins Auto?«, wollte Peters wissen. »Gibt es Kameras hier unten?«

»Herr Ungemein hatte einen der überwachten Stellplätze. Aber wenn Sie die Aufzeichnungen sichten wollen – wir löschen sie immer nach einer Woche.«

Peters drehte sich Schwarz zu. »Das ist ärgerlich. Wir hätten das gleich prüfen sollen.«

Sie standen in der Garage, die gut ausgeleuchtet war und nach Abgasen roch. Von irgendwoher hörte man einen Generator brummen. Der Manager sah sie erwartungsvoll an, als fürchte er eine Rüge dafür, dass die Aufzeichnungen der Mordnacht nicht mehr zur Verfügung standen. Zugleich lag in seinem Gesicht ein Ausdruck, als wolle er sagen: »Und nun, meine Herren, was tun Sie jetzt?«

Schwarz fand die Situation nicht gar so ärgerlich wie sein Chef. »Ich vermute, der Mercedes stand sowieso die ganze Nacht an seinem Platz. Wenn Ungemein das Haus ungesehen verlassen wollte, wird er nicht so dumm gewesen sein, sein Auto von einem überwachten Stellplatz zu entfernen. Das hätte sein Alibi zu sehr gefährdet.«

Peters bedeutete dem Manager, dass die Ortsbesichtigung abgeschlossen war. Der Mann geleitete sie hinauf in die Lobby und verabschiedete sich, da klar war, dass die beiden Beamten vor seinen Ohren über die Lage nicht weiter laut nachdenken würden. Schwarz fragte an der Rezeption sicherheitshalber nach, ob der Nachtportier die nächtlichen Zugänge, bei denen sich die Gäste über die Sprechanlage anmelden mussten, protokollierte. Das war nicht der Fall. Aber der damals diensthabende Portier hätte es den Kollegen bei der ersten Befragung gewiss gesagt, wenn Carsten Ungemein in jener Nacht gleich zweimal ins Hotel gekommen wäre: zunächst gegen null Uhr, und dann noch einmal später.

»Also dann hat er, wenn er es denn war, die Tiefgarage zu Fuß verlassen und ist in derselben Nacht nicht mehr ins Hotel zurückgekehrt«, folgerte Peters.

»Frühestens nach dem Schichtwechsel des Portiers«, ergänzte Schwarz. »Aber wo hat er sich nach der Tat hinbegeben? Und wer hat ihn in die Nähe des Tatorts gefahren? Er könnte ein Taxi genommen haben.«

»Das könnte er, wenngleich es ein gewisses Risiko barg, vom Fahrer erkannt zu werden. Ungemein ist eine Person des öffentlichen Lebens.«

»Du meinst, es gab einen Mithelfer, einen Chauffeur, dem er vertraut?«

»Was sonst. Lass uns zu seiner Firma fahren und herausfinden, was der Sicherheitsdienst dort über die nächtlichen Gewohnheiten Ungemeins weiß. Ich will damit nicht sagen, dass ich jemanden vom Wachpersonal für den Chauffeur der Mordnacht halte. Ich will nur wissen, ob jemand etwas beobachtet hat, Licht im Büro zu ungewohnter Stunde oder Ungemeins Eintreffen und Aufenthalt dort nach Mitternacht.«

Peters zuckte die Schultern. Er hegte keine Einwände gegen Schwarzens Recherche, wenngleich er es für unwahrscheinlich hielt, dass der Bauunternehmer sich nach dem Mord an seiner Ehefrau zunächst in seiner Firma verborgen hatte.

Auf dem Gelände von »Bauen – Wohnen – Leben« wurden sie erst nicht fündig, es war niemand Brauchbares da, denn Ungemein hatte den Security Service an eine Fremdfirma vergeben. Deren Leute machten nur nachts ihre Runde, tagsüber war ein Objektschutz unnötig. Frau Andres gab den beiden Beamten den Namen und die Adresse des Dienstes. Ungemeins Sekretärin war unwohl zumute, man sah ihr die Irritation an. Was wollten die Kommissare erneut hier?

Unter der angegebenen Adresse stießen Peters und Schwarz auf einen älteren Security-Mann, der seit Jahren für den Wachdienst arbeitete, regelmäßig auch in Nachtschichten. Ungemeins Unternehmen gehörte zu denen, die er kontrollierte. Die Baulichkeiten und das Gelände kannte er gut, und er wusste auch, dass zumindest der Prokurist immer wieder einmal länger blieb als die übrige Belegschaft, die zeitig Feierabend machte.

»Aber der Chef ist der Letzte, der das Licht ausmacht?«, fragte ihn Schwarz.

»Herr Ungemein? Also ich bin mit dem Objekt befasst, seit die Firma damals hierher umgezogen ist. In der Zeit habe ich es vielleicht fünfmal erlebt, dass er abends bis zehn, halb elf noch am Schreibtisch saß.«

»Nie länger?«

»Nicht, dass ich wüsste. Und ich habe ein ziemlich gutes Gedächtnis.« Der Mann ließ seinen Blick von Schwarz zu Peters wandern. Er hatte wache Augen, in die sich jetzt Neugier schlich. »Warum fragen Sie mich das eigentlich?«

Schwarz überging die Frage. »Haben Sie auch in der Nacht vom 12. auf den 13. April ihre Runde gemacht?«

»Moment, da muss ich nachsehen.« Er holte sein Telefon hervor, sah kurz auf, wies mit dem Kinn auf die Wand gegenüber und sagte erläuternd: »Da hängt nur der Dienstplan für Mai. Aber der Geschäftsführer schickt uns jede Planung auch aufs Handy.« Er widmete sich wieder dem Telefon. »Der 12. April war ein Samstag. Ja, ich hatte Dienst. Zusammen mit Benito. Ich erinnere mich. Das war doch die Nacht mit dem Großbrand bei Plastocon. Gestunken hat es bis hier zu uns.«

Plastocon lag im Industriegebiet im Norden der Stadt. Die Firma produzierte Kunststoffe. An Schwarz, der in der Südstadt wohnte, und Peters, der ein Haus im Westen hatte, war der Brandgeruch vorübergegangen. Doch gehört und gelesen hatten sie natürlich anderntags von dem Desaster. Es war nicht der erste Brand bei Plastocon gewesen, aber der größte bisher.

»Sind Ihnen sonst noch Besonderheiten aus jener Nacht in Erinnerung?«, fragte Peters.

Der Mann schüttelte den Kopf.

»Keine parkenden Fahrzeuge, die nachts dort sonst nie stehen, kein Licht in der Firma Ungemein?«

»Ganz sicher nicht. Das hätte ich kontrolliert. Dass dort Samstagnacht jemand arbeitet, habe ich noch nie erlebt.«

Schwarz und Peters sahen sich an. Sie konnten die Befragung abbrechen. Die Auskünfte des Wachmanns wirkten zuverlässig. Sie würden von ihm keinen Aufschluss über die Mordnacht erhalten.

Zwei Tage verstrichen. Es schien, als steckten die Ermittlungen fest. Bernd Grütters und seine Leute hörten sich noch immer in der Nachbarschaft Kristiane Boettigers um. Derweil versuchte Volker Schwarz herauszubekommen, ob Carsten Ungemein einen Mitarbeiter hatte, der ihm besonders eng verbunden war. Es gab da einen Herrn Menning, von dem die Rede ging, er habe ohne Erlaubnis ein Firmenfahrzeug benutzt und betrunken in den Graben gefahren. Die Versicherung hatte nicht gezahlt. Ungemein hätte Menning feuern und auf Schadenersatz verklagen können. Das war nicht geschehen. Seither stand der Mann beim Chef in der Kreide.

In der Version, die Schwarz zu hören bekam, erschien der Bauunternehmer als großzügiger Patriarch, der schützend die Hand über seine Leute hielt. Schwarz sprach mit Peters darüber. Zu seiner Überraschung sah der Hauptkommissar die Rolle von Ungemein kritisch. Der Unternehmer habe mit Menning nun einen Schuldner, der ihm verpflichtet sei. So ein Abhängigkeitsverhältnis könne sehr tief gehen, vor allem, wenn es Menning ruiniert hätte, hätte er den Schaden begleichen müssen.

»Wahrscheinlich ist der Mann ihm dankbar, Volker«, meinte Peters. »Dankbarkeit ist die stärkste Form der Loyalität. Ein solcher Mitarbeiter kann Ungemein außerordentlich nützlich sein.«

Volker biss sich auf die Zunge. Er stimmte Peters zu, doch es reizte ihn, mehr zu sagen. Wo war die gute Meinung geblieben, die der Hauptkommissar wochenlang von Carsten Ungemein gehabt hatte? Vor ein paar Tagen noch hätte Peters den Bericht über Mennings nicht geahndeten Unfall als Beleg dafür genommen, wie wohltätig Ungemein doch handle. Dass der Alte jetzt kein Wort in dieser Richtung äußerte, wies auf einen deutlichen Sinneswandel hin. Er ging auf Abstand. Und das alles nur wegen eines Haars auf dem Jackenkragen der Ermordeten?

»Ich weiß, was du denkst, Volker.« Peters sah ihn lächelnd an. »Du findest, wir könnten diesem Menning mal etwas auf den Zahn fühlen.«

Daran hatte Schwarz zwar gerade nicht gedacht, aber er griff den Vorschlag auf. Er antwortete, er würde das zusammen mit Lena Yelken machen, sobald sie mit ihrem Kollegen von der Nachbarschaftsbefragung zurück sei.

Aus dem Vorhaben wurde nichts. Bei ihrer Rückkehr brachte die junge Polizistin eine kleine Sensation mit.

»Wir haben einen Zeugen«, berichtete sie dem Hauptkommissar. Der rief seine anwesenden Beamten zusammen. Das Unwahrscheinliche war wahr geworden. Es gab einen Anwohner, der Kristiane Boettiger beobachtet hatte, wie sie in der Nacht vom 12. auf den 13. April gegen halb eins in ihr Auto gestiegen und weggefahren sei.

»Wie hat er das sehen können?«, wollte Peters wissen.

»Er wohnt gegenüber, hat eine geraucht am Fenster. Ihm ist aufgefallen, wie umständlich Frau Boettiger rangiert hat, bis sie aus der Parklücke heraus war. Sonst war ja nichts los in der Straße um diese Uhrzeit.«

»Und bei dem Datum ist er sich sicher?«

»Ja, Chef. Sie hatten uns doch gesagt, wir sollten bei der Befragung den Großbrand bei Plastocon erwähnen. Das hat bei ihm jeden Zweifel ausgeräumt. Wegen des scheußlichen Brandgeruchs hat er seine Zigarettenpause abgekürzt und das Fenster rasch wieder geschlossen.«

»Das ist doch mal was! Von wegen, die Boettiger hat um Mitternacht schon im Bett gelegen. Danke, Kollegen, für eure Hartnäckigkeit.« Peters sah in die Gesichter ringsum. Alle wirkten belebt. Endlich ein Fortschritt in den Ermittlungen. Der Kommissar warf einen Blick auf die Uhr. Dreiviertel fünf. Der Eifer hatte ihn gepackt. »Was meinst du, Volker, fahren wir gleich hin und knöpfen sie uns vor?«

»Die Chance, sie allein zu erwischen, ist jetzt größer«, meinte Schwarz. »Ungemein macht bestimmt später Feierabend.«

»Kann ich mitkommen, Chef?« Das war Yelken. Peters verstand, dass sie beteiligt sein wollte, wenn die Früchte ihrer Recherche genutzt wurden.

Volker gab ihr die Autoschlüssel. »Du fährst.« Er musste ein bisschen grinsen.

Sie brauchten nur einmal zu klingeln, Kristiane Boettiger öffnete sofort. Ihr Lächeln wirkte gezwungen, als sie sagte:

»Oh, diesmal gleich zu dritt?«

Peters wahrte die Form. »Guten Tag, Frau Boettiger, dürfen wir hereinkommen?«

Sie durften. Im Wohnzimmer bot ihnen Kristiane Boettiger an, Platz zu nehmen. Die beiden Kommissare setzten sich. Lena Yelken blieb bei der Tür stehen, die Füße leicht gespreizt, und hakte ihre Daumen hinter die Gürtelschnalle. Sie hatte eine reglose Miene aufgesetzt.

Boettiger sah Peters an, blickte auf Schwarz, versuchte eine Anspielung.

»Wollen Sie mich wieder nach meiner offenen Beziehung fragen, meine Herren?«

Peters sparte sich die Vorrede. »Nein, nach Ihrem Alibi.«

Das saß. Boettiger fing sich aber rasch.

»Mein lieber Herr Kommissar, das habe ich Ihnen doch schon bei unserer ersten Begegnung gesagt, dass ich kein Alibi habe. Ist das ein Problem?«

»Sie haben damals erklärt, in der Mordnacht habe Herr Ungemein noch vor Mitternacht Ihre Wohnung verlassen und Sie seien schlafen gegangen. Bleiben Sie bei dieser Aussage?«

»Aber natürlich, Herr Kommissar.«

»Wir sind hier nicht vor Gericht, Frau Boettiger, und Sie sagen nicht unter Eid aus. Doch ich mache Sie darauf aufmerksam, dass auch vor der Polizei eine Falschaussage strafbar ist.«

Peters machte eine Pause, dann fügte er an:

»Es sei denn, Sie würden sich mit einer Aussage selbst belasten. Wenn sie Täter oder Mittäter sind, dürfen Sie jetzt auch schweigen.«

Kristiane Boettiger blickte in die Runde. Drei kühle Augenpaare fixierten sie.

»Sie haben Carmen Ungemein gehasst. Das können Sie ruhig zugeben.« Nun war es Schwarz, der sprach.

»Und jetzt glauben Sie, ich hätte Frau Ungemein umgebracht? Das ist doch absurd.« Boettiger ereiferte sich.

»Zur Tatzeit im Bett waren sie jedenfalls nicht«, sagte Peters scharf.

Sie schwieg, sah auf ihre Füße.

»Wir haben einen Zeugen, Frau Boettiger. Er hat gesehen, wie Sie gegen null Uhr dreißig mit ihrem Auto weggefahren sind. Sie glauben mir nicht? Nun, es war in dieser Nacht nicht so einfach, aus der Parklücke zu kommen, erinnern Sie sich?«

»Ich habe diese Frau nicht getötet. Das ist einfach nicht wahr.«

»Sie haben uns in einer Mordsache angelogen. Warum hätten Sie das tun sollen, wenn Sie nichts damit zu tun haben. Mit drin hängen Sie in jedem Fall.

»Aber so doch nicht.«

Kuriose Antwort. Eigentlich schon ein halbes Geständnis.

Peters wartete einen Moment mit seiner Reaktion. Lena Yelken ließ ein kleines spöttisches Lachen hören. Boettiger zog den Kopf ein. Sie vermied es, jemanden anzublicken.

»Wenn nicht so, wie denn dann, Frau Boettiger?«

Sie druckste. Von ihrer Souveränität, die Peters einmal imponiert hatte, war wenig übrig.

»Wir hätten nie gedacht, dass es so weit kommt.« Sie machte eine Pause. »Carsten ist gar nicht der Mensch dafür.«

»Werden Sie mal konkreter. Was für ein Mensch muss man denn sein, um einen anderen mit einer Drahtschlinge zu erdrosseln?«

»Ich meine doch nur …« Sie geriet schon wieder ins Stocken. »Das wäre alles nicht passiert, wenn diese Frau nicht so gierig gewesen wäre. Die hätte Carsten sehenden Auges ruiniert.«

»Schieben Sie nicht alles auf Herrn Ungemein. Der war tatsächlich um Mitternacht im Hotel. Über Sie jedoch wissen wir, dass Sie unterwegs waren.«

»Ich habe ihn bloß gefahren.«

Die Atmosphäre im Raum veränderte sich. Die beiden Kommissare wussten: Jetzt war die Katze im Sack.

Peters sprach weiter, als sei der Hergang des Mordes schon bewiesen und er müsse jetzt bloß noch die Details klären.

»Haben Sie Herrn Ungemein direkt an der Einfahrt zur Tiefgarage seines Hotels abgeholt oder in einer Nebenstraße?«

Es machte ihr offenbar Eindruck, dass die Beamten vom Weg durch die Tiefgarage wussten, denn sie gab Antwort, als lohne sich ein Bestreiten nicht: »Ein Stück hinter der Einfahrt.«

»Was geschah dann?«

»Carsten sagte mir, wie ich fahren und wo ich ihn rauslassen soll.«

»Gut, Frau Boettiger, uns ist schon klar, dass Sie nicht vor der Haustür des Opfers geparkt haben. Sie haben ihn also im Umkreis der Stiftstraße abgesetzt und dort gewartet.«

Sie nickte.

»Wie lange?«

»Er wisse nicht, wie lange es dauern würde, hatte er mir gesagt, aber nach einer dreiviertel Stunde war er wieder da.«

»›Wie lange es dauern würde‹ – waren das seine Worte?«

»Ja, Herr Kommissar, ich fand es auch merkwürdig.«

Erzähl du mir nichts, dachte Peters. Du hast dir bestimmt keine Gedanken darüber gemacht, wie lapidar das klingt, so von einem Mordvorhaben zu sprechen.

Dennoch fragte er: »Was denn genau, Frau Boettiger, fanden Sie merkwürdig?«

»Es passte irgendwie nicht für …« Sie unterbrach sich, zuckte die Schultern.

»Wissen Sie denn, Frau Boettiger, wie lange es dauert, bis jemand stirbt, der keine Luft mehr kriegt?«

»Sie wollen mich quälen, Herr Kommissar, mit Ihren Fragen.« Sie sah Peters missbilligend an. Der ignorierte die Klage.

»Eine dreiviertel Stunde, sagen Sie. Sie saßen im Auto, waren nervös, sahen auf die Uhr. Als Herr Ungemein zurückkam, hatte er da die Waffe noch bei sich?«

»Das weiß ich nicht. Er hat sie mir nicht gezeigt. Auch auf der Hinfahrt nicht.« Sie hob die Hand mit einer hilflosen Gebärde, hielt sie beim Weitersprechen vor den Mund. »Ich hätte es Carsten bestimmt ausgeredet, wenn ich gewusst hätte, was er vorhat.«

Yelken ließ ein Schnauben hören. Peters warf ihr einen strengen Blick zu. Dann wandte er sich wieder Boettiger zu.

»Wohin sind Sie anschließend gefahren?«

»Zu mir. Carsten sagte, er könne nicht wieder ins Hotel zurück. Zum zweiten Mal in derselben Nacht, das würde auffallen.«

»Aber Sie hätten auch beobachtet werden können, wie Sie in Ihre Wohnung zurückkehren. Hat Ihnen das keine Sorgen gemacht?«

»Die Nachbarn wussten doch, dass wir ein Paar sind. Carsten meinte, ich solle mir keine Gedanken machen.«

Schwarz, der lange den Mund gehalten hatte, streute erneut eine Provokation ein.

»Zumal Sie ihm ja dankbar waren, nicht wahr?«

Kristiane Boettiger sah ihn erstaunt an. Schwarz half ihrem Verständnis nach.

»Die lästige Konkurrenz war weg. Keine Carmen Ungemein mehr, die Ihnen den Partner streitig machen könnte.«

»Sie haben ein völlig falsches Bild von mir, Herr Schwarz. Das merke ich schon die ganze Zeit. Ich lasse mir von Ihnen kein Motiv für ein Verbrechen unterschieben, das ein anderer geplant und begangen hat.«

Peters, hochzufrieden mit dem Erfolg von Schwarzens kleiner Attacke, zog die Befragung wieder an sich.

»Ich verstehe, Frau Boettiger, dass Sie sich gegen Unterstellungen verwahren. Ich will Sie durchaus gegen meinen Kollegen in Schutz nehmen. Es gibt einen Unterschied zwischen Mitwisserschaft und Mittäterschaft. Aber als Chauffeur sind Sie Mittäter, und die Vermutung lässt sich schwer abweisen, dass Sie auch an der Planung beteiligt sein könnten. Wie können Sie das ausräumen?«

»Carsten hat mir nur etwas Einsicht gewährt, geplant hat er allein.«

»Schwer zu glauben, Frau Boettiger. Es wäre besser für Sie, mit uns zu kooperieren.«

»Aber das tue ich doch. Ich beantworte Ihre Fragen, ich sage, was ich weiß. Es besteht kein Grund, an meinen Worten zu zweifeln. Ich habe wirklich nicht gewusst, wie Carsten vorgeht, als ich ihn aus dem Auto ließ.«

»Sie meinen, es war Ihnen nicht klar, dass er seine Frau töten wollte?«

So, wie Boettiger ihn ansah, war sie Peters dankbar für diese Frage.

»Ich glaube, ich wollte es nicht wahrhaben, Herr Kommissar, und habe bis zuletzt gehofft, er würde eine andere Lösung finden.«

Schwarz musste sich zurückhalten, um nichts Beißendes zu sagen. Diese Frau wollte doch bloß alle Schuld von sich abwälzen. Peters blieb in der Spur und gab weiter den Teilnahmsvollen. Man hätte ihn schon ganz genau beobachten müssen, um zu sehen, wie er bei Boettigers letzten Worten leicht die Lippen schürzte.

»Aber als Herr Ungemein wieder zu Ihnen zurück ins Auto stieg, da hat er die Tat eingestanden?«

»Das brauchte er nicht, Herr Kommissar, ich habe sofort gespürt, dass etwas Schreckliches passiert war.«

Schwarz wechselte einen Blick mit Yelken. Sie zog die Augenbrauen hoch. Offenbar empfanden sie beide das Gleiche.

Peters fragte einfach weiter.

»Bekamen Sie denn nicht spätestens dann Angst, in eine böse Sache hineingezogen worden zu sein?«

»Gewiss, doch da war es zu spät, und ich habe mir auch Sorgen um Carsten gemacht, wie er verkraftet, was er getan hatte. Es ging ihm nicht gut damit.«

Das wäre ja noch schöner, dachte Schwarz.

»Es musste Ihnen doch klar sein, dass wir Herrn Ungemein zum engeren Kreis der Verdächtigen zählen würden«, meinte Peters.

»Carsten hatte das im Blick. Er vertraute auf sein Alibi und auf Carmens lockeren Lebenswandel. Es würden sich schon noch andere Verdächtige finden, notfalls müsse man nachhelfen.« Es schien ihr etwas einzufallen, denn sie schüttelte den Kopf, als sie fortfuhr. »Richtig verstanden habe ich ihn nicht. Auch nicht diese Schnapsidee mit der Fahrradklingel. Als könnte eine alte Fahrradklingel vor dem Haus den Verdacht auf einen Radfahrer lenken. Sowas liegt doch alle Tage auf dem Bürgersteig herum.«

»Was wissen Sie über die Klingel«, hakte Peters nach.

»Nur das, was ich Ihnen gerade gesagt habe, Herr Kommissar. Sie müssen Carsten fragen, wenn Sie mehr wissen wollen.«

»In Ordnung.« Peters hatte fürs Erste mehr als genug erfahren. Nie hätte er geglaubt, dass Kristiane Boettiger so schnell einknicken würde. Was sie alles preisgegeben hatte. Andererseits war das keine neue Erfahrung für ihn. Menschen legten erstaunliche Züge ihres Charakters frei, wenn es darum ging, den Kopf aus der Schlinge zu ziehen.

»Wir müssen Sie mitnehmen, Frau Boettiger. Packen Sie eine Tasche mit dem Nötigsten.«

Sie wurde blass. War sie überrascht? Sie konnte nicht wahrhaftig geglaubt haben, die Polizei würde sich mit ihrem Geständnis zufriedengeben und sie zuhause zurücklassen.

Lena Yelken wich ihr nicht von der Seite, während Kristiane Boettiger etwas Kleidung und Wäsche zusammensuchte. Ihre Medikamente? Yelken ließ sich die Schachtel zeigen. Irgendwelche Tabletten für die Schilddrüse. Ja, die dürfe sie mitnehmen. Über die Zuteilung würde der Arzt in der JVA entscheiden.

Im Wohnzimmer bewunderte Schwarz ein kleines Holztischchen mit geschwungenen Beinen und einer kunstvoll gearbeiteten Platte. Helle und dunkle Intarsien bildeten geometrische Muster.

»Du, Jürgen, ich glaube, der stand bei unserem ersten Besuch noch nicht hier.«

»Schweigegeld, Volker. Hat aber nicht funktioniert, wenn du mich fragst.« Peters lächelte ein schmales Lächeln.

Sie ersparten der Festgenommenen die Handschellen. Boettigers Handy nahm Peters an sich. Auf der Fahrt zum Polizeirevier klingelte es, das Display verriet den Anrufer: Carsten Ungemein. Peters ließ es klingeln, fünf Minuten verstrichen, dann versuchte es Ungemein noch einmal. Erneut ging der Kommissar nicht ran, hörte aber die Nachricht ab, die Ungemein hinterlassen hatte. Er würde am Abend eine halbe Stunde später kommen, ließ der Unternehmer wissen, er habe noch eine Besprechung. Ob in der Firma oder auswärts, sagte er nicht. Kristiane könne in der Stiftstraße auf ihn warten. Der Kühlschrank sei voll. Er habe Frau Woźniak Einkäufe aufgetragen.

Peters drehte sich zu Boettiger um, die neben Schwarz auf der Rückbank saß, wollte von ihr wissen, für welche Uhrzeit sie mit Ungemein verabredet sei. Dann telefonierte er gleich vom Auto aus mit der Staatsanwaltschaft. Er brauche einen Haftbefehl in der

Mordsache Ungemein. Gegen den Ehemann. Nein, kein Zweifel, der Tatverdacht sei dringend, die Mittäterin geständig. Schwarz warf einen Blick auf die Boettiger. Sie sah starr geradeaus. Ob sie ihr Geständnis schon bereute?

29

*I*ch hatte erst keine große Lust zu kommen, Georg«, sagte Ruth. »Versteh mich nicht falsch, ich möchte schon sehen, wie du lebst, aber ich finde es doch schöner, wenn wir bei mir sind.«

»Weil du fürchtest, hier Linda zu begegnen? Das musst du nicht. Ich könnte die Schlösser austauschen, wenn dich die Vorstellung beunruhigt, der Schlüssel geht in der Tür und im nächsten Moment steht sie vor uns.«

»Ich halte das für keine gute Idee, Georg. Du kannst deine Frau nicht einfach aussperren. Es ist auch ihre Wohnung.«

»Ja, die sie Stück um Stück leerräumt«, meinte Georg grimmig. »Neuerdings fehlt der dreiarmige Kerzenständer, der dort auf der Anrichte stand.« Er wies quer durch das Wohnzimmer. »Ich bin nicht sauer, dass der Ständer nun bei ihr ist. Zur Hälfte gehört er ihr ja. Mich stört nur die heimliche Art und ich frage mich, warum sie das scheibchenweise macht. Sie könnte doch die Aufteilung des Hausrats mit mir besprechen und einen Möbelwagen kommen lassen.«

»Vielleicht scheut sie den klaren Schlussstrich«, sagte Ruth.

»Linda – und Scheu? Wenn, dann jedenfalls nicht mir gegenüber. Sie passt schon auf, dass sie nicht zu kurz kommt.«

»Dann weiß sie auch genau, was sie tut … und warum«, kommentierte Ruth. Sie legte ihre Hand in seine Halsbeuge. »Und du, Schorsch, wirst du auch aufpassen, nicht zu kurz zu kommen?« In ihren grünen Augen mischten sich Scherz und Zuneigung.

Er nahm ihre Hand, küsste die Fingerspitzen, zog sie an sich. »Mit dir ist es ganz anders, ich bin unbesorgt.«

Als sie sich voneinander lösten, sagte Ruth: »Du irrst dich übrigens. Ich schrecke nicht davor zurück, deiner Frau zu begegnen. Es geht mir um dich.«

»Wieso das denn?«

»Weil ich glaubte, du könntest hier in dieser Wohnung gehemmter sein als bei mir.«

»Komme ich dir denn gehemmter vor?«

»Sagen wir, nicht ganz so entspannt«, sagte Ruth. Sie lächelte ihn an. »Adina findet es übrigens auch schöner, wenn wir bei mir sind.«

Es stimmte, die Katze hatte ihn akzeptiert. In der ersten Nacht, die er bei Ruth verbracht hatte, hatte sich Adina kaum blicken lassen. Am zweiten Abend war sie auf die Fensterbank gesprungen und hatte das Paar auf dem Sofa betrachtet. Als Georg am nächsten Morgen aufstand, war seine Hose, die er für die Nacht über einen Stuhl gebreitet hatte, voller Katzenhaare. »Sie kann dich gut riechen«, hatte Ruth dazu gesagt. Seither konnte sich Georg über einen Mangel an Adinas Gunstbeweisen nicht beklagen. Sie kam, wenn er sie zirpend lockte, rieb ihr Köpfchen an seinem Bein, wenn er mit Ruth am Tisch saß, und ließ sich ohne Sträuben von ihm auf den Schoß nehmen.

»Bist du mit Haustieren aufgewachsen?«, wollte Ruth wissen. Georg kannte ihre Leidenschaft für Tiere mittlerweile. Er konnte nicht mit ihr mithalten. Als er ein Junge gewesen war, war seiner Familie ein Wellensittich zugeflogen, für den sich kein Besitzer fand, und der dann einige Jahre bei ihnen lebte. Auch einen Goldhamster hatte es vorübergehend gegeben, ohne dass er ihn sich gewünscht hätte. Der Käfig hatte im Kinderzimmer gestanden, und Georg erinnerte sich noch an das Geräusch, wenn der Hamster, der nachts aktiv wurde, im Dunkeln das Laufrad rotieren ließ. Er lag dann in seinem Bett und lauschte und bewunderte die Ausdauer des emsigen Tieres, bis er über dem Sirren des Rades einschlief.

Geschichten mit Katzen und Hunden, wie sie Ruth von klein auf erlebt hatte, hatte er nicht zu bieten. Aber das machte nichts, Ruth hörte allem, was Georg sagte, mit Anteilnahme zu, fragte nach, ermunterte ihn, Details zu berichten, auch wenn ihm diese Details banal erschienen. Ihm wurde unter ihrem Interesse warm ums Herz. Und ging es ihm nicht umgekehrt genauso? Nichts war banal zwischen ihnen, keine Information über den anderen zu gering, um kostbar zu sein. Ihre Beziehung war frisch, die Lust aneinander wuchs Tag für Tag, und über ihrem Beisammensein lag der Zauber des Anfangs, der das Hören und Sprechen miteinander zu etwas machte, wovon sie so wenig genug bekommen konnten wie von der Berührung ihrer Körper.

Freddy war in den zweiten Frühling seines Freundes noch nicht eingeweiht. »Aber er ahnt etwas«, berichtete Georg. »Neulich hat er sich darüber beklagt, dass ich keine Zeit mehr für ein Bier mit ihm habe. Und Frau Samson begrüßt mich jetzt immer mit einem wissenden Lächeln. Zweimal hat sie schon eine Bemerkung über die gehobene Laune gemacht, mit der ich angeblich neuerdings in die Kanzlei komme.«

Ruth lachte. »Frauen spüren dergleichen. Und du hast mir ja gesagt, dass ihr schon unser erstes Kaffeetrinken verdächtig war.«

»Ich brauche deinen Rat«, sagte Georg.

»Meinen Rat, was du über uns in der Kanzlei erzählen sollst?« Ruth schien die Vorstellung zu amüsieren.

»Nein. Friedrich hat mich gefragt, ob ich Kompagnon werden möchte.«

»Das ist eine schöne Nachricht«, sagte Ruth lebhaft.

Ihre spontane Reaktion überraschte Georg. »Das sagst du jetzt nur, weil du Staatsanwälte nicht magst.«

Ruth wehrte ab. »Wie kommst du denn darauf?«

»Weil das mein endgültiger Schritt ins Familienrecht wäre. Wir müssten uns nie mehr über die Behandlung jugendlicher Straftäter in die Haare kriegen.«

»Wirklich Georg, daran habe ich überhaupt nicht gedacht. Ich freue mich über die Wertschätzung, die in dem Angebot zum Ausdruck kommt. Die Frage ist, ob dich die Aussicht lockt. Hast du Lust dazu?«

»Ja. Jedoch auch Respekt davor. Als Strafrechtler, der ins Zivilrecht wechselt, hätte ich einiges nachzuholen.«

»Das machst du jetzt schon. Seit du in der Kanzlei arbeitest, lernst du Neues, wirst vertrauter mit diesem Rechtsgebiet. Und obgleich du kein Fachanwalt bist, ist Friedrich froh über das, was du für ihn tust.«

»Mitinhaber zu sein, verändert die Sache gründlich«, gab Georg zu bedenken. »Mehr Verantwortung, mehr Stress. Ich möchte nicht wieder in ein schwarzes Loch fallen. Dann lieber zweite Reihe statt vorderste Front. Mein kleines Zimmer am Ende des Flurs ist mir gut bekommen.«

Ruth verstand seine Besorgnis, musste aber gleichwohl lachen. »Du und dein kleines Zimmer. Man könnte glauben, du seist ein Höhlenbewohner. Was befürchtest du – dass du nicht mehr auf dem Diwan ein Schläfchen halten kannst?«

»So oft habe ich gar nicht darauf geschlafen«, sagte Georg. Dass der Diwan durch Carmen seine Unschuld verloren hatte, sagte er nicht.

Ruth sah, wie ein Schatten über sein Gesicht lief. »Ich wollte dich doch nur necken, Georg. Dein Ruhebedürfnis nehme ich sehr wohl ernst.«

Das glaube ich dir, dachte Georg. Wenn es nur darum ginge. War jetzt die Gelegenheit, Ruth von seinem Erlebnis mit Carmen zu erzählen? Er hätte es gern getan, war schon öfter kurz davor gewesen. Nun erzähl schon, mahnte eine Stimme in seinem Kopf. Mit euch beiden hat das nichts zu tun. Du hast Ruth noch nicht einmal gekannt, als es passierte. Es gibt für sie keinen Grund, dir etwas übel zu nehmen. Sie weiß, wie Carmen zu Männern stand und ihre Reize spielen ließ.

Vielleicht war es gerade dies, was ihn bremste. Er hatte sich allzu willig verführen lassen. *Du hast Sorge, vor Ruth als Mann wie jeder andere dazustehen,* schalt er sich. *Was soll das. Lass dein Ego mal weg.*

Er blickte sie an, sah in zärtliche Augen. Stellte sich vor, wie sie die Nachricht aufnehmen würde. Carmen war ihre beste Freundin gewesen. Man schläft nicht mit der besten Freundin seiner Liebsten, auch nicht unbekannterweise, ging ihm durch den Kopf. Es wird euch den Abend verderben, wenn sie es erfährt.

Er lächelte Ruth an, entschloss sich.

Ich sag's ihr ein andermal.

30

S ie waren zu fünft. Drei Zivilfahnder, zwei Schutzpolizisten
in Uniform. Ein großes Aufgebot für die Verhaftung eines
einzelnen Mannes, aber Jürgen Peters bestand darauf, dass Volker
Schwarz außer Bernd Grütters und Lena Yelken die Besatzung eines Streifenwagens anforderte. Der Chef wollte nicht mitkommen.
»Der Haftbefehl ist dein Verdienst, Volker. Ungemein war deine
Spur, jetzt sollst du ihn auch festnehmen.«

Die Stiftstraße lag bei ihrem Eintreffen in feierabendlicher Ruhe.
Schwarz hatte Anweisung gegeben, ohne Blaulicht und Martins-
horn vorzufahren. Sie gelangten ohne Aufsehen bis vor die Eingangstür von Nummer 36. Die Schutzpolizisten zogen ihre Waffen.
Schwarz läutete und trat beiseite, um Yelken Platz machen. Sie
hielt ihr Gesicht vor den Türspion. Für Ungemein war sie eine unbekannte junge Frau.

Er öffnete, sah das Aufgebot, erkannte Volker Schwarz und sagte
bloß: »Sie also.« Dann gab er die Tür frei. »Sie werden hereinkommen wollen.«

Den Haftbefehl las er mit ernster Miene. »Das ist ein absurder
Vorwurf, Kommissar. Ihre Kollegen können die Schießwerkzeuge
wieder einstecken.«

Schwarz nickte den beiden Polizisten zu. »Legt ihm Handschellen an.«

Ungemein blieb ruhig. »Sie wissen hoffentlich, was Sie tun. Und
jetzt werde ich mit Ihrer gütigen Erlaubnis meinen Anwalt anrufen.«

»Sagen Sie ihm, er soll auf die Dienststelle kommen«, erwiderte Schwarz trocken. »Kriminalinspektion 1, Stadtmitte. Telefonieren geht sicher auch mit gefesselten Händen. Die Kollegen werden Ihnen helfen, sollte es nötig sein.«

Die Rückfahrt verlief schweigend. Schwarz hatte Bernd Grütters gebeten, sich zu den beiden Schutzpolizisten in den Streifenwagen zu setzen, in dem auch der Verhaftete saß. Er fuhr mit Yelken, ließ sich chauffieren und hing seinen Gedanken nach. Die junge Kollegin störte ihn nicht. Beim Einsteigen hatte sie ihn angesehen und gesagt: »Wir haben unsern Mann, endlich, nicht wahr?« Als Schwarz bloß nickte, sprach auch sie nicht weiter.

Er überprüfte seine Empfindungen. Nicht, dass ihm Ungemeins Verhaftung Hochgefühle bereitete. Eher Genugtuung darüber, dass sie gute Arbeit geleistet hatten. Es war schlecht, wenn die Ermittlungen auf der Stelle traten. Diese Phase hatte es gegeben – jene Wochen, als sie mit Stefan Berg zwar einen Hauptverdächtigen, jedoch noch keine überzeugenden Beweise, keinen sicheren Täter besaßen. In solchen Situationen bleibt den Ermittlern nur, ihren Routinen nachzugehen. Man verliert sich im Klein-Klein der Recherche, ohne einen roten Faden in die Hand zu bekommen. Das drückt auf die Motivation. Doch diese Etappe lag hinter ihnen. Die Mühen der Ebene waren nicht umsonst geblieben. Hartnäckigkeit lohnte sich. Diese Bestätigung war wichtig, um vom eigenen Tun überzeugt zu sein. Schwarz war sich sicher, Ungemein war der Täter.

Er wusste zwar, dass es von der Verhaftung bis zur Verurteilung noch ein längerer Weg werden könnte. Doch in diesem Moment, hier auf der Fahrt zurück zur Wache, den Streifenwagen vor ihnen im Auge, beunruhigten ihn die möglichen Komplikationen nicht.

Als sie eintrafen, hieß es, der Chef habe gesagt, sie sollten den Beschuldigten gleich ins V2 bringen. »V2« war das interne Kürzel für den zweiten der beiden Büroräume, die sie für Verhöre benutzten. An dem Raum war nichts Besonderes.

Ungemein sah sich suchend um. »Hier verhören Sie Ihre Schwerverbrecher?«

»Was haben Sie denn erwartet?«, fragte Schwarz.

»Ist ja auch egal«, erwiderte Ungemein. Schwarz vermutete, dass er einen venezianischen Spiegel vermisste, eine dieser beschichteten Glasplatten, die nur von einer Seite durchsichtig sind. Solange es aber niemanden gab, der vor Ungemeins Blicken verborgen bleiben musste, reichte für die Vernehmung auch der V2.

Jürgen Peters erschien. Die Leitung der Vernehmung wollte er sich nicht nehmen lassen. Ungemein wartete die erste Frage gar nicht erst ab.

»Herr Hauptkommissar, Sie werden nicht ernsthaft glauben, was in diesem Haftbefehl steht.«

»Frau Boettiger hat sie schwer belastet, Herr Ungemein. Demnach ist sie nur Ihre Fahrerin gewesen und hat weiter mit der Ermordung Ihrer Frau nichts zu tun. Sie können sich entscheiden, ob Sie Ihre Partnerin oder lieber sich schützen wollen.«

Es war nicht zu erkennen, ob Peters' Worte Ungemein erschütterten. Er hielt dem Blick des Kommissars stand und schüttelte dabei demonstrativ den Kopf.

»Sie ist nicht meine Partnerin. Schon das stimmt nicht. Und der Rest umso weniger.«

Peters fasste nach. »Sie glauben nicht, dass wir schon wissen, wie Sie zum Tatort gekommen sind? Oder wollen Sie bestreiten, dass der Mord allein Ihre Idee war und auch allein von Ihnen geplant wurde?«

»Ich kann es mir nur so erklären, Herr Kommissar, dass Kristiane ihre grausige Tat auf mich abschieben will.«

»Ah, ja?« Peters sah aus, als würde er den Worten nachschmecken, die Ungemein da gerade geäußert hatte. »Wer schiebt hier was auf wen?«

»Glauben Sie mir, Herr Kommissar, ich habe Carmen immer geliebt. Sie war die Frau meines Lebens. Und Kristiane, ich meine Frau Boettiger, hat Carmen gehasst deswegen.«

»Warum haben Sie sich denn dann auf die Scheidung eingelassen, wenn sie doch mit der Frau Ihres Lebens verheiratet waren.«

»Carmens Eskapaden waren einfach nicht mehr gesund für mich. Sie tat mir beständig weh. Ich dachte, ich müsste versuchen, genauso wie sie einen Schlussstrich zu ziehen.«

»Und diesen Strich, Herr Ungemein, einen blutig roten am Hals Ihres Opfers, haben Sie mit einer Garotte gezogen.«

»Das ist einfach nicht wahr. Ich war zur Tatzeit im Hotel. Haben Sie dort nie nachgefragt? Ich habe ein Alibi.«

»Nein. Sie haben das Hotel durch die Tiefgarage verlassen, sind bei Frau Boettiger ins Auto gestiegen und in die Stiftstraße gefahren.«

»Hat sie Ihnen das erzählt?« Ungemein hob die Schultern und ließ ein schweres Atmen hören. »Ich hätte nie gedacht, dass Kristiane so weit geht. Wenn sie alles leugnen würde – das verstehe ich. Aber mich derart zu beschuldigen … Nicht allein, dass ich unschuldig bin. Sie kann doch nicht einfach ihren Freund in die Sache hineinziehen.«

Volker Schwarz hatte den Eindruck, einer Schmierenkomödie beizuwohnen. Doch eines musste man diesem Baulöwen lassen: Er log souverän.

»Noch einmal, Herr Hauptkommissar, ich war im Hotel. Ich lag dort ruhig im Bett, als die arme Carmen erdrosselt wurde. Haben Sie Zeugen, die etwas anderes behaupten?«

Das Gespräch fand abrupt ein Ende, denn die Tür ging auf. Begleitet von einem Beamten traten zwei Herren ein, von denen sich der eine als Ungemeins persönlicher Anwalt vorstellte.

»Ich mache nur Bau- und Arbeitsrecht. Mein Mandant hatte noch nie einen Strafverteidiger nötig.« Er verwies ihn auf den Kollegen an seiner Seite und wandte sich Ungemein zu. »Carsten, darf ich euch bekanntmachen? Sei gewiss, dass du mit …« – er nannte einen Doktortitel und einen Namen – »… gut beraten bist«.

»Danke, Ullrich, dass du dich gekümmert hast.« Ungemein schüttelte auch dem zweiten Anwalt die Hand. »Das ist eine schreckliche, falsche Anklage, die hier gegen mich vorgebracht wird.«

Der Herr Doktor nickte. »Selbstverständlich. Haben Sie schon etwas ausgesagt? Wenn ja, so werden Sie das jetzt bleiben lassen. Kein Wort mehr heute. Und schon gar nicht, bevor ich die Aktenlage kenne. Was ist mit dem Haftbefehl?« Er blickte Jürgen Peters auffordernd an. Der nickte Volker Schwarz zu. Schwarz reichte dem Anwalt das Dokument, der es nach kurzer Prüfung zurückgab. Dann sprach er wieder mit Ungemein.

»Sind Sie einverstanden, dass ich Ihren Fall übernehme? Ja? Somit bin ich beauftragt. Das Schriftliche erledigen wir später. Sie kommen in Untersuchungshaft. Das kann ich Ihnen nicht ersparen. Morgen sehen wir uns beim Haftrichter. Ich mache mich aktenkundig und besuche Sie, um das weitere Vorgehen zu besprechen. Fürs Erste« – er richtete seine Worte nun an die Kommissare – »ist hier Schluss. Mein Mandant hat keine Aussagen zu machen.«

Peters unterdrückte ein Schnauben. Schwarz sah den kontrollierten Missmut im Gesicht seines Chefs und wunderte sich. Dem Alten waren doch solche Abläufe hinlänglich bekannt. Es war nicht damit zu rechnen gewesen, dass Ungemein gleich alles zugab, wenn er hörte, dass die Boettiger alle Schuld auf ihn geschoben hatte.

Nachdem Carsten Ungemein abgeführt und die Herren Anwälte gegangen waren, sprach er Peters darauf an.

»Bist du sauer, Jürgen?«

»Ob ich mir mehr vom Verhör versprochen habe, meinst du? Keineswegs. Nur kenne ich diesen Strafverteidiger und kann ihn nicht leiden. Hat man mir das angesehen?« Er lachte. »Dann muss ich besser aufpassen. Solche Typen reizt das bloß, wenn Sie merken, dass mir ihre Art nicht passt.«

»Wir sollten noch Hausdurchsuchungen machen«, meinte Schwarz. »Bei der Boettiger, in Ungemeins Haus und in seiner Firma.«

»Ist schon veranlasst«, erwiderte Peters. »Mach Feierabend, Volker. Geh eine Runde Gitarre spielen. Deine Freundin freut sich wahrscheinlich auch, wenn du zeitig zuhause bist.«

31

*D*as deutsche Gesetzbuch zum Justizvollzug bestimmt: »Untersuchungsgefangene sind ausschließlich auf gerichtliche oder staatsanwaltschaftliche Anordnung hin unverzüglich aus der Haft zu entlassen.« Unverzüglich. Stefan kam frei. Das ging schneller als gedacht. Der dringende Tatverdacht gegen ihn war entfallen. Haftgründe wie Flucht oder Verdunkelungsgefahr spielten auch keine Rolle mehr. Mit Kristiane Boettiger und Carsten Ungemein als neuen Hauptverdächtigen blieb der Staatsanwaltschaft gar nichts anderes übrig, als beim Ermittlungsrichter die Freilassung des U-Häftlings Stefan Berg zu beantragen.

So kam es, dass sich der Schlüssel zu seiner Zelle zu völlig unerwarteter Stunde im Türschloss drehte. Im Hof waren bereits die Scheinwerfer aufgeflammt. Stefan lag, die Hände gefaltet hinter dem Kopf, auf seinem Bett und schreckte hoch.

Eine jähe Hoffnung durchschoss ihn. Sein Mund wurde trocken.

»Sie können gehen, Herr Berg. Bitte packen Sie Ihre Sachen.«

»Jetzt gleich?«

Der Beamte nickte. »Es sei denn, Sie wollen die Nacht noch hier verbringen. Das dürfen Sie, aber dann müssen Sie auch bis morgen früh um acht bleiben und können es sich nicht zwischendurch nochmal anders überlegen.«

»Nein, nein, ich will raus.« Stefan bekam fahrige Hände. Aufgeregt, freudig und bang zugleich fühlte er sich. Er öffnete den Spind, raffte seine Sachen zusammen, stopfte sie in die große Sporttasche, mit der er eingeliefert worden war. Das Briefpapier von seinen Eltern legte er dazu, den Brief von Ruth, auch die billigen Kugelschreiber, mit denen ihn Anwalt Kluge versorgt hatte. Den schönen Pelikan Füllfederhalter hatte ja nun jemand anderer.

Er sah sich um. Vom Bord nahm er ein Glas angefangenen Honig, die Dose mit löslichem Kaffee und eine angebrochene Schokolade. Alles Ware aus dem Laden der Anstalt.

»Kann ich das Dennis Schukow geben? Ich würde ihm gern alles Gute wünschen.«

»Ihrem Nachbarn?« Der Beamte sah in die Kaffeedose, betastete die Tafel Schokolade, hielt den Honig gegen das Licht. »Meinetwegen kann Herr Schukow das haben, das lässt sich wohl verantworten. Ich geb's ihm morgen.«

»Kann ich das nicht selber tun, jetzt gleich?«

»Herr Berg, wo kommen wir da hin. Es ist Abend, es ist spät, der Kollege in der Kammer wartet auf uns. Sie können von Glück sagen, dass die Anstaltsleitung Ihr Recht auf schnelle Entlassung so ernst nimmt. Das ist nicht in jeder JVA so, dass der Gefangene noch rauskommt, wenn es schon nach 18 Uhr ist.«

Dennis hatte bestimmt gehört, dass Stefans Zelle aufgeschlossen worden war, und lauschte jetzt. Stefan widerstrebte es, ohne ein Wort zu gehen. Als sie im Flur standen, rief er laut:

»Dennis, sie lassen mich raus! Ich wünsch dir was!«

Aus mehreren Zellen kamen Reaktionen.

»Du hast es hinter dir, Alter!«

»Glückwunsch, Mann!«

Einer rief: »Wie denn, doch kein Mörder?« Es folgte Gelächter.

»Danke dir, Stefan!« Das war Dennis. »Und pass auf dich auf!«

Sie verließen die Etage und Haus B, wo die Untersuchungsgefangenen untergebracht waren. Stefan erinnerte sich an den Tag seiner Einlieferung. Das Gefühl, von der Welt weggesperrt zu werden, hatte ihn damals fast betäubt. Noch einmal durchschritten sie nun die Abfolge der Stahltüren, die zwischen Zelle und Verwaltungstrakt lagen, nur diesmal in umgekehrter Richtung. Stefan spürte eine kribbelige Erregung.

Der Beamte in der Kleiderkammer wirkte mürrisch. Tagsüber waren hier Gefangene beschäftigt. Störte den Mann, dass er hier extra für eine abendliche Entlassung stand? Stefan hatte den Eindruck. Er gab die Sportschuhe ab, die der JVA gehörten. Im nächsten Raum bekam er sein Portemonnaie, seine Uhr, die Hausschlüssel und den Rest seiner Habe zurück. Mehr oder weniger kommentarlos. Kein aufmunternder Satz fiel, kein mitfühlendes Wort.

Stefan konnte sich nicht enthalten zu fragen: »Wissen Sie, wie das ist, über acht Wochen unschuldig eingesperrt zu sein?«

Die Antwort war lapidar: »Da sind Sie nicht der Erste.«

Dann war er draußen. Die Pforte der Anstalt schloss sich hinter ihm. Er stand im weißen Licht des Scheinwerfers, der an der Außenmauer angebracht war. Es war spät. Niemand war zu sehen, niemand holte ihn ab. Sein Vater hätte sich ins Auto gesetzt und wäre hergefahren, wenn er von der Entlassung gewusst hätte, aber Stefan hatte gar nicht daran gedacht, ihn anzurufen, und von den Beamten hatte ihn auch niemand gefragt, ob er jemanden informieren wolle.

Ein Stück die Straße runter befand sich eine Haltestelle der Straßenbahn. Er wog seine Tasche in der Hand, verließ den Lichtkegel des Scheinwerfers, trat in den milderen Schein der Straßenlaternen, drehte sich nach dreißig Metern noch einmal um, ließ den Anblick auf sich wirken.

An der Haltestelle löste er einen Fahrschein. Neben dem Automaten hatte ein Sprayer seine Signatur hinterlassen. Einmal hatte Stefan in seinem Haftraum den Impuls verspürt, sich an der Zellenwand zu verewigen, aber er hatte es unterlassen. Die Hausordnung der JVA verbot jede Art von Wandbemalung oder Kritzelei. Wer sich nicht daran hielt, bekam die Reinigungskosten aufgebrummt.

Die Bahn fuhr um diese Zeit nur noch in größeren Abständen. Er sah auf die Uhr. Die nächste Linie Richtung Innenstadt kam in 16 Minuten. Stefan hatte keine Eile. Er setzte sich auf den Lattenrost, der eine Bank sein sollte, sah dem Verkehr zu und wartete. Gelegentlich fuhr ein Taxi vorbei, das er hätte anhalten können. Das Geld in seinem Portemonnaie hätte für die Fahrt bis nach Hause gereicht. Doch er wollte jetzt in kein Auto einsteigen. Er wollte größeren Raum um sich herum, wollte sich auf keinen Sitz zwängen und womöglich ein Gespräch mit dem Fahrer führen müssen.

Als er einstieg, musterte ihn eine junge Frau, zu deren Füßen ein Schäferhund lag. Nein, ich sehe nicht aus wie ein entlassener Knacki, sagte sich Stefan, auch wenn ich an der JVA-Haltestelle Ossenkamp einsteige und eine Tasche für Klamotten bei mir habe. Außer der Frau waren nur noch drei weitere Fahrgäste unterwegs. Kurz vor der Haltestelle Hauptbahnhof, wo er raus musste, stiegen noch einige zu. In sich gekehrte, stille Gesichter. Nur vier Jugendliche, zwei Jungs und zwei Mädchen, unterhielten sich so lebhaft, wie sich Jugendliche nun einmal unterhalten, wenn sie der Welt signalisieren wollen: Ihr alle könnt ruhig zuhören, wir fühlen uns gut.

Vom Bahnhof aus nahm Stefan den Bus. Eigentlich war es das Normalste der Welt, Bus und Bahn zu fahren, aber die acht Wochen ohne Bewegungsfreiheit hatten Stefans Lebensgefühl verändert. Ihm war, als müsse er sich an das Gewöhnliche erst wieder neu gewöhnen. Bewusst registrierte er, wie er das Haltesignal drückte, als sie sich seiner Wohnung näherten, wie er sich festhalten musste, als der Wagen hielt, wie sich die beiden Hälften der Bustür beim Öffnen eindrehten, um ihn hinauszulassen. In seiner Straße sah er den Alfa unter einer Laterne nahe dem Hauseingang stehen. Hatte er ihn dort geparkt? Stefan wusste es nicht mehr. Das Auto sah intakt aus, was ihn erleichterte. Er trat vor die Haustür, schloss auf, erkannte den Geruch des Treppenhauses, der ihm früher nie aufgefallen war, und ging hinauf, froh darüber, niemandem zu begegnen. Die Nachbarn würden ihn noch früh genug auf seine lange Abwesenheit ansprechen. Seine Festnahme war ihnen gewiss nicht verborgen geblieben. Mochte das Thema auch den einen oder anderen genieren, so würde sich schon jemand finden, bei dem die Neugier die Hemmung überwog und der Stefan ansprach.

Die Wohnung bot einen verstörenden Anblick. Schranktüren standen offen, Schubladen waren auf den Fußboden ausgekippt, Möbel verrückt, Polster umgedreht. Der Anblick verdarb es Stefan, sich heimisch zu fühlen. Die Polizei hatte, soweit er sehen konnte, nichts beschädigt, keine Gegenstände jedenfalls, aber die Wohnung hätte nach dem Besuch von Dieben nicht schlimmer aussehen können. Diebe räumten nicht auf, wenn sie alles durchwühlt hatten, und die Polizei nach einer Hausdurchsuchung tat dies ebenso wenig.

Stefan zögerte einen Moment, denn es war schon fast elf Uhr und er wollte seine Eltern nicht wecken. Dann rief er doch an. Sein Vater hob ab, die Stimme angespannt und wie bereit, den späten Eindringling abzuwehren.

»Jaah, hier Berg.«

»Papa, ich bin's, Stefan.«

Der Vater begriff nicht gleich.

»Stefan, darfst du denn um diese Zeit telefonieren? Ist etwas? Bist du gesund?«

»Ich bin frei, Papa, sie haben mich heute Abend rausgelassen.«

»Gottseidank.« Es gab eine kurze Stille nach diesem Stoßseufzer. Im Hintergrund hörte Stefan seine Mutter.

»Wer ist dran, Kurt?«

»Unser Sohn. Sie haben ihn freigelassen. Er ist jetzt … wo bist du, Stefan?«

Stefan sagte es ihm.

»Er ist in seiner Wohnung, Margaret. Nein, ich weiß noch gar nichts. Warte, ich gebe ihn dir.«

Seine Mutter nahm den Hörer. Trotz aller Erleichterung war sie sogleich ganz die Fürsorgliche. Wie gehe es ihm, sei er froh, brauche er etwas? Warum er nicht angerufen habe, damit sie ihn hätten abholen können? Schließlich sagte sie etwas, was ihr wohl auf der Seele lag.

»Wir haben nie an deiner Unschuld gezweifelt, Stefan.«

»Das weiß ich doch, Mama.«

Da weinte sie. Es war das Weinen eines Menschen, in dessen Welt sich ein Riss aufgetan hatte, ein Schrecken, der sich in seine Erfahrung eingrub und dort verblieb, auch wenn es schien, als seien die Umstände wieder ins Lot geraten. Stefan versuchte, sie zu beruhigen. »Weine nicht, Mama. Es ist vorbei.«

Wäre Margaret Berg in der Lage gewesen, ihre Empfindungen zu sortieren, hätte sie antworten können: Vorbei, ja, mag sein, es ist vorbei. Aber es ist geschehen. Man hat meinen Sohn ins Gefängnis gesteckt, obwohl er ohne Schuld war. Unrecht kann uns jederzeit treffen. Das verletzt meine Vorstellung von moralischer Ordnung. Wer ein guter Mensch ist, sollte nicht wie ein böser behandelt werden.

So oder ähnlich hätte Frau Berg sprechen können, hätte sie die treffenden Worte gefunden. Vielleicht wäre das nicht die ganze Wahrheit gewesen, und sie hätte ergänzen müssen: Nicht nur meine Moral, auch meine Mütterlichkeit ist in Schrecken versetzt worden. Die Zukunft meines einzigen Kindes stand auf der Kippe. Und was einmal geschehen ist, kann wieder passieren. Das ängstigt mich.

Stefan hatte erzählen wollen, wie seine Wohnung aussah. Nun unterließ er es und berichtete stattdessen, dass er sich vorgenommen habe, seinen Mitarbeitern über sein langes Fernbleiben die Wahrheit zu sagen. Die Tränen seiner Mutter versiegten. Sie riet ihm ab. Das sei nicht klug gegenüber Untergebenen.

Und wenn's irgendwann rauskommt, dann stehe ich als Schwind-
ler da, wandte er ein. Sie ließ das nicht gelten. Er könne stets sagen,
er habe sich trotz seiner Unschuld geschämt. Was er sich denn von
seinen Angestellten erhoffe bei einer solchen Auskunft – Mitgefühl? Das lasse er besser niemanden spüren, es werde doch bloß
als Einladung zu Distanzlosigkeit aufgefasst und sich irgendwann
rächen. Außerdem gebe es Beschäftigten gegenüber keine Rechen-
schaftspflicht in Fragen, die das Private, ja das Intime berührten.
Zu große Offenheit schade nur. Anders lägen die Dinge, stünde
er mit jemandem in der Praxis auf vertrautem Fuß. Aber das sei
ja wohl nicht der Fall. Sie wechselte das Thema. Ob ihm die JVA
den Grund seiner Entlassung mitgeteilt hätte? Stefan verneinte. Er
würde morgen Vormittag bei seinem Rechtsanwalt anrufen, ob der
schon informiert sei. Seine Mutter drängte darauf, ihn anderntags
abends zum Essen zu sehen. Sie würde ein indisches Curry kochen,
das möge er doch so gern. Im Gefängnis habe es bestimmt nichts
Vernünftiges gegeben. Dass es ihr vor allem darum ging, ihren
Sohn wieder in die Arme zu schließen, brauchte sie nicht zu sagen.
Stefan versprach zu kommen.

Die nächste Stunde verbrachte er mit Aufräumen. Der Computer war wohl noch bei der Polizei. Ob weitere Dinge fehlten, vermochte er nicht zu beurteilen. Sie hatten auch seine Reliquien-Kis-
te befingert. So nannte Stefan ein Holzkästchen, worin er Sachen
aus seiner Kindheit und Jugend aufbewahrte, alte Fotos, seine erste Uhr, zwei Sonnenbrillen, einen Knobelbecher mit Würfeln, ein
Ski-Abzeichen in Silber, das er mit zwölf Jahren zum Abschluss
eines Unterrichtskurses erhalten hatte, eine Haarlocke seiner ersten Freundin, ein Taschenmesser mit Griffschalen aus Perlmutt.
Er nahm das Messer in die Hand, klappte es auf. Die Klinge war
stumpf. Geschichten fielen ihm ein. Versunken saß er auf dem
Fußboden und ließ es zu, dass seine Erinnerung die Vergangenheit mit einem Goldrahmen umgab. Endlich tauchte er auf. Das
Kästchen musste die Polizei aus der hintersten Ecke des Einbau-

schrankes hervorgekramt haben. Sie hatten das Unterste zuoberst gekehrt.

Die meisten Lebensmittel im Kühlschrank musste er wegwerfen. Bei einem Stück Appenzeller ließ sich der Schimmel abschneiden, der Käse war noch zu retten. Eine Fischkonserve mit Heringshappen war ebenfalls gut, er aß sie, hungrig geworden, nach dem Aufräumen aus der Dose und trank ein Bier dazu, das ihn rasch müde machte. Ein Blick auf die Uhr: Es ging auf halb eins. Der Tag war lang gewesen. Er musste ins Bett. Aber nicht so. Der Knastmief haftete noch an ihm. Er duschte, ließ das warme Wasser an sich herablaufen und war das erste Mal nach acht Wochen beim Duschen ganz auf das Wohlgefühl konzentriert. In der Gemeinschaftsdusche der JVA, neben sich die eine oder andere dubiose Gestalt, hatte ihn Anspannung beherrscht.

Im Bett kehrte die Vertrautheit zurück, die sich beim Betreten seiner Wohnung nicht hatte einstellen wollen. Die Matratze, das Kissen, das Deckbett – sie sendeten seinem Körper altbekannte Signale. Behaglich streckte er sich aus. Nirgends war es schöner als in der eigenen Koje. Flüchtig dachte er an seine Praxis. Es war sicher ratsam, rasch wieder in die Arbeit einzusteigen, wollte er weitere Geschäftseinbußen vermeiden. Ihm fiel ein, dass er keinen Wecker gestellt hatte. Nun, das würde er auch nicht tun. Den ersten Tag in Freiheit würde er nicht mit einem Zwang beginnen.

Er träumte schwer. Kommissar Peters nahm ihn ins Verhör. Noch im Traum ging Stefan auf, dass sie im Besuchszimmer des Gefängnisses saßen, wo er auch mit Jan Kluge gesessen hatte. Der Anwalt allerdings ließ auf sich warten. Stefan hätte ihn gerade jetzt sehr nötig gehabt. Der Kommissar setzte ihn unter Druck, unterstellte ihm Rachsucht aus verletztem Stolz, weil Carmen ihn ausgelacht habe. Stefans Hang zur Brutalität, so Peters, sei unermesslich, wie die schreckliche Mordwaffe zeige. Die Ermittlungen würden nachweisen, dass Stefan die Tat genossen habe. Bei der Schwere dieser Schuld sei nur die Höchststrafe angemessen. Stefan wollte protestieren, die Dinge richtigstellen, aber ihm fiel nichts ein, was für seinen guten Charakter sprach. Dann kam ihm, wie er meinte, eine glänzende Idee. Fragen Sie doch meine Mutter, die kennt mich, sagte er, sie weiß, wie ich bin. Doch der Kommissar lachte bloß und wiederholte: Höchststrafe! Höchststrafe! Abwehrend hob Stefan die Hände. Etwas riss ihn an den Gelenken zurück. Erst jetzt sah er, dass er Handschellen trug, die über eine Kette mit einer Fußfessel verbunden waren. Wie bei einem hochgefährlichen Gewaltverbrecher, dachte er – das Urteil über mich ist schon gesprochen.

Das Entsetzen ließ ihn aufwachen. Mit klopfendem Herzen lag er da, orientierte sich mühsam. Ich bin unschuldig, ich bin frei, ich liege in meinem Bett. Nur ein Albtraum. Er stand auf, trank einen Schluck Wasser, sah nach der Uhrzeit: kurz nach vier.

Es dauerte, bis er wieder in den Schlaf fand.

Der nächste Morgen fand ihn erfrischt und guter Dinge. Die Chimären der Nacht drückten nicht mehr. In Ermangelung brauchbarer Vorräte frühstückte er beim Bäcker um die Ecke, ging auch beim Supermarkt vorbei, kochte sich zuhause einen zweiten Espresso und rief bei seinem Rechtsanwalt an.

Jan Kluge gratulierte ihm. Er habe es gerade erst erfahren. Vom Büro des Ermittlungsrichters sei ein Fax mit der Nachricht von Stefans Freilassung gekommen.

»Der Haftbefehl ist aufgehoben, Herr Berg.«

»Und warum, Herr Kluge? Steht darüber etwas in dem Fax?«

»Neue Erkenntnisse haben ergeben, dass Sie der Tat nicht mehr dringend verdächtig sind, steht da, mehr nicht. Da Sie nach wie vor kein Alibi haben und wir auch keine neuen Entlastungsgründe beibringen konnten, kann das eigentlich nur heißen, dass die Polizei einen neuen Hauptverdächtigen hat.«

»Bin ich jetzt freigesprochen?«

»Nein, Herr Berg, das ist ja kein Urteil, sondern eine Verfügung. Für einen Freispruch hätte es eine Hauptverhandlung geben müssen, und zu der ist es ja nicht gekommen.«

Stefan ließ einen Ton hören, den Jan Kluge als Unzufriedenheit deutete.

»Was gefällt Ihnen nicht, Herr Berg?«

»Mir wäre es lieber, wenn richtig klar wäre, dass ich unschuldig bin. Es klingt für mich aber, als könnten die Untersuchungen gegen mich jederzeit wieder aufgenommen werden. Dieser eine Kommissar war doch fest überzeugt, dass ich fähig bin, einen Mord zu begehen.«

»Theoretisch haben Sie recht«, erwiderte Kluge. »Aber nach Lage der Dinge würde ich an Ihrer Stelle beruhigt sein. Sie sind nicht länger Beschuldigter. Die Normalität hat sie zurück. Juristisch sind Sie wieder so unbescholten wie vor Ihrer Verhaftung. Ihr bürgerlicher Status ist wiederhergestellt. So müssen Sie das sehen.«

Das sagt sich so einfach, dachte Stefan. Mein Leben fühlt sich nicht mehr so normal an wie vorher. Aber dann entschied er sich für die gute Laune, mit der er am Morgen aufgewacht war. Er war wieder ein freier Mann und er hatte gelernt, dass sich dies nicht von selbst verstand. Das war vielleicht auch etwas wert.

Kluge erwähnte noch den Antrag auf Haftentschädigung, den sie stellen sollten, möglicherweise zusammen mit einem Antrag auf Ausgleich der Vermögensschäden, die Herr Berg erlitten habe. Stefan sagte, er habe über seine Geschäftseinbußen noch keinen Überblick, habe auch noch nicht mit seinem Vater über die Praxis gesprochen. Das eile nicht, sagte der Anwalt. Wenn Herr Berg seine Eltern sähe, solle er sie grüßen. Die zwei hätte ihm imponiert.

Stefan hatte sich fest vorgenommen, sich nach dem Telefonat mit Kluge bei seinen Mitarbeitern zurückzumelden. Zumindest sich sehen lassen wollte er und die Aufgabenverteilung für die kommende Woche besprechen. Er verließ die Wohnung, begegnete wieder niemandem im Treppenhaus, was ihm recht war, stieg ins Auto und betätigte den Anlasser. Der Alfa gab keinen Mucks. In den acht Wochen Stillstand hatte sich die Batterie entleert. Im

Kofferraum lag ein Überbrückungskabel. Nun brauchte er jemanden, der ihm Starthilfe gab. Er könnte versuchen, ein vorbeifahrendes Fahrzeug anzuhalten, und den Fahrer um Hilfe bitten. Oder die Nachbarn fragen. Auf Dauer konnte er ihnen sowieso nicht ausweichen. Er klingelte bei der Studentin im Dachgeschoss. Ihr blauer VW Polo stand auf der anderen Straßenseite. Stefan kannte die junge Frau nur vom Grüßen, sie hatte ihm immer einen unkomplizierten Eindruck gemacht. Dass sie hilfsbereit war, zeigte sich an diesem Vormittag. Stefan trug seine Bitte über die Haussprechanlage vor, sie kam ohne Zögern herunter, parkte ihren Wagen neben seinem.

»Und was nun? Sie müssen mir schon sagen, was ich tun soll.«

»Eigentlich nur den Motor starten und laufen lassen, wenn ich so weit bin«, meinte Stefan und öffnete die Motorhaube, um das Kabel anzuschließen. Sie stand daneben und schaute ihm über die Schulter. Ihr Tonfall klang ganz normal, als sie unvermittelt fragte:

»Waren Sie im Gefängnis?«

Diese Direktheit überraschte Stefan. Während er sich noch sortieren musste, sprach sie weiter.

»Der Hausmeister behauptet das. Und die alte Frau im Parterre auch. Sie hat gesehen, wie sie abgeführt wurden.«

»Ja, das stimmt«, sagte Stefan. Er fühlte den Drang, sich zu rechtfertigen. »Ich war in U-Haft. Unschuldig. Gestern haben sie mich rausgelassen, wahrscheinlich hat die Polizei den Täter. Seien Sie ohne Sorge. Sie müssen sich nicht vor mir fürchten.«

»Ich fürchte mich nicht vor Ihnen. Was sollen Sie denn verbrochen haben?«

Stefan fing sich wieder. Sie war so neugierig, wie sie hilfsbereit war. Würde er ihr den Grund sagen, wüssten es bald wohl einige im Haus. Aber er wollte der Frage nicht ausweichen.

Sie schien seine Gedanken zu lesen. »Ich sage es nicht weiter, wenn Sie das nicht wollen.«

Ich bin unschuldig, dachte Stefan. Es müsste mir also egal sein. Dennoch spürte er ein Unbehagen. Er wollte nicht der Mann sein, von dem alle Welt wusste, dass man seine Geliebte ermordet hatte. »Man hat mich beschuldigt, jemanden getötet zu haben.« Das musste als Auskunft reichen. Konkreter würde er nicht werden. Sie bohrte nicht weiter. Stefan sah ihr ins Gesicht. Ein offenes Gesicht, reizlos zwar, aber sympathisch. Sie erwiderte seinen Blick. »Es muss schlimm sein, eingesperrt zu sein, wenn man nichts getan hat.« Mitgefühl kannte sie also auch. Ruth fiel ihm ein. Wohl schon zum dritten Mal an diesem Vormittag ging sie ihm durch den Sinn. Er hatte vergebens gewartet, dass sie ihr Versprechen halten und sich bei ihm melden würde. Seine Hoffnungen auf einen Besuch in der JVA waren unerfüllt geblieben. Aber jetzt war er wieder – wie hatte es Jan Kluge ausgedrückt? – ein unbescholtener Mann. Er konnte bei ihr einen neuen Anlauf nehmen. Sie würde ihn nun wieder ohne Vorbehalte ansehen, mit anderen Augen, so wie damals vor der Oper.

Plötzlich hatte er es eilig, den Alfa in Gang zu bringen.

Zehn Minuten später war er unterwegs. Statt in die Praxis lenkte er den Wagen Richtung Haydnstraße. Vermutlich lag die Straße im Komponistenviertel rund um Wagnerplatz und Beethovenallee. Noch während er die Adresse in das Navigationssystem eingab, meldete sich eine innere Stimme: Was mache ich hier? Es verbot sich, überraschend vor ihrer Tür zu stehen. Das war viel zu heikel, auch wenn der Impuls mächtig war, sie sofort zu sehen und zu sprechen. Sie könnte sich bedrängt fühlen. Ein Überfall konnte alles verderben.

Ich will doch nur gucken, wo sie wohnt, rechtfertigte sich der Sehnsüchtige in ihm. Das wäre wie bei Carmen, kritisierte die innere Stimme. Willst du wieder herumstehen und warten, dass sie sich am Fenster zeigt, bis dich irgendwelche Hundebesitzer für einen verdächtigen Typen halten? Leg deine Muster ab, Stefan, dein Verhalten bringt dir nur Scherereien.

Er schüttelte den inneren Kritiker ab und drehte das Autoradio lauter. Es lief »Happy«, der Hit des vorigen Sommers. Pharrell Williams sang »Clap along if you feel like happiness is the truth«. Stefans Englisch war nicht übermäßig gut, aber ihm reichte, was er verstand, um dem Sänger recht zu geben. Happiness is the truth, *genau!*

Die Haydnstraße lag ruhig. Nummer 5 war ein Altbau mit hell verputzter Fassade und einem Sandsteinsockel. Alle zwanzig Meter waren Linden gepflanzt, dazwischen blieb Raum für Parkbuchten. Stefan fand einen freien Platz, schaltete den Motor ab, saß einen Moment da und betrachtete die Straße. Irgendwie hatte er Ruth immer mit einem Einfamilienhaus mit Garten in Verbindung gebracht; wieso er das geglaubt hatte, konnte er sich nicht erklären. Vielleicht, weil Carsten Ungemein erwähnt hatte, dass Ruth früher einen Hund besessen habe. Gut möglich, dass sie vor ihrer Scheidung tatsächlich in einem Häuschen im Grünen gewohnt hatte. In der Haydnstraße wuchsen immerhin auch Bäume, aber die Häuser waren fünfgeschossig, unter ihnen einige schöne Gründerzeitbauten, und das ganze Komponistenviertel wirkte sehr städtisch und hatte nichts gemein mit Wohnen in Grünlage.

Stefan stieg aus und ging die paar Meter zum Hauseingang. Vor Nummer 5 verströmte eine blühende Sommerlinde ihren lieblichen Duft. Neugierig sah er auf das Klingelschild. Zehn Parteien. Der Anordnung der Namen zufolge wohnte Ruth Dömitz im Hochparterre rechts. Bei ihr zu klingeln wagte er nicht. Er trat aus dem Eingang heraus, um zu den Fenstern hinaufzusehen. Ein grünes Augenpaar erwiderte seinen Blick. Auf der Fensterbank saß eine getigerte Katze. Sie fixierte ihn reglos.

32

*D*ie Große Strafkammer hatte ihr Urteil über Roland Körtz verhängt. Der siebenfache Mörder mit dem biederen Erscheinungsbild, der ohne Motiv töten konnte und so kühl-verächtlich über seine Opfer sprach, musste lebenslang ins Gefängnis. Wegen der besonderen Schwere der Schuld ordnete das Gericht zusätzlich Sicherungsverwahrung an. Ob Körtz jemals auf Bewährung freigelassen werden würde, hing von den psychiatrischen Gutachten ab, die man ihm nach Verbüßung der Mindesthaftstrafe stellen würde.

»Siehst du, Schorsch, wie ich's mir gedacht habe«, sagte Friedrich Wagner. »Wahrscheinlich kommt der nie wieder raus.«

Sie saßen in Georgs Kanzleizimmer. Die Zeitung mit dem Bericht von der Urteilsverkündung lag aufgeschlagen auf dem Schreibtisch. Am Vorabend war die Entscheidung des Gerichts durch die Fernsehnachrichten gegangen. Die »Bestie des Ruhrgebiets« hatte Kriminalgeschichte geschrieben.

»Die meisten Mörder, die bis zum Ende ihrer Tage im Gefängnis bleiben, wollen das so«, erwiderte Georg. »Diese Fälle trauen sich, wenn sie erst einmal 15 Jahre oder länger eingesessen haben, ein Leben in Freiheit nicht mehr zu. Was aus Körtz wird, kann noch keiner wissen.«

»An die Möglichkeit, dass man ihm nach 15 Jahren die Wahl lässt, ob er weiter in Haft bleiben oder in Freiheit gesetzt werden will, mag ich erst gar nicht denken«, erwiderte Freddy. »Verrückt, dass Gefangene überhaupt diese Wahl haben.«

Georg korrigierte den Freund. Das stimme nur bei Langzeitstrafen. Wenn dann jemand im Knast bleiben wolle, könne man ihn nicht vor die Tür setzen. Die JVA werde sein Altersheim. Täter, die lange eingesessen hätten, müssten tatsächlich ihrer Freilassung zustimmen. Das lasse sich auch gut nachvollziehen, meinte Georg: »Wenn sie draußen nicht mehr zurechtkommen, können sie eine Gefahr für sich und andere werden. Der Staat steht hier in der Fürsorgepflicht.«

»Und du meinst, Schorsch, Körtz könnte einer von denen werden, die sich hinstellen und sagen: Ihr habt mich zu Lebenslang verurteilt, nun bestehe ich auch darauf? So nach dem Motto ›Ich habe ein Recht auf mein Urteil‹?« Friedrich lachte, wurde jedoch gleich wieder ernst. »Ich glaube gern, dass er sich im Gefängnis gut führt. Der Mann hat lange bei einer Behörde gearbeitet, und sein Job als Betriebsprüfer brachte es bestimmt mit sich, dass er lernte, gründlich und ordentlich zu sein.«

»Na, siehst du …«, spottete Georg.

Sein Freund machte eine wegwerfende Handbewegung. »Ich glaube nicht, dass bei jemandem wie ihm allein schon wegen guter Führung die Sicherungsverwahrung aufgehoben wird. Der Typ kann nach außen hin brav und unauffällig sein und sich zugleich brutal und eiskalt verhalten. Das wissen auch die, die später einmal über seine Freilassung zu entscheiden haben.«

Sie wurden unterbrochen. Frau Samson kam.

»Herr Ruh, Hauptkommissar Peters steht am Empfang und würde Sie gern sprechen.«

»Hat er gesagt, in welcher Angelegenheit?«

Frau Samson verneinte.

»Das kann doch eigentlich nur den Fall Ungemein betreffen«, mutmaßte Friedrich Wagner.

»Wahrscheinlich«, sagte Georg. In ihm arbeitete es. Warum wollte Peters zu ihm und nicht auch zu Friedrich? Carmen Ungemein war schließlich dessen Mandantin gewesen. Es ging wohl um etwas Spezielles.

Wagner schien dasselbe zu denken. »Soll ich dich mit ihm allein lassen, Schorsch?«

Das wäre Georg das Liebste gewesen. Stattdessen schüttelte er den Kopf. »Bleib ruhig hier.«

Frau Samson brachte Peters. Der Hauptkommissar stutzte, als er Wagner sah. Die drei Herren begrüßten einander. Samson stand wartend in der Tür.

»Kaffee und Keks für Sie, Herr Kommissar?«

Der verstand das als Anspielung auf seinen letzten Besuch. »Gern, wenn das möglich ist, obwohl ich diesmal gar nicht zu warten brauchte.«

Samson lächelte verbindlich und ging. Friedrich Wagner bot dem Kommissar seinen Stuhl an und setzte sich auf den Diwan.

»Es gibt Neuigkeiten in der Mordsache Carmen Ungemein«, begann Peters. »Wir haben zwei Personen festgenommen, die so dringend der Tat verdächtig sind, dass der bisherige mutmaßliche Täter aus der Untersuchungshaft entlassen wurde.«

»Interessant«, sagte Wagner. »Und danke, dass Sie extra herkommen, um uns darüber zu informieren.«

Peters sah Freddy direkt an. »Das bin ich nicht, Herr Wagner. Sie werden es ohnehin bald in der Zeitung lesen. Ich bin eigentlich wegen einer anderen Sache hier. Wenn Sie erlauben, würde ich gern mit Herrn Ruh unter vier Augen darüber sprechen.«

Friedrich erhob sich. »Selbstverständlich, Herr Kommissar.« Er warf Georg einen Blick zu und zog fragend die Augenbrauen hoch, bevor er das Zimmer verließ. Im Flur traf er auf Frau Samson, die mit dem Kaffee kam.

»Nanu, Herr Wagner, das war aber ein kurzes Gespräch.«

»Der Kommissar möchte mich nicht länger dabeihaben.« Wagner schmunzelte. »Vielleicht braucht er eine Scheidungsberatung. Laut Statistik haben Polizeibeamten mehr Eheprobleme als andere

Berufsgruppen. Ich kann das allerdings als Anwalt keineswegs bestätigen.«

Jürgen Peters verstummte, als Samson mit ihrem Tablett hereinkam, und sprach erst weiter, als er mit Georg wieder allein war. »Herr Ruh, seien Sie offen zu mir. Hatten Sie eine Affäre mit Frau Ungemein?«

Das ist es also, dachte Georg. Irgendetwas ist passiert, weshalb er jetzt doch an das anonyme Schreiben glaubt. Sein Hals wurde eng. Nun sprachen sie tatsächlich noch einmal darüber. Was für eine unangenehme Situation.

Sollte er lügen? Das war es nicht wert.

»Wie soll ich sagen, Herr Peters … Carmen Ungemein war einmal abends hier in der Kanzlei, und da ist es passiert.« Georg fühlte Rechtfertigungsbedarf. »Bei Ihnen auf der Wache damals mochte ich das nicht zugeben. Zwei Tage nach ihrem Besuch hier war Frau Ungemein tot. Ich wäre verdächtig gewesen. Außerdem haben Sie mich nicht direkt gefragt, das hat nur Ihr Kollege Schwarz getan, und Sie haben mir die Antwort abgenommen.«

Der Kommissar nickte. »Ja, deswegen stehe ich vor Schwarz nun ziemlich dumm da. Aber lassen wir das. Ihre Bestätigung passt jedenfalls zu dem, dass wir wissen, dass es hier in der Kanzlei geschah. Womöglich auf diesem Möbel dort?« Peter wies mit dem Kinn auf den Diwan.

»Sind solche Details wichtig?« Georg wünschte dringend, er müsste dieses Gespräch nicht führen.

»Nein, sind sie nicht«, antwortete Peters. »Immerhin sind Sie heute geständig, Herr Ruh, das rettet ein bisschen was von der hohen Meinung, die ich von Ihnen hatte.« Der Kommissar schenkte Georg die Andeutung eines Lächelns. »Ich will Ihnen verraten, woher wir wissen, was wir wissen. Es gibt einen glaubwürdigen Zeugen.«

»Jemand aus der Kanzlei?« Georg fand die Vorstellung gruselig.

Peters Antwort beruhigte ihn. »Die Hausdurchsuchung beim mutmaßlichen Täter ergab, dass er vor einigen Monaten Kontakt zu einer Detektei aufgenommen hatte. Wir stießen auf ein entsprechendes Schreiben und Kontoüberweisungen. Daraufhin haben wir den Auftragnehmer befragt. Er wollte sich zunächst nicht äußern, berief sich auf die seiner Branche notwendige Diskretion, jedoch gibt es kein Zeugnisverweigerungsrecht für Detektive, erst recht nicht bei Kapitalverbrechen. Er berichtete von dem Auftrag, Frau Ungemein zu überwachen. Als sie die Kanzlei an dem fraglichen Abend wieder verließ, hat Frau Ungemein mit Ihnen gesprochen. Der Detektiv hatte im Treppenhaus gewartet und hörte ihre Worte. Dabei solle es um Sex und Schweigen gegangen sein.«

Georg erinnerte sich. Der regnerische Tag. Das Gespräch mit Carmen auf dem Podest vor der Kanzleitür. Das Licht, das er für sie im dunklen Treppenhaus anmachte. Die zuklappende Eingangstür unten. Er hatte sich nichts dabei gedacht.

Kaum war Jürgen Peters fort, streckte Freddy wieder seinen Kopf herein.

»Na, sag mal, Schorsch, was war das denn? Dein Herr Kommissar tat geradezu so, als müsse er etwas Intimes mit dir besprechen. Darfst du darüber reden oder verstößt das gegen die anwaltliche Schweigepflicht?«

»Komm rein, Freddy, und setz dich. Was der Kommissar weiß, sollst auch du wissen. Ich hätte es dir wahrscheinlich längst sagen sollen.«

»Klingt, als hättest du etwas verbrochen. Ich bin ganz Ohr.«

Friedrich ließ sich nieder und sah Georg mit einer Miene an, die ausdrückte: Was auch immer du mir jetzt erzählen willst, so schlimm wird es schon nicht sein, oder? Die Stirn hatte er gekraust, Augen und Mund lächelten.

Georg berichtete. Er wollte sich nicht herauswinden, und so kam er gleich zur Sache, begann mit dem Besuch auf der Wache bei Peters, wovon Freddy ja wisse, auch von dem anonymen Schreiben, das der Kommissar ihm gezeigt habe. Friedrichs Lächeln verlor sich und machte einem abwehrenden Erstaunen Platz, als Georg sagte:

»Der Schreiber hatte unrecht, mich als Mörder zu beschuldigen, aber er hatte recht mit dem Sex.«

Da Friedrich schwieg, fuhr Georg fort, schilderte seine Gereiztheit zu Beginn, als Carmen in der Kanzlei auftauchte, als längst keine Bürozeit mehr war, und wie sie darauf bestand, ihre mitgebrachten Unterlagen in seinem Zimmer abzulegen.

»Sie hatte so eine Art, Freddy, meine anfängliche Abwehr prallte einfach von ihr ab.«

Friedrich blieb nicht länger stumm. »Und dann, Georg, was dann?«

»Sie roch so gut, Freddy.«

»Mehr fällt dir dazu nicht ein?«

»Sie bewegte sich auch … aber das weißt du selber, wie sich Carmen Ungemein bewegte.«

Der Freund schien nachzudenken. Sein Blick wanderte durch das Zimmer, blieb am Diwan hängen, kehrte zu Georg zurück, der ihn abwartend ansah. Zehn stille, lange Sekunden verstrichen.

»Ich glaub, ich brauch jetzt mal 'nen Schnaps, Schorsch.«

Georg war erleichtert. Das Schlimmste war vorüber. Er holte seine stille Reserve Malt Whisky und zwei Gläser aus dem Unterfach seines Schreibtisches, goss ein und gab Friedrich ein Glas.

»Es tut mir leid, Freddy. Vor allem, dass ich dich angelogen habe.«

»Weiß Ruth von der Geschichte?«

»Ich habe mich noch nicht getraut. Findest du, sie sollte davon wissen?«, fragte Georg.

»Schwer zu sagen. Wenn ihr euch so gut versteht, wie du sagst, sollte das irgendwann möglich sein. Ob schon jetzt, kann ich nicht ermessen. Sie macht dich glücklich, nicht wahr?«

Georg lächelte. »Das ist wohl keinem hier im Büro verborgen geblieben, dass es da jemanden gibt.« Er dachte daran, wie hell seine Tage jetzt waren, selbst morgens, seit er wieder Erfüllung an der Seite einer Frau fand. An Ruths Seite. Musik zum Frühstück zu hören war ihm vor kurzem noch unerträglich gewesen. Nun stieg er mit einem Summen auf den Lippen aus dem Bett und schaltete das Radio ein, wenn er in die Küche kam, um sich den ersten Kaffee des Tages zu kochen.

»Aber findest du, ich kann einen Mann zu meinem Kompagnon machen, der mit meinen Mandantinnen schläft und mich darüber beschwindelt?«, fragte Freddy.

»Mit *einer* Mandantin, Friedrich, Singular, nicht Plural. Und ich bin froh, dass du ›beschwindelt‹ sagst. Das hört sich gleich viel harmloser an.«

Sie tranken aus. Friedrich Wagner hatte Beschwerde gegen einen Beschluss der Familienrichterin des Amtsgerichts eingelegt und musste noch die Begründung für die zweite Instanz schreiben. Für Alkohol war der Tag viel zu jung gewesen. Zum Glück erwartete er keinen Mandanten zum Gespräch. Aber er wollte nicht, dass »seine Samson« merkte, dass er nach Whisky roch. Georg teilte mit ihm den Apfel, den er sich am Morgen eingepackt hatte.

Für den späten Abend war er mit Ruth verabredet. Unter der Woche ging sie möglichst vor Mitternacht schlafen, um anderntags für ihre Schüler frisch zu sein, aber morgen war Samstag, sie konnte ausschlafen. Beim Blick auf den Kalender fiel Georg das Datum auf: Heute war Freitag, der 13. Juni. Er war nicht abergläubisch. Den Besuch von Peters und das daran anschließende Geständnis vor Friedrich wertete er nicht als Unglück. Ihm war leichter zumute als zuvor. Schon als Junge hatte es ihn belastet, wenn er gelogen hatte. Menschen, die ohne weiteres mit einer schwerwiegenden Unwahrheit leben konnten, fand er abstoßend. In seiner Zeit als Staatsanwalt hatte er einiges erlebt. Es war ein Problem, wie viel Falsches die Leute vor Gericht aussagten, wenn es ihrem Vorteil diente. Einem Richter, den er mochte, ging es so schlecht damit, dass es ihm die Arbeit vergällte. Als Georg ihn einmal fragte, warum er in einer Verhandlung scharf geworden sei, wie er es gar nicht von ihm kenne, war es aus dem Mann herausgebrochen: Er sei »das ewige Lügen so leid«.

Vor dem Treffen mit Ruth, es waren noch reichlich vier Stunden bis dahin, fuhr Georg in seine Wohnung. Die neue Klingel an seinem Rad erinnerte ihn daran, dass er Jürgen Peters nicht alles gesagt hatte, was der Kommissar hätte wissen müssen. Spielte das jetzt noch eine Rolle? Das zu beurteilen, steht dir nicht zu, Georg, ermahnte er sich. Die Polizei musste selbst entscheiden, ob der Umstand, dass die in der Stiftstraße gefundene Fahrradklingel Georg Ruh gehörte, für die Ermittlungen bedeutsam war. Auch wäre es interessant zu erfahren, wie sie dorthin gekommen war. Er würde Peters noch einmal anrufen und informieren müssen. So schwer es ihm auch fiel.

Zuhause hing eine schwache Parfümnote in der Luft. Er kannte den Duft nicht, aber dafür kam nur Linda in Frage. Sie würde wohl kaum diese Monika Plietsch mit einem Schlüssel losschicken, um etwas für sie aus der Wohnung zu holen, sondern dies selbst besorgen. Egal, ob Ruth davon abriet – es war nötig, die Schlösser auszutauschen. Das Wissen, dass seine Frau während seiner Abwesenheit in der Wohnung herumstöberte, ließ ihn jetzt regelmäßig darauf achten, nicht fortzugehen, ohne sein Arbeitszimmer abzuschließen. Und das war kein haltbarer Zustand.

Auf Anhieb konnte er nichts entdecken, was Linda mitgenommen hatte. Zwei lange blonde Haare von ihr lagen im Bad im Waschbecken. Mit den Jahren war Lindas Blond nicht grau, sondern immer gelber geworden. Sie färbte, seit er sie kannte. Die beiden Haare klebten am Waschbecken, es war gar nicht leicht, sie zu fassen zu kriegen. Danke schön, sagte Georg, riss ein Blatt Toilettenpapier ab, wischte die Haare auf und warf das Papier in den Müll.

Er duschte, zog Jeans und ein Polohemd an, kochte sich Tee, aß ein Brot und las mit hochgelegten Beinen in der Tageszeitung, bis sie ihn langweilte. Auf der Suche nach etwas, das zu seinem Hochgefühl passte, sah er seine alte Plattensammlung durch, wählte dann aber doch eine CD, ein Geschenk von Ruth. »If you wait«, hieß das Album, London Grammar hieß die Band. Ruhige Musik, schwimmende Töne vom Keyboard, eine melodiöse E-Gitarre, die immer wieder ein helles Pizzicato hören ließ, dazwischen elektronische Rhythmen wie Wetterleuchten, und dann der Gesang von Hannah Reid, ein unter die Haut gehender rauchiger Alt, den die Sängerin gern in eine hohe, ätherisch anmutende Kopfstimme kippte.

Georg war ein bisschen süchtig danach. An einem Abend allein zu Haus hatte er das Album dreimal hintereinander gehört. Der Sound triggerte etwas in ihm, was nicht unbedingt bekömmlich war, ein schmerzlich-seliges Schwelgen, das zwar sein anfängliches Hochgefühl nicht zerstörte, aber eine aufwühlende Emotionalität in ihm weckte, als sei er nochmal siebzehn und habe die Chance, alle Erfüllungen nachzuholen, die ihm das Leben versagt hatte.

Er nahm Block und Stift und schrieb die ersten beiden Zeilen eines Gedichts für Ruth.

Tyche, Fügung, nannten sie die Griechen
Diese Göttin, die unser Schicksal lenkt

Herrjeh, wo kamen diese Worte her? Nach griechischer Mythologie war ihm nun wirklich nicht zumute. Ein Liebesgedicht sollte doch wohl mit einer direkten Ansprache an die Geliebte beginnen, nicht mit einer klassizistischen Attitüde. Georg überlegte einen Neubeginn, doch die Verse blieben haften, kehrten immer wieder zu ihm zurück, hartnäckig. Er wurde sie nicht los. Schließlich fügte er sich. Prompt stellten sich zwei weitere Zeilen ein.

Ich bin kein Grieche und den Götterglauben
Habe ich früh aus meinem Kopf verdrängt

Das war gut. Es brachte das klassische Altertum auf Distanz, wie es dem Denken und Fühlen eines modernen Menschen entsprach, zerstörte den Auftakt jedoch nicht, sondern öffnete einen Weg in die Ambivalenz, in das Sowohl-als-Auch. Die nächste Strophe war leicht:

Seit ich dich kenne aber, möchte ich wieder glauben
Dass Tyche im Verborgenen ihre Netze spinnt
Es kann kein Zufall sein, dass wir uns fanden
Es gibt da eine Kraft, die unser Glück ersinnt

Gut, und wie weiter? Es wurde langsam Zeit, Ruth zu sagen, was sie ihm bedeutete. Seltsam, wie schwer das zu fassen war. Ihr ein Kompliment zu machen, wäre vielleicht nicht schlecht. Er könnte der schönen Linie ihres Halses huldigen, ihren Brüsten oder ihrer überraschenden Leidenschaft beim Sex.

Nein, das passte nicht. Es kam ihm flach vor. Er verwarf alle erotischen Anbetungen, so treffend sie auch gewesen wären, und las den Beginn der zweiten Strophe noch einmal. »Seit ich dich kenne …« Darum ging es doch – um den Wandel, der sich seither an ihm und mit ihm vollzogen und den sie verursacht hatte.

Seit ich dich kenne, sind selbst trübe Tage wieder heller
In deinen grünen Augen steckt ein tiefes Strahlen

Das stimmte zweifellos, konnte aber den falschen Eindruck erwecken, er betrachte sie als Frohnatur, der das Leben nichts anhaben konnte, und der es leichtfalle, ihn aufzumuntern. Ach, Ruth, dachte er,

Ich weiß, auch du musst manche Stunde kämpfen

Er schrieb den Satz hin. Sah ihn an und nickte. Noch hing das Ende dieser dritten Strophe in der Luft. Er brauchte einen Reim. Einen Reim auf »-ahlen«. Die Möglichkeiten waren nicht allzu zahlreich. Qualen, Wahlen, Zahlen, aalen, malen, schmalen, fahlen, prahlen: nichts taugte. Außerdem war ihm, als könne jeder Reim auf »-ahlen« nur in einer Trivialität enden. Er nahm das Risiko in Kauf und fand endlich die Zeile

Doch schafft es keine Negativität, dich zu zermahlen

Goethe kam ihm in den Sinn, der Dämon aus »Urworte, orphisch«: »Und keine Zeit und keine Macht zerstückelt / Geprägte Form, die lebend sich entwickelt.« Das war freilich eine Klasse besser als sein eigener Vers. Du bist Anwalt, Georg, nicht Dichter, tröstete er sich. Er überlegte weiter, entsann sich ihrer ersten Begegnung, war in der Erinnerung noch einmal erstaunt, wie wenig Ruth und Carmen einander ähnelten und dass da trotzdem diese lange Freundschaft zwischen ihnen gewesen war. Ruths Charakter trat ihm in voller Schönheit vors Bewusstsein. Er versammelte alle Motive, die er in seinem Gedicht unterbringen wollte, wählte und probierte, brachte eine vierte und fünfte Strophe zu Papier und war endlich zufrieden mit seiner Ode an Ruth. So würde er das Gedicht nennen: »Ode an R.« Georg betrachtete die zwei Blätter des Blocks, auf denen er geschrieben und gestrichen, probiert, verworfen und verbessert hatte, und fertigte eine Reinschrift an. Mehr als drei Stunden hatte es gedauert. Ruth wartete bestimmt schon auf ihn. Er las das Ganze einmal laut:

ODE AN R.
Tyche, Fügung, nannten sie die Griechen
Diese Göttin, die unser Schicksal lenkt
Ich bin kein Grieche und den Götterglauben
Habe ich früh aus meinem Kopf verdrängt

Seit ich dich kenne aber, möchte ich wieder glauben
Dass Tyche im Verborgenen ihre Netze spinnt
Es kann kein Zufall sein, dass wir uns fanden
Es gibt da eine Kraft, die unser Glück ersinnt

Seit ich dich kenne, sind selbst trübe Tage wieder heller
In deinen grünen Augen steckt ein tiefes Strahlen
Ich weiß, auch du musst manche Stunde kämpfen
Doch schafft es keine Negativität, dich zu zermahlen

Der Tod der engsten Freundin brachte dich zu mir
Ich sehe dich noch stehen, ganz vorn in der Kanzlei
Du hast mir gleich gefallen, in Gestalt und Energie
Dein Duft strich sanft an mir vorbei

Dein Lieben macht mich stets aufs Neue staunen
Selbst wenn du sagst »Ich will dich«, bleibt dein Wollen
Ganz zwanglos, nicht nehmend, sondern gebend
So schenkst viel Freiheit du und wenig Sollen.

Fast zehn Uhr. Bald würde es richtig dunkel sein. Sie wartete bestimmt schon. Georg kam oft zu spät. Auch Aufgaben erledigte er meist auf den letzten Drücker. Seine Frau hatte es gehasst, auf ihn zu warten, und sich regelmäßig beschwert, er missachte sie. Es reichte, um Georg ein schlechtes Gewissen zu machen, führte aber zu keiner Verhaltensänderung. Ruth hingegen schien nichts dabei zu finden. Zweimal war es ihm in der kurzen Zeit ihrer Beziehung schon passiert, er hatte sich pflichtgemäß entschuldigt, und sie hatte erwidert, das brauche er nicht, sie wisse mit ihrer Zeit etwas anzufangen. Dennoch rief er an diesem Abend bei ihr an: »Ich fahre jetzt los, bin in zwanzig Minuten da.« Besser, sie wusste Bescheid. Sie daraufhin: »Nimm das Auto, Georg, es könnte Regen geben.« Der Himmel war zwar bewölkt, aber so war das

Wetter den ganzen Tag über gewesen. Es sah nicht nach Regen aus. Georg sagte ihr das. Ruth bat ihn noch einmal, das Fahrrad stehenzulassen. »Du bist dann auch schneller hier.« Das wirkte, er versprach es.

Als er eintraf, empfing sie ihn fürsorglich. Ob er noch Hunger habe? Sie gingen zusammen in die Küche, Ruth holte ein paar Sachen aus dem Kühlschrank, stellte Teller, Gläser und eine Kerze hin, wusch eine Salatgurke, putzte ein Bund Radieschen. Helfen durfte Georg nicht. »Die Kerze kannst du anzünden«, sagte sie.

Also saß er brav auf seinem Platz, sah ihr zu und erzählte, dass Kommissar Peters in der Kanzlei vorbeigekommen sei und Neuigkeiten mitgebracht habe.

»Die Polizei hat jemanden festgenommen wegen des Mordes an Carmen. Peters ließ durchblicken, es lägen triftige Beweise vor. Carmens Liebhaber ist wieder auf freiem Fuß.«

»Das weiß ich schon.«

Er schaute sie erstaunt an.

»Ich habe heute Post bekommen. Einen Brief von Stefan Berg. Seit drei Tagen ist er raus. Du erinnerst dich, dass ich überlegt habe, ihn in der U-Haft zu besuchen?«

»Ja, ich erinnere mich. Aber du bist ja doch nicht hingegangen. Was will er denn nun?«

»Unsere Bekanntschaft erneuern. Er schreibt, er würde mich gern in die Oper einladen.«

»Wie umsichtig von ihm. Er beachtet deine Vorlieben. Was steht denn auf dem Spielplan, ›Così fan tutte‹?«

Ruth überging die Stichelei. »Das schreibt er nicht«, sagte sie mit einem Lächeln.

Nun wollte es Georg genau wissen: »Und, willst du dich einladen lassen?«

Ruths Lächeln vertiefte sich. »Höre ich da etwa Eifersucht heraus? Ich weiß nicht, wohin das führen soll.«

»Meine Eifersucht oder dieser Opernbesuch?«

»Den Opernbesuch wird es nicht geben, Georg. Herr Berg hat anscheinend eine Schwäche für Frauen, die älter sind als er. Ich kann nichts dafür.«

»Also schreibst du ihm und sagst ihm ab.«

»Ja, behutsam.«

»Behutsam«, wiederholte Georg murmelnd. Er hob den Blick, sah den zärtlichen Ausdruck, mit dem Ruth ihn betrachtete, und fühlte von einem Moment zum nächsten, wie unsinnig seine eifersüchtige Regung gewesen war.

»Ich habe auch etwas geschrieben. Für dich. Besser noch: an dich.« Er holte einen Briefumschlag hervor und gab ihn Ruth.

Der Umschlag war cremefarben, gefüttert und hatte eine fühlbare Struktur. Ruth rieb ihn zwischen den Fingern.

»Fasst sich gut an.«

Sie zog den Briefbogen heraus, der aus dem gleichen kräftigen Material war, faltete ihn auseinander und begann zu lesen. Georg wartete gespannt. Als sie aufblickte, las er in ihren Augen, dass sie bewegt war.

»Mir hat noch nie ein Mann ein Gedicht geschrieben, Georg.« Sie sah noch einmal auf das Blatt. Um die Fassung zurückzugewinnen, fügte sie hinzu: »Sogar gereimt. Ich find's ja schön, aber Reime waren eine Zeitlang in der modernen Lyrik ganz außer Mode, oder?«

Georg legte sich ins Zeug: »Gereimt muss sein. Ich finde, das ist eine Frage des Stilwillens. Die Form muss auch ein bisschen Mühe kosten. Eine Huldigung an die Liebste kann man doch nicht so hinschmieren, wie einem die Gedanken durch die Rübe rauschen.«

Sie sah ihn glücklich an.

»Geh mit mir ins Bett, Georg Ruh.«

33

Mit Beginn der nächsten Woche nahm Stefan seine Arbeit wieder auf. Gegenüber seinen Angestellten blieb er bei der Version, die schon sein Vater erfunden hatte: Er sei bei einem kurzentschlossenen Städtetrip nach Amsterdam schwer erkrankt, habe erst dort lange mit einer Virusinfektion im Krankenhaus gelegen und gleich im Anschluss noch vier Wochen in einer Rehabilitationsklinik am Königssee verbracht, wo man auf die Behandlung von Lungenproblemen spezialisiert sei. Die Klinik gab es wirklich, und am Königssee hatten seine Eltern mit ihm einmal Urlaub gemacht, er kannte die Gegend ein bisschen. Einer strengeren Prüfung hätte Stefans Geschichte nie und nimmer standgehalten, aber so genau wollte es niemand wissen; die Erleichterung, dass der Praxisbetrieb wieder seinen normalen Gang nehmen konnte, überwog die Neugier der Mitarbeiter. Einzig seine spezielle Freundin, die Nervensäge, wie er die um seine Zukunft so arg bekümmerte ältere Privatpatientin bisweilen nannte, ging von ihrer Wiedersehensfreude nahtlos in einen intensiven Vortrag über Reha-Kliniken über, als sie am Dienstag bei Stefan ihren Behandlungstermin hatte, hochentzückt, dass sie nicht länger mit einem Stellvertreter vorlieb nehmen musste, sondern vom Chef massiert wurde – dafür gebe es nun mal keinen Ersatz, sagte sie ihm schwärmerisch, zeigte sich aber auch besorgt, ob er denn schon wieder richtig bei Kräften sei, nun ja, die Bergluft tue Wunder und gerade den bayerischen Kliniken traue sie viel zu, ob er denn von seinem Zimmer aus den Watzmann habe sehen können?

Stefan verneinte, gab acht, nicht allzu konkret zu werden, was seine Patientin nur kurz, beinahe gar nicht irritierte, denn wenn er eine deutliche Antwort schuldig blieb, schloss sie die Leerstelle mit ihren eigenen Ansichten. Bald hörte er ihr nur halbherzig zu, hatte den Liedermacher Wolfgang Ambros und dessen Song über den Watzmann im Ohr, daran war sie schuld, ganz klar. »Watzmann, Watzmann, Schicksalsberg, du bist so groß und i nur a Zwerg.« Er besaß die Aufnahme auf Vinyl, das Geschenk eines Onkels, von allein wäre er nie auf Ambros gekommen, das war Musik aus den Siebzigern, wo steckte die Platte bloß?

Endlich war die halbstündige Massage herum, die Dame ließ sich einen neuen Termin geben, stand neben ihm am Tresen, während er im Kalender blätterte, und gab Stefan den Rat, sich viel im Freien zu bewegen, dann werde seine Atmung bestimmt rasch besser, er habe beim Massieren zweimal geschnauft, behauptete sie, das sei ungewöhnlich für einen jungen Mann seiner Konstitution. Stefan fürchtete, sie würde gleich ihre Hand teilnahmsvoll auf die seine legen, doch das tat sie nicht, nickte ihm bloß aufmunternd zu und ging.

Einen Schreck versetzte ihm, dass die beiden Kommissare noch einmal auf der Bildfläche erschienen. Ein Mitarbeiter, es war kurz vor der Mittagspause, holte ihn aus seinem Behandlungszimmer nach vorn, da standen die beiden Polizisten, und Stefan schwante das Schlimmste. Er brauchte diesen Hauptkommissar Peters nur zu sehen, sofort rebellierte sein Nervensystem. *Jetzt nehmen sie dich wieder mit.* Das Drama der Verhaftung steckte in seinen Knochen. Der jüngere Polizist schien in Stefans Gesicht zu lesen, was in ihm vorging, denn er beruhigte ihn: Sie seien nur wegen einer Nachfrage gekommen. Ob sich Frau Ungemein je über ihren Mann geäußert hätte? Habe sie sich von Herrn Ungemein verfolgt oder bedroht gefühlt oder sich in irgendeiner Form vor ihm geängstigt?

»Carmen hatte nie Angst, Herr Kommissar. Sie hat ihren Ehemann als engstirnig geschildert, aber mein Eindruck von ihm war ein ganz anderer.«

»Sie meinen, Herr Berg, als Sie ihn in den Braustuben trafen?«

»Hat er Ihnen von diesem Treffen erzählt?«

»Das hat er«, mischte sich Peters ein. »Aber wir würden gern Ihre Version dieser Zusammenkunft hören, wenn es Ihnen nichts ausmacht.«

Stefan machte es etwas aus. Es genierte ihn, den eigentlichen Grund zu nennen: seinen Wunsch nach der Adresse von Carmens Freundin Ruth Dömitz. Herr Ungemein habe auch gleich durchschaut, dass Stefan und Carmen etwas miteinander hatten, aber keine große Sache daraus gemacht, sondern sich rasch gefangen.

»Und die Adresse von Frau Dömitz haben Sie erhalten?«

»Ja, warten Sie.« Stefan ging zu seiner Jacke und kam mit dem halben Bierdeckel zurück, den er Peters reichte.

»Was hältst du davon, Volker?« Peters gab die Notiz an seinen Kollegen weiter.

»Druckbuchstaben. Da hat aber einer sehr sorgfältig geschrieben.« Schwarz sah Peters an. »Ich weiß, was du denkst. Doch ich glaube nicht, dass uns ein Schriftvergleich weiterbringt, wenn das andere Ding mit links verfasst wurde.«

Stefan wurde nicht schlau aus dieser Rede. Er fürchtete nur um den Deckel, der ihm teuer geworden war.

»Kann ich den wiederhaben, bitte?« Er streckte die Hand aus.

»Später, Herr Berg, später. Sie wissen die Adresse doch mittlerweile sicher auswendig.« Peters wandte sich an Schwarz. »Ich finde, wir lassen eine Analyse machen. Würdest du bitte Herrn Berg unseren Empfang quittieren?«

Stefan musste zusehen, wie der Kommissar die Deckelhälfte einsteckte. In ihm empörte sich alles gegen diesen Mann, der nicht aufhörte, ihn zu schikanieren.

»Wollen Sie sich nicht wenigstens entschuldigen, Herr Hauptkommissar Peters?«

»Dafür, dass wir ein mögliches Beweismittel beschlagnahmen?« Der Alte zog die Augenbrauen hoch.

»Dafür, dass ich Ihretwegen acht Wochen lang unschuldig in U-Haft saß«, erwiderte Stefan. Er keuchte fast, so sehr wühlten Machtlosigkeit, Zorn und Schmerz in ihm.

»Das tut mir leid für Sie, Herr Berg, und ich verstehe, dass Sie damit hadern. Aber es gab ja nun doch einige Indizien, die gegen Sie sprachen, ich werde Sie wohl nicht an Ihre Gewaltausbrüche gegen das Opfer erinnern müssen. Sie kamen nicht meinetwegen in Haft, sondern aufgrund der Faktenlage.«

Gewaltausbrüche. Dieser Kommissar übertrieb jedes Mal. Er macht jemanden aus mir, der ich nicht bin. Stefan sparte sich eine Entgegnung, das würde nichts bringen. Außerdem schnürten ihm die schlechten Gefühle die Kehle zu. Die Empörung rumorte noch in ihm, als die beiden Polizisten längst fort waren. Zumindest hatte sich der Jüngere zum Schluss für Stefans Auskünfte bedankt und ihm beim Weggehen alles Gute gewünscht.

Abends um sieben war er zu Haus. Er leerte den Briefkasten, sah die Post durch. Zwei Drucksachen und ein handgeschriebener Brief. Ruth hatte geantwortet. Er hielt an sich, den Umschlag nicht schon im Treppenhaus zu öffnen, nahm zwei Stufen bei jedem Schritt, griff, in seiner Wohnung angekommen, nach einer Schere und schlitzte das Couvert auf.

Viel war es nicht, was sie geschrieben hatte.

Lieber Stefan,

es tat gut, Ihre Nachricht zu lesen. Ich bin froh, dass Sie wieder in Freiheit sind. Entschuldigen Sie bitte, dass ich mich nicht während Ihrer Haftzeit noch einmal bei Ihnen gemeldet habe. Mein Leben hat sich in den letzten Wochen verändert, aber das war es nicht allein, was mich abgehalten hat. Ob-

wohl mir mein Gefühl sagte, dass Sie kein Mörder sind, war
ich nicht frei von Zweifeln. Das hat mich wohl gebremst. Nun
sind diese Zweifel ausgeräumt. Carmen ist nicht von Ihrer
Hand gestorben. Dies nun sicher zu wissen, macht mich froh.
Vielen vielen Dank für Ihre Einladung in die Oper. Ich liebe
die Oper, und Sie haben sich das gemerkt, was ich schön fin-
de. Bitte sehen Sie es mir nach, wenn ich Ihre Einladung trotz-
dem nicht annehme. Wie gesagt, mein Leben hat sich verän-
dert, und ein gemeinsamer Opernbesuch mit Ihnen könnte zu
Irritationen führen.
Mit guten Wünschen und herzlichen Grüßen
Ruth Dömitz

Eine Absage. Ihre Ablehnung traf ihn. Ein Moment der Trostlosig-
keit übermannte ihn. Er hatte sich den Abend so wunderbar vorgestellt. Er hockte da, hielt das Blatt in der Hand, suchte in ihren
Worten nach Gefühlen für ihn, die über Freundlichkeit hinaus-
gingen, und fand alle Versuche, sich doch noch Hoffnungen zu
machen, von ihrem Schlusssatz blockiert. Er mochte schwarmse-
lig sein, aber er war kein Idiot. Sie hatte jemanden kennengelernt
und konnte keinen zweiten Verehrer gebrauchen. Das stand dort,
er musste nur richtig lesen. Offenbar war dieser Mann erst neuerdings in ihr Leben getreten. Wahrscheinlich erst nach meiner Verhaftung, dachte Stefan ergrimmt. Also hat mir dieser Peters, dieser
kalte Hund, nicht nur zwei Monate meines Lebens, sondern auch
die Chance genommen, Ruth für mich zu gewinnen. Jetzt ist es zu
spät. Im April wäre es das noch nicht gewesen.

Während sich Stefan aus Kummer ein Glas Wein eingoss, ließ in
Friedrich Wagners Kanzlei ein freudiges Ereignis die Gläser klingen. Freddy hatte alle Mitarbeiter gebeten, bis 19 Uhr zu bleiben,
er hatte ein Büffet kommen lassen, servierte zur Feier des Tages
Dom Perignon, was Georg ein lächelndes »Nun übertreibst du

aber« entlockte, und hielt eine Ansprache auf den Freund, worin er an ihr gemeinsames Studium erinnerte, Georgs Erfolge als Staatsanwalt pries und dann, was nicht ganz einfach war, von diesem erfolgreichen Wirken zu Georgs Beschäftigung mit dem Familienrecht überleitete. Einige wenige, sehr enge Bekannte hatte Friedrich Wagner ebenfalls eingeladen, seine Frau Daniela war da, die sich sofort um Ruth kümmerte, als diese eintraf, und so versammelte sich die kleine Gesellschaft, in bester Laune den Champagner trinkend, rund um Frau Samsons Empfangstresen, derweil Freddy seine Rede hielt und nun deren Höhepunkt ansteuerte.

»… mein lieber Schorsch, niemand hier macht sich Illusionen darüber, dass der Staatsanwaltschaft mit deinem Fachwechsel eine exzellente Kraft verlorengeht. Aber wie heißt es auf Plattdeutsch so schön: Wat den Eenen sin Uhl, is den Annern sin Nachtigall. Für uns hier, insbesondere für mich, ist der Verlust der Staatsanwaltschaft ein großer Gewinn. Was wir tun müssen, damit du bei der Anwaltskammer eine Zulassung als Rechtsanwalt erhältst, steht dahin. Du wirst aufhören, ein Beamter zu sein, doch statt Bezügen erhältst du dann Honorare, und sei versichert, damit fährst du nicht schlecht. Sehe ich da jemanden schmunzeln? Wohlan, meine Entscheidung, unsere Entscheidung, ist gefällt: Die Kanzlei Wagner soll zur Sozietät werden. Liebe Anwesende, erhebt euer Glas auf meinen künftigen Teilhaber, auf den klugen Kopf und meinen besten Freund Georg Ruh.«

Ein paar Bravorufe erklangen. Sie tranken. Georg sprach einen kurzen Dank. Frau Samson kam und drückte ihm die Hand. Georg sah zu Ruth hinüber, die neben Daniela stand. Die beiden Frauen strahlten ihn an.

———

MIX

Papier | Fördert
gute Waldnutzung

FSC® C083411

Zeitfracht Medien GmbH
Ferdinand-Jühlke-Straße 7
99095 Erfurt, Deutschland
produktsicherheit@kolibri360.de

Druck:
CPI Druckdienstleistungen GmbH
im Auftrag der
Zeitfracht Medien GmbH
Ein Unternehmen der Zeitfracht - Gruppe
Ferdinand-Jühlke-Str. 7
99095 Erfurt